东南亚研究丛书

DONGNANYA
YANJIUCONGSHU

"十二五"国家重点图书出版规划项目
四川外国语大学重点项目

U0676855

越南经济

YUENAN JINGJI

主编 古小松 副主编 罗文青

中国出版集团

世界图书出版公司

图书在版编目（CIP）数据

越南经济 / 古小松主编. —广州：世界图书出版
广东有限公司，2016.4
ISBN 978-7-5192-0848-6

Ⅰ. ①越… Ⅱ. ①古… Ⅲ. ①经济－研究－越南
Ⅳ. ①F133.3

中国版本图书馆 CIP 数据核字（2016）第 047503 号

越 南 经 济

策划编辑： 刘正武

责任编辑： 张东文

出版发行： 世界图书出版广东有限公司

　　　　　　（地址：广州市新港西路大江冲 25 号　　邮编：510300

　　　　　　网址：http://www.gdst.com.cn　　E-mail：pub@gdst.com.cn）

发行电话： 020-84451969　84459539

经　　销： 各地新华书店

印　　刷： 虎彩印艺股份有限公司

版　　次： 2016 年 4 月第 1 版　2018 年 1 月第 2 次印刷

开　　本： 787 mm×1092 mm　1/16

字　　数： 363 千

印　　张： 21.75

ISBN 978-7-5192-0848-6 / F · 0217

定　　价： 45.00 元

咨询、投稿：020-84460251　　gzlzw@126.com

《越南经济》编委会

课题组长：罗文青

主　　编：古小松
副 主 编：罗文青

撰　　写：（按所负责撰写的章节为序）
　　　　　古小松　罗文青　韦宏丹　郑青青
　　　　　熊世平　梁炳猛　舒全智　黄秋莲

编著者的话

2013年上半年，四川外国语大学邀请笔者给学生开讲一门"越南经济"课程，我欣然答应了，但用什么教材呢？手头上一时难以找到一本合适的越南经济教程。

于是，我翻遍家中和办公室的藏书，找到了一些越南经济的相关作品，如笔者的《越南经济的改革》（专著，广西人民出版社1992年出版），还有云南社会科学院刘稚研究员等编写的《当代越南经济》（云南大学出版社2000年出版）。不过，越南改革开放已经30年了，经济情况变化很大，加上时代的局限性，再用这些著作来上课，显然已跟不上形势发展的需要了。

当然，从2000年至2010年笔者主编了10年的《越南国情报告》（先由广西人民出版社出版，1995年后由社会科学文献出版社出版），以及从2013年开始主编的《越南报告》（由世界知识出版社出版），都是以越南经济为主要内容，但毕竟还有其他政治、外交、社会文化等方面的内容，也不适合用来作为专门讲授越南经济的课程。

恰好这一年四川外国语大学要做一批课题，东语学院负责人罗文青教授希望我能与有关同仁一起做一个有关越南问题研究的课题。大家一合计，就做一个"越南经济"吧。这样，一举两得，既能完成学校的一个项目，完成后又可以作为"越南经济"课程的一个读本，供课堂教学使用，甚至还可以提供给其他学校以及社会上参考。随着越南的改革发展，国内也有越来越多的人希望能多些了解越南经济的情况。

其实，越南经济也很值得我们研究。首先，越南是中国一个山水相连的邻居，两国政治、经济、文化、外交关系息息相关，尤其经济是基础，事关企业、百姓的生计。中国已连续多年成为越南的第一大贸易伙伴、最大的进口来源地和客源国。2014年双边贸易额达到636亿美元，其中中国对越南出口437亿美元；其次，中越都正处在从计划经济向市场经济转轨的过程中，两国改革开放的路子大同小异，成效有目共睹，有很多做法可以互相借鉴。2014年，越南人均国民生产总值已达到2028美元；还有，越南也在走自己的发展道路，作为东盟的一个成员国，2015年东盟将建立日益一体化的经济共同体，中国—东盟自由贸易区也在打造升级版。因此，越南的经济发展态势很值得人们关注。

该课题由四川外国语大学东语学院负责人罗文青教授担任课题组长，因罗教授的行政管理、课程教学等工作繁忙，所以具体的课题组织工作由我来负责。本书的写作分工如下（按撰写的章节顺序）：

古小松（广西社会科学院研究员、中国东南亚研究会副会长、广西东南亚研究会长）：第一、二、三、七、十二、十四章；

罗文青（四川外国语大学教授、东语学院负责人）：第四章；

韦宏丹（四川外国语大学教师）：第五章；

郑青青（云南农业大学教师）：第六章；

熊世平（云南师范大学教师）：第八、十三章；

梁炳猛（广西外国语学院教授、东南亚研究所所长）：第九章；

舒全智（新加坡国立大学博士研究生）：第十章；

黄秋莲（四川外国语大学教师）：第十一章。

本书得以完成，是全体作者刻苦努力、齐心合作的结果，同时也与四川外国语大学、有关单位及各位同仁的支持和帮助是分不开的，对此表示衷心的谢意。越南经济每年每月都在发展变化，而我们的理论基础、实地调查研究都很有限，因此本书难免有不足之处，恳请读者批评指正，非常感谢！

古小松
2016 年春

contents 目录

4

第一章 绪论：发展经济学在越南

一、发展经济学与越南

越南是一个发展中国家，因此我们从发展经济学的角度来观察和研究越南经济。

（一）发展经济学

发展经济学（development economics）是经济学体系中的一门新兴学科，是一门综合性经济学分支学科，主要研究发展中国家，尤其是贫困落后的农业国家如何实现工业化、摆脱贫困、走向富裕的问题。

第二次世界大战结束后，亚、非、拉广大地区的殖民地和附属国纷纷走向独立，出现了一批新的国家。独立后，它们在经济上各自选择不同的道路和方式以谋求发展。为了适应时代的需要，包括发达国家和发展中国家都有一些经济学者开始关注和探讨发展问题。由于发达国家的经济学者更有话语权，他们在传统的经济理论体系和框架中研究分析发展中国家的经济增长，以发达国家的历史经验去对照比较发展中国家的现状和前景，因而发展经济学是20世纪40年代后期在西方国家逐步兴起和形成的。

发展经济学的演变可分为三个阶段：20世纪40年代末期至60年代初期为第一阶段，20世纪60年代中期到80年代为第二阶段，20世纪90年代以来为第三阶段。

在第一阶段，关于经济发展问题，经济学家们主要有三种主流思想：

一是强调资本积累的重要性；二是强调计划化的重要性；三是强调工业化的重要性。

到了第二阶段，发展经济学的变化主要有：一是关于方法论问题，更多地采用新古典学派理论的观点和方法，以及更多地采用了经验分析的方法。二是关于研究的内涵，比较全面地注意到影响发展的各种因素。经济学家们逐渐认识到影响发展的因素是多方面的。他们提出，一个国家的工农业要平衡发展，不能过于侧重工业化；在工业化过程中，要注意发展轻工业，而不能过于强调发展重工业；在发展战略上，要做到出口鼓励和进口替代相结合，既不过于重视进口替代，也不过于重视鼓励出口；在生产结构上，要做到劳动密集与技术密集、资本密集相结合。三是关于增长和发展的目标，不能单纯追求增长速度，而应当把经济的稳定、劳动力的充分就业、收入的公平分配等都包括在发展的目标之中。四是经济学家们逐步认识到，不能用统一的理论和政策建议去指导每一个发展中国家，而应当根据各个国家特定的历史和社会背景，做具体的分析，提出切合实际的政策建议。

第三阶段是 20 世纪 90 年代以来，在发展经济学研究内容上，一是趋于具体化，二是研究范围趋于国别化，三是与主流经济学的理论和方法密切融合。

（二）越南是一个中低水平的发展中国家

无论是在世界上，还是在东南亚地区，越南经济都处于中等偏下的发展水平。

在东南亚金融危机爆发之前，越南经济的发展不仅水平低于新加坡、马来西亚、泰国、印尼、菲律宾等东南亚国家，而且其发展速度有很多年也慢于这些国家。

东南亚金融危机后，越南的发展速度已多年位于东南亚前列，甚至一度一枝独秀，大大快于其他东南亚国家。在世界上，其速度也是最快的国家之一，常常是仅次于中国，排世界第二位。过去人们习惯把越南与一些最落后国家相提并论，但经过 30 来午的革新开放，越南已从中脱颖而出，可以说越南已脱离东南亚国家最落后行列，达到该地区中等偏下水平。过去人们将东盟10国按经济发展程度分为：第一层次为新加坡和文莱；第二层次为马来西亚、泰国、印度尼西亚、菲律宾；第三层次为越南、老挝、柬埔寨和缅甸。随着形势的变化，第一层次的国家不变，而第二层次调整为马来西亚、泰国、印度尼西亚、菲律宾、越南、老挝、柬埔寨，第三层次上只剩下缅甸一个国家了。[①]

上述可见，从越南目前的经济发展水平来看，我们把它放在发展经济学的框架来研究是比较合适的。当然，在使用发展经济学的理论来研究越南经济的同时，也会用比较经济学的方法，如我们把越南经济与同区域的东南亚其他国家进行比较，甚至与中国做一些比较，因为越南也是一个发展中的共产党领导的社会主义国家。

二、对越南经济的研究与讨论

虽然越南是一个中等规模的国家，但由于其地理位置的重要、历史进程的影响等因素，人们对其经济等问题进行观察和研究是比较多的。除越南自身的学者外，国际上也有很多人关注越南经济，因此我们对此可分为两大块，一是越南国内的研究，另一是国外对越南经济的研究。

（一）越南对自身经济的研究

越南对社会科学研究很重视，尤其是对历史文化、经济现实问题。

受苏联、中国等的影响，越南研究经济问题的机构主要有高等院校、社会科学智库、部委的研究机构。

越南有专门的国民经济大学，其他大学也开设有经济专业。

越南社会科学院有经济研究所、世界经济研究所。[②]越南社会科学院20世纪90年代中期以来的两任院长杜怀南、阮春胜就是出自该两个研究所。

越南计划投资部有宏观经济研究所，工业贸易部有贸易研究所，财政部有财政研究所等。

[①] 第一层次的标准为人均GDP 10000美元以上，第二层次为人均GDP 1000—10000美元，第三层次为人均GDP 1000美元以下。

[②] 现已改名为世界经济与政治研究所。

由于各方面的重视和需要，越南出版的经济类报刊很多，相比较其经济发展水平，其经贸资讯是很发达的。作为经济类的报纸，主要有《经济时报》、《投资报》等；在杂志方面，有《经济研究》（越南社会科学院经济研究所主办）、《世界经济研究》（越南社会科学院世界经济研究所主办）、《经济预测》、《工业》、《农业》、《商业》、《旅游》、《交通运输》等。越南统计总局每年出版《统计年鉴》，每月出版《数字与事件》杂志，年底会发布《越南经济社会统计新闻公报》。

越南的学者还出版了很多经济研究的专著，如越南社会科学院经济研究所陶文集主编的《越南经济45年（1945—1990）》等。[①]

（二）中国等越南以外对越南经济的研究与教学

越南以外对越南问题关注比较多的是政治、外交、历史等，对经济问题深入进行研究有一些，如世界银行经过1992年、1993年组织以Dovitdo为首的一批专家在越南实地考察后写出来的报告集《越南：转向市场经济》（越南国家政治出版社1994年出版）；日本早稻田大学越裔学者陈文寿1998年出版了《亚太时代越南之工业化》（越南胡志明市出版社）。

而对越南经济研究比较多的还是中国，尤其集中于与越南紧贴相邻的广西。

1986年郭明研究员等著、广西人民出版社出版的《越南经济》，是目前所看到的研究越南经济最早的作品。该书分为两部分：第一部分是"自然资源与1975年以前的经济概况"；第二部分是"1975年（全国统一）以后的越南经济"，作者对1975年至1984年的越南经济进行了研究和描述。此后，也有一些研究越南经济的著作问世，如赵和曼研究员1995年出版了《越南经济的发展》（中国华侨出版社）；2000年刘稚等研究员出版了《当代越南经济》（云南大学出版社），等等。

笔者1986年至1989年在国际关系学院读硕士时，就以越南经济改革为题完成了硕士学位论文，1991年获得国家社会科学青年课题"越南的改革"，其成果于1992年出版了《越南的经济改革》（广西人民出版社）。

---

① Vien kinh te hoc cua Vien Khoa hoc xa hoi Viet Nasm: *45 Nam Kinh Te Viet Nam*, Ha Noi, Nha xuat ban khoa hoc xa hoi Viet Nam, nam 1990. （1992年广西人民出版社出版了中译本）

此后，为了适应社会和市场的需要，笔者持续主持了以经济问题为主的"越南报告"项目，2000—2002年在广西人民出版社出版了《越南国情报告》，2005—2010年社会科学文献出版社持续出版了该报告，2013、2014年世界知识出版社出版了《越南报告》。《越南国情报告》和《越南报告》都是以越南经济为其主要内容。

由于有了上述积累，根据学校本科、研究生课程设置的需要，笔者近年来在广西民族大学、四川外国语大学开讲了"越南经济"课程，这是在国内大学中最早开设的越南经济课程。

三、越南经济发展的特点

每一个国家所走过的发展道路是不一样的。越南经济发展也有自己的特色或特点，如下几个方面值得人们关注，包括其经济发展得天独厚的条件与环境、工业化进程、市场化取向、外向型发展以及国穷民富的状况等。

（一）发展条件得天独厚

首先，越南地理位置优越，位于中南半岛的东面，处于中国与东盟两大板块的结合部，3000多千米的漫长海岸线，紧靠南中国海重要的国际航道，对外交通方便。在区域经济合作格局中，越南的地位和作用非常突出，可以左右逢源，利用中国与东盟两地的资源，也可以开拓两大市场，为本国开放发展服务。

其次，自然资源丰富多样，土地、农业资源丰富。越南属于热带雨林气候，光热水资源丰富，有利于多种农作物的生长和发展，如水稻、橡胶、茶叶、咖啡，以及多种名贵的热带水果。南北两个三角洲平原，面积大，土壤层厚，土质松软，营养供给度高，是有名的鱼米之乡。尤其是湄公河三角洲平原面积达5万平方千米，是世界三大谷仓之一，经营好这一块土地，就可养活1个亿的人口。越南的矿产资源也很丰富，其中较重要的有石油、天然气、煤、磷等。水能资源和旅游资源丰富。

还有，在人力资源方面，越南人口9000万，国民素质不低，识字率

5

高，90%以上的成年人都能读会写。越南约有200万的海外越侨，以及数十万曾在越南居住过的华侨华人。他们多数在欧美国家，每年侨汇达数十亿美元。

（二）推进工业化

越南要加快发展，实现现代化，重要的就是推进工业化。

工业化通常被定义为工业（特别是其中的制造业）或第二产业产值（或收入）在国民生产总值（或国民收入）中比重不断上升的过程，以及工业就业人数在总就业人数中比重不断上升的过程。工业发展是工业化的显著特征之一，但工业化并不能狭隘地仅仅理解为工业发展。因为工业化是现代化的核心内容，是传统农业社会向现代工业社会转变的过程。在这一过程中，工业发展绝不是孤立进行的，而总是与农业现代化和服务业发展相辅相成的，总是以贸易的发展、市场范围的扩大和产权交易制度的完善等为依托的。

20世纪初法国殖民当局在印度支那进行大开发时期，越南资本主义工业有了萌芽，后来越南北方在20世纪60—70年代，在中国等的帮助下，发展了一些基础的工业；在此期间，越南南方在美国的援助下，也发展了一些消费工业，但后来由于战争的因素，越南工业发展比较缓慢，没有形成系统的工业化。

越南工业发展比较快的时期还是到了改革开放以后，国家加大对工业领域的投入，一些私营企业也发展起来，尤其是一批外资企业的进入，它们带来了先进的生产技术和管理经验。越南工业进入了一个快速发展的时期。1986—1990年，越南工业生产的年增长率为6.2%，1991—1995年达到了13.6%。这个态势一直持续到华尔街金融危机爆发。

越共1996年召开的"八大"已将"工业化现代化"这一概念规范化。到了2001年召开的越共"九大"，这一概念得到补充，并进一步强调实现"工业化现代化"，"缩短发展时间"，"既要循序渐进，又要有所突破"。2006年4月召开的越共"十大"确定2020年实现工业现代化的目标。2011年越南共产党第十一次全国代表大会上，越共中央总书记农德孟在大会上做报告时强调，在新时期，越共要全面推进革新开放事业，为到 2020 年把越南基本建设成为现代工业化国家奠定基础。2020 年 GDP 按可比价格计比 2010 年增长 1.2 倍，人均 GDP 按实际价格计达到 3000 美元。工业、服务业占 GDP 的比重为 85%，高科技产业产值约占 GDP 的 45%，制造业产值占工业产值的 40%。可见，越南的工业化重点要推进制造业的发展。GDP 年均增长 7%—7.5%，其中工业增加值年均增长 7.8%—8%；农业产值占 GDP 比重为 17%—18%；工业产值占 GDP 比重为 41%—42%。

对于发展中国家来说，缩短工业化现代化进程，一般包含以下两个方面内容：一是在一段较长的时间内始终保持比先进国家更高的增长速度，以缩短这些国家与发达国家的差距，即"缩短步骤"；二是跃过传统的自然发展模式，即建设一个与实际物质能力相比发展质量更高的经济体系。越南把前者称为"努力增速以赶超"，把后者称为"选择'非传统'的工业化模式快速实现现代化"。

越南在今后一段时间内，工业化进程将会持续推进，但由于多方面的因素，其速度不会太快，主要原因是越南缺少高新技术的创新，生产成本在提高，基础设施滞后等，加上投资资金不足，没有大的支柱跨国企业，也没有世界知名的品牌支撑。这样，越南的工业化很可能是一个发展层次不高的进程。

近几年，在国际金融危机的阴霾下，越南出口形势不乐观；另外，越南前几年的大力发展给信贷金融体系也留下了一些后遗症，国内需求疲软，越南工业发展仍然困难重重。2012 年，越南工业及建筑业增速仅为 4.25%，低于 GDP 5.03% 的增长速度。

（三）走向市场化

20 世纪 80 年代后期以来，越南在推进两个转变：从战争到和平，从计划到市场。

前面所述，越南发展经济如此之好的条件与环境，在世界上是不可多见的。但是，为什么在改革开放前越南还是世界上最穷的国家之一呢？主要是因为战争，越南的战争状态一直到 20 世纪 80 年代末 90 年代初才告结束。战争给越南的经济发展造成了很大的破坏。从 1858 年法国人踏上越南的土地以来，100多年战争就没有停止过。先是抗法，然后是抗美，再就是自己出兵柬埔寨。20世纪90年代，战争一停止，越南的经济马上就好转了。

一个国家的发展和平环境是一个大前提，同时还要有好的政策体制。1954年越南北方和平恢复后，一直都沿袭传统的计划经济体制、"一大二公"平均主义。尤其是越南南方解放后实行过火的"社会主义改造"，把已有相当基础的市场经济当作资本主义统统扫地出门，大大破坏了现有的生产力。由于内外政策的失误，20世纪80年代越南出现了严重的经济社会危机。战争和僵化的计划经济体制，使越南的经济没有得到应有的发展。只有到了革新开放之后，越南才开始休养生息，建设家园。

1986年12月，越共召开第六次全国代表大会。对越南的经济社会发展来说，这是一次带有战略性转折的重要会议。会上以改革务实著称的阮文灵当选为越共中央总书记。阮文灵上任后，大张旗鼓地进行市场化改革和对外开放。首先，在所有制上改变过去"一大二公"的格局；其次，改变过去计划高度集中的包给制，实行市场调节；再次，在分配制度方面，越南也改变了过去平均主义、吃大锅饭的做法。虽然在20世纪80年代末遇到苏联东欧剧变带来的巨大冲击，"金山银海"、沃土千里的越南仅经过短时间的艰难革新，从1991年开始，就已逐步摆脱延续多年的经济社会危机。20世纪90年代是越南有史以来经济发展最快的时期，1995年曾一度达到9.5%。

（四）外向型

要发展经济就要有资本、基础设施等，而越南多年的内忧外患，使得其发展的基础非常薄弱。要发展光靠自己不够，需要来自外部的动力。为此，越南近年来实施了一个积极的外向型经济发展战略，包括扩大进出口，大力吸引外资，积极对外投资等。

1. 出口成为拉动越南经济增长最主要的引擎

前些年，越南一直在实施出口导向的工业化战略，至今外经仍然是经济增长的主要拉动力。20世纪90年代以来，越南的商品出口平均每年以约20%的速度增长。

一直到新世纪以来，越南的外贸出口依然在高速发展。越南统计总局统计，2012年全年越南出口总额约为1146亿美元，同比增长18.3%；同时进口额约为1143亿美元，同比增长7.1%。

不过，华尔街金融海啸也确实给越南的发展造成了很大的负面影响。到了2009年，越南的外贸进出口遭到了致命的打击，外贸进出口180度转变，比上年负增长12.52%，其中出口降了9.5%，进口降了14.9%。同年，越南经济的增速回落至只有5.3%。

2. 吸引外资是越南重要的经济发展战略

越南吸收外资有很多优势，如劳动力成本相对较低，城镇居民人均月收入只相当于中国东部地区的1/3，与中国中西部地区相当；其次是地理位置优越，海岸线长达3260千米，港口众多，运输便利；还有就是作为东盟成员国，投资者可利用自贸区优惠政策，将产品销往东盟其他国家。因而越南对外资来说是有吸引力的。

改革开放初期，越南就颁布了外国投资法，大力吸引外商前来投资。近年来，外资对越南国内生产总值（GDP）的贡献率逐年提高，从1992年的2%已提高至2011年的18.97%。同时，外资也推动越南出口不断增加，2012年外资企业出口额已占越南出口总额的64%。此外，外资企业还帮助越南培养高素质人才，并创造了大量就业机会。据越南计划与投资部统计，截至2013年2月底，越南吸引的外国直接投资项目共有14550个，注册资金总额达2110亿美元，实际到位资金1000亿美元。越南颁布《外国投资法》25年以来，外国直接投资对越南经济快速增长做出了积极贡献，外资企业已成为越南国民经济的重要组成部分。

外商投资企业还为越南国家财政收入做出了重要贡献，2012年达到了37亿美元。

在经济全球化的进程中，越南是一个受益者。外向型发展战略尽管这几年受到了一定的负面影响，但无论是贸易，还是外资，都对越南的经济发展做出了巨大的贡献。检讨起来，外向型经济发展战略对越南来说，至少到目前为止仍然是利大于弊。往后如何处理外部市场与国内需求的关系，是越南下一步经济发展面临的新课题。而且，越南吸引外资在2008年达到顶峰之后，已呈逐年下降的趋势：2008年为717亿美元，2009年为231亿美元，2010年为197亿美元，2011年为147亿美元，2012年为127亿美元。

3. 外向战略面临的挑战

随着国内外环境的变化，越南外向型战略愈来愈遭遇国际大环境变化的挑战。2012年越南经济总量约为1290亿美元，而全年进出口总额为2287亿美元。相比较2011年越南的外贸进出口大幅度增长了29.8%，2012年越南的外贸进出口增幅有较大幅度的下滑，不足上年的一半，仅增长了13.16%，但在全球贸易不景气的大背景下，这已是一个非常高的增长速度。

在全球贸易增长速度明显放缓的情况下，越南对外贸易仍旧保持较高增速，表明越南更加深入地融入国际经济，但另一方面越南经济高度外向性，也预示着越南经济仍面临着高度外生风险。越南经济的对外依存度很高，约为中国的4倍（同期中国经济对外贸的依存度已经同比回落到47%），外贸增速大大超过了GDP的增速，如果外贸继续快速增长，消极因素的积累将危及越南经济的可持续发展，很可能导致较为剧烈的经济震荡，因而对越南来说转变经济增长模式实现可持续发展的形势仍然严峻。

（五）国穷民富与发展不平衡

1. 国穷民富

经过30来年的改革开放，越南经济已经有了很大的发展。不过，由于起点较低，到2012年越南的经济总量也才1200多亿美元。虽然越南战争已结束了近40年，但人们的传统战争思维依然存在。在世界和地区局势日趋和平的形势下，越南的军费开支比例依然很高。"据预测，2013年至2017年，越南的军费预算将增长30%，从38亿美元增长到49亿美元"[①]。越南军费的开支接近国民生产总值的3%，这是一个很高的比例。

---

① 尼古拉·诺维奇科夫：《俄罗斯武器的可靠买主》，载俄罗斯《军工信使》周报，2013年7月31日。

由于财力有限，又将相当部分用于发展国防，所以越南没有多少资金用于发展经济所急需的基础设施建设。到目前，越南高速公路的数量并不多，铁路大多数还是法国殖民时期留下来的米轨路段，市政建设也相当落后。因此，越南经济在多年高速增长之后，已在近年缓慢了下来。

不过，尽管作为国家层面的经济还不发达，但越南比较成功的一点是，改革发展很注重民生，大力发展民营经济，藏富于民，用人们常说的话，越南是国穷民富，国家财力少，就大力鼓励发展家庭经济，发展私人经济。越南人的生活水平已大大提升。1980 年越南人均 GDP 仅约 100 美元，2012 年已达到约 1500 美元。而且，越南人的实际生活水平要比国际通常定义的这个发展阶段要高，很多人已不满足于在国内旅游，每年有大量的越南人走出国门，到国外去旅游了。

越南有一个很值得关注也很重要的问题是什么呢？就是土地问题。越南的土地虽是公有的，但土地使用权归个人所有，使用权可以转让、继承、买卖。我们去到河内、西贡，看到他们很多职工、干部，每个人都会分得 30 或 50 平方米的土地，用于建个人的房子，所以很多人都有一栋楼，三层到五层，而且内部装修都很不错。如果把他们的房子、土地使用权这一块也加起来，其居民财产的价值是不低的，其平均财产的价值可能跟我们中国不相上下，甚至超过我们平均水平都有可能。

越南人迅速致富的原因还有，国际上给他们大量的经济援助，每年都在数十亿美元以上。同时，大量的海外越南人，以及曾经居留在越南后来逃到欧美的华人，他们也会大量汇款回越南给他们的亲人，每年的数量也在数十亿美元以上。

2. 发展不平衡

经过改革开放 20 多年，越南已呈现出地区之间、城乡之间、层级之间的发展和收入不平衡，有些差距甚至还在拉大，没有缩小的趋势。越南的企业和工业区主要布局在大城市和周边地区，大大促进了这些地区的经济特别是工业的发展。随着工业化和城市化的推进，越南已形成两大城市群和工业集中区：一是以胡志明市为中心，包括巴地—头顿、同奈、平阳等省的东南部地区；另一个是以河内为中心，以河内—海防为轴心，包括

11

北宁、永福、河西、兴安、海阳等省的红河三角洲地区。这些地区交通便利，经济文化发展水平高，产业关联度高，不少城市相互已融为一体。而与此同时，越南的西北、西原、少数民族地区、山区则发展比较慢，老百姓的收入还比较低。

据越南统计局的调查，2006 年人均月收入 63.6 万越盾，比 2004 年增加 31.3%。2006 年城市人均收入为 105.8 万越盾，为农村人均收入的 2.09倍。如果把居民分为 5 组，20% 最穷者一组的人均收入为 18.4 万越盾，20% 最富者一组的人均收入为 154.2 万越盾，后者为前者的 8.4 倍。全国的人均收入也在拉大，2006 年 20% 最富者的人均收入是最穷者的 8.4 倍，而 2004 年、2002 年、1999 年分别是 8.3、8.1、7.6 倍。[①] 据越南官方统计，越南收入最高的地区为东南部，收入最低的地区为中部和北部山区，二者相差 1.6 倍，最富裕人群人均月收入为 340 万越盾，最贫困人群人均月收入仅为 36.9 万越盾，二者相差 8.2 倍。

---

① 越南统计总局：《2006 年家庭生活调查结果》，载越南《数据与事件》，2008 年第 1、2 期合刊，第 43—47 页。

第二章 发展条件与环境

地球上约有200个国家。如果说如此众多国家的地理状况有优劣之分的话，那么越南就属于地理状况优越的行列，而且是最优越的国家之一。越南有高山，有众多的河流，还有沿海，用越南人自己的话来说，就是"金山银海"；有平原，也有高原，非常有利于发展农业；属于热带地区，光热充足，但也有避暑胜地。在湄公河三角洲平原终年长夏无冬，平均温度接近30摄氏度，但在胡志明市约200千米开外的西原地区就有四季如春的避暑胜地大叻；地上有大象、犀牛、稻米、香蕉、咖啡等丰富的动植物资源，地下也有石油、煤炭、铝等大储量的矿产资源。越南地理条件优越，确实是得天独厚。

一、地理位置

（一）方位

越南位于亚洲的东南部，中南半岛的东部，处于北纬8度30分至23度22分、东经102度至109度29分之间的地区。越南全国总面积32.9万平方千米。

越南陆地有三个邻国：中国、老挝、柬埔寨。北与中国的广西、云南为邻，中越边界长1347千米。其中桂越段637千米，滇越段710千米。中越边境地区为山区，道路崎岖。从东到西，中越边境地区最重要的通道有三条：东线是从北部湾沿海走，由中国广西东兴经越南芒街到越南下龙湾、海防、河内；中线是从中国广西凭祥经友谊关到越南谅山、河内；西线是从中国云南河口经越南老街到河内。前者是公路，后两者有公路和铁路相通。

越南西南和老挝、柬埔寨交界。越老边界长 1650 千米，两国边界群山叠嶂，人烟稀少，交通不便；越柬边界长 930 千米，边界地区高山、平原各占一半，交通方便；东南临南中国海，隔北部湾和南海与我国的雷州半岛、海南岛以及南海诸岛相望。西南濒泰国湾，与马来西亚、新加坡、文莱等国遥遥相望。

越南东面的南中国海，是东北亚国家通印度洋、中东、非洲的重要国际航线。越南海岸线长达 3200 多千米，有许多便利的出海口，不仅可以为本国服务，而且还可以为老挝和中国的西南地区提供方便，这些是引进技术设备与外资、发展海运业与对外贸易的有利条件。

越南的战略地理位置也非常重要，除了东面是南中国海，往南不远就是通往印度洋的咽喉——马六甲海峡，这是东亚通往印度洋、中东生命线的必经之路。

在当今经济日益全球化、区域一体化的潮流中，地理位置优越的越南更是如鱼得水。在中国—东盟自由贸易区的框架下，无论是北部湾经济圈、泛北部湾区域合作，还是大湄公河次区域合作、南宁—新加坡经济走廊，越南在东盟国家中都占有其他国家难以比拟的地利，是中南半岛七国对中国开放合作的桥头堡。如果说东盟与中国山水相连，具体的就是越南与中国山水相连，双方既有共同的陆地边界，也有海上边界。在中国与东南亚 3 个有共同陆地边界的国家[1] 中，与越南往来是最方便的。即使在中国与东南亚 11 个国家[2] 中，与越南往来也是最方便的，既有陆上通道，也有海上通道，这为发展中越两国乃至中国与中南半岛其他国家的交流合作提供了极大的便利。

14

---

[1] 从东到西为越南、老挝、缅甸。

[2] 东南亚地区有 11 国：越南、老挝、缅甸、柬埔寨、泰国、马来西亚、新加坡、印尼、文莱、菲律宾、东帝汶。

（二）地形

1. 地形南北狭长，海岸曲折，多港湾

越南地形狭长，呈"S"形，南北纵跨 15 个纬度。从最北的河江省同文县龙固村[①]到最南边的金瓯省金瓯角历头村南北长约 1640 千米；从广宁芒街到奠边省的阿巴寨为东西最宽处，约 600 千米；中部广平省从海滨城市洞海到越老边界的戈龙村为最窄处，仅 48 千米。人们形容越南地形为"一根扁担，两只谷筐"，即北起河静省、南到庆和省的长山山脉[②]，以及面积约 2 万平方千米的北部红河三角洲平原和面积约 5 万平方千米的湄公河三角洲平原。

越南东面和南面濒海，这一方面使得越南的气候深受海洋的影响，另一方面又构成便利的海上航运，弥补了越南缺乏纵贯南北、沟通全国内陆的大河水系河运的不足。而且，由于纵贯南北的长山山脉东坡较陡，山脉向东迅速降低，许多支脉直逼海岸，从而形成许多岩丘环抱的天然良港，如岘港、归仁、芽庄、金兰湾等。不仅有利于海上航运，还是越南对外开放和开展对外贸易的重要据点和前沿阵地。

越南沿岸海域从北部湾到泰国湾水深都不到 100 米，适于发展捕捞和水产养殖，各种资源相当丰富。

2. 山区、高原与平原

越南是一个多山国家，全境约 2/3—3/4 的面积为山地和高原，海拔2400 米以上的高山就有 11 座。山地、高原连绵不断，纵贯南北，山脉多由西北向东南倾斜。

越南北部、西北部和中部西区为高山和高原。山脉为西北至东南或南北走向。红河东岸北区和东北区海拔在 500—1500 米之间。中越边界地区有的山峰海拔超过 2000 米。红河与蓝江之间为山地高原，以沱江[③]上游地区最高，一般海拔在 1200 米左右，不少山峰海拔在 2500 米以上。长山山

---

① 越南把龙固村称越南的"屋脊"。
② 中国有些书籍也叫安南山脉。
③ 也叫黑水河。

脉由北向南纵贯整个越南中部西区，山顶一般海拔1000—1500米，个别山峰可达2500米以上。越南平原主要分布在红河三角洲和湄公河三角洲以及沿海地区，大多由河流冲积而成。越南境内主要有三大山区、一大高原和两个大平原。

（1）山区

东北部山区：包括红河东岸至芒街一带山区，其面积为48840平方千米。该区地势北高南低，除中越边界山顶的海拔高度为1500—2000米外，多数为中低高度的山坡与广阔的丘陵地带纵横交错地区。东北一带山间谷地较宽，有公路或铁路相通，高平、谅山等处的谷地为中越间天然通道。该区东北多属石灰岩地质结构，天然溶洞和地下河流广布，东北部沿海的下龙湾一带景色秀丽，是越南著名风景区之一。

西北部山区：红河以西，越中、越老边界至清化省为西北部山地范围，山势呈西北—东南走向。东北部和中越边界一带地势最高，一般海拔1200—1900米，不少山峰海拔在2500米以上，黄连山山脉主峰番西邦峰海拔3143米，为越南最高峰，该区地形复杂，群山叠连，山高坡陡，道路稀少，交通不便。

长山山区：长山山脉斜贯越南南北，自兰江右岸南下，绵延于越、老、柬边界，长1100千米，东西宽50—200千米，构成越南地形的骨干，也成为越老、越柬的天然边界。长山主脉呈西北—东南走向，山脉西坡较缓，构成老挝、柬埔寨境内的高原。东坡较陡，有的山脉逼近海岸，形成许多峭壁和岬角，将沿海平原分割成多块。长山山脉大致可分为两段，顺化以北山脉狭窄，山顶海拔一般为1200—2000米，一些低平的山口成为越老重要通道。广南省以南，山脉走向呈向太平洋凸出的弧形，山势展宽，坡度较缓，形成越南最大的高原地带，有公路沟通越南沿海与老挝南部和柬埔寨东北部。

（2）高原

位于越南中部中区西部的高原地区，总称西原地区或中部高原，面积55000多平方千米，平均海拔在1500米以上。高原上森林密布，草原辽阔，森林面积约占高原总面积的 2/5。这里蕴藏着丰富的矿产资源，大片红土地带适宜发展橡胶、咖啡、茶叶等经济作物，高原风光秀丽，气候凉爽。这里有越南著名的避暑胜地大叻市。

（3）平原

北部平原：北部最大的平原为红河三角洲，面积约 2 万平方千米。红河三角洲地势低平，一般海拔 3 米左右，红河入海处海拔仅 0.4 米。北部平原河渠纵横，水网稻田交错，土壤肥沃，是越南主要稻米产区之一。红河三角洲的太平省为 1545 平方千米，均为平原，全省没有一座山。另外，越南北部还有许多山间谷地与平坝，总面积约 6000 平方千米。

南部平原：湄公河三角洲是越南最大的平原，面积约为 5 万平方千米。其中，耕地 240 万公顷，林业用地 81.5 万公顷，白千层树林 21.8 万公顷，红树林 11.5 万公顷，成材林 3.2 万公顷，由于湄公河泥沙的淤积，使该平原以每年 60—80 米的速度向南伸展。其中，前江和后江平原地区土地肥沃，河渠遍布，是世界著名稻米产区之一。同塔梅平原地区实际上是沼泽地带，雨季一片汪洋，旱季水深及膝，盛产莲、藕和产量较高的浮稻。湄公河三角洲的粮食产量占越南粮食总产量的一半。该地区农业特别是粮食发展潜力很大，有专家估计，仅经营好这一平原，就可以养活 1 个亿的人口。湄公河三角洲不仅是越南的鱼米之乡，而且是鸟类王国，很多鸟类经常在这里栖息。

中部沿海平原：包括从清化至藩切沿海地区，由面积不等的若干小平原组成，其中清化、义静平原面积为 6800 平方千米，广平、广治、承天—顺化平原面积为 2000 平方千米，岘港、广南至藩切一带沿海平原面积为 6100 平方千米。越南各个中部沿海平原地形较平坦，稻田较多，铁路、公路交通方便。

3. 江河密布

越南不仅多山，而且多水。全国共有大小河流 2860 多条，总长 4.1万千米，运河长度 3100 千米。沿越南海岸，平均每 20 千米就有一处河流出海口。地形决定了河流的分布，密布的河流大都随着地势由西北向东南

17

注入南海。以长山山脉和西部高原的分水岭脊线为界，东坡的河流大致向东流，流入南海；西坡的河流先大致往西流，然后转折向南，一般是汇入湄公河。

各地区的河流具有不同的特点。越北山区的河流，流程较长，多数汇入红河入海；长山北段和西原东坡的河流，流程短促，多激流瀑布，直接注入南海；西原西坡的河流，流程较长，汇入湄公河及同奈河入海。如此众多的河流，不仅提供了水利、电力资源，而且提供了舟楫航行之便。

越南的河流主要有红河、湄公河等。

（1）红河

红河全长 1149 千米，在越南境内只有约 500 千米，是越南最长的一条河流。由于这条河大部分流经热带红土地区，水中夹带着大量的红色泥沙而呈红色，故名红河。

红河发源于中国云南省，在云南境内称元江，从老街至安沛流经山区，水势湍急，瀑布和湍流就有 20 多处。从越池以下流经平原，注入北部湾，水流平缓，水中夹带的大量泥沙淤积，河床不断增高，每至雨季，河水暴涨，常造成严重的水灾。红河是世界上含沙量最高的河流之一，由于泥沙的淤积，出海口的陆地每年向大海延伸 100 米左右。

红河的主要支流有沱江和泸江。沱江位于红河右岸，水流湍急，多暗礁，不便于航行，但水力资源丰富。泸江位于红河左岸，由斋江、明江和锦江汇合而成，发源于中国云南省，在宣光汇合后称泸江。

（2）湄公河

"湄公"是老挝语的译音，意为"众水汇聚之河"，引申为"幸福之母"。它发源于中国青藏高原的唐古拉山脉东坡，在中国境内河段称澜沧江，向东南流经缅甸、老挝、泰国、柬埔寨和越南南方，最后注入南海。澜沧江出中国境后的河段称湄公河。澜沧江和湄公河总长 4688 千米，流域面积 79.5 万平方千米，其中湄公河长 2668 千米，流域面积 63 万平方千米[①]，在越南境内全长只有 222 千米，流域面积约 5 万平方千米。

---

① 《世界地名词典》，上海：上海辞书出版社，1980 年版，第 1292 页。

18

　　湄公河在柬埔寨首都金边以下，分为前江和后江进入越南南部，这里是湄公河流域最肥沃、最便于利用的河段。前、后江在三角洲地区又分六大支流、九个河口，像是九条巨龙把腹中之水喷泻向大海，所以越南把湄公河又叫九龙江。

　　湄公河源远流长，每逢雨季（5—10月），上游和中游河水汹涌澎湃，但是，下游地区由于地势平坦，河道分汊多，水势平稳，不易发生灾害。中下游流经雨量充沛的地区，水量特别大，每年注入海中的流量达4800亿立方米。下游地区河网稠密，水上运输颇为便利，通航河道的总长度在2000千米以上，3000吨轮船可溯河而上，直达金边。

　　4. 气候

　　越南是一个热带国家。越南南北跨15纬度，地区间的气候自然有所差别，但是由于其全部国土都位于北回归线以南，除高山地区以外，基本上属于热带季风气候，日照充足，气温较高，湿度较大。全国绝大部分地区年平均气温都在22摄氏度以上。

　　（1）北南温差大

　　北方气温变化较大，北部有明显的春、夏、秋、冬四季之分。北方最热为7月份，月平均温度为29摄氏度，有些地方绝对最高温度达到40摄氏度以上。首都河内在夏季最高气温常达39—40摄氏度。最冷是1月份，月平均温度为15摄氏度，有时气温降到5摄氏度以下。河内历史上最冷降到2.7摄氏度。北部少数山区，如位于黄连山山腰的沙巴、河江省的同文、高平省的茶岭，有时最低温度竟降到零摄氏度以下，出现雪花飘飘、河面结冰的北国风光。北部地区天气阴冷，也仅仅是在东北季风袭击的时候。这时节，天空常常密云深锁，从早到晚老是下着蒙蒙细雨，使人感到非常气闷。由于湿度大，阴冷阴冷的，人们不得不穿上毛衣、棉衣。但是，一旦天气晴和，阳光灿烂，年轻人可以穿上短袖衬衫。这一点与中国广东、广西冬天的气候颇为接近。

　　南部则只分为旱季（10月至次年3月）和雨季（4—9月），多数地区年平均气温为26—27摄氏度。全年温度差异很小。温度最高的时间是4

19

月，月平均温度约29摄氏度，温度最低则是12月，平均温度约为26摄氏度。

（2）雨量充沛

越南雨量充沛，每年约降雨100天，下雨最多的地区达250天。年平均降雨量为1800—2000毫米，年降雨量最少的地区为1200毫米，有些地区可多达3000—4000毫米。据河内地区统计，全年平均下雨天数在150天以上，但全年的雨水极不平均，降雨量集中在5月至9月，这一时期雨量要占全年降雨量的80%。由于越南海岸线长，河流多，雨量大，因此空气湿度也大。不同的地区空气湿度也不一样，相对来说北部大于南部。河内地区常年平均湿度为84.9%，而最高相对湿度为100%。在3、4月最潮湿的短时期内，雨点般的水珠会不断从室内墙上滚掉下来。顺化平均湿度为89.1%，胡志明市平均湿度为81.8%。一般情况，每年5月至10月，东南风从太平洋吹来，西南风从印度洋吹来，带来大量水汽，这时雨水集中，被称为雨季。这个时节，天空多乌云。有时阴雨绵绵，一连几天；有时又是午后雷雨阵阵，傍晚却晴朗无事。从11月到次年4月，东北季风从亚洲大陆吹来，降水稀少，天气干燥，被称为旱季，每月降雨量只有20—30毫米，甚至滴雨不下。越南是一个北南跨度很大的国家，每个地区的雨季和旱季开始及结束的时间又有所不同。

（3）台风危害

每年7月至11月，越南沿海地区常遭台风袭击，给农业生产、人民生活与生命安全带来极大危害。台风常伴着暴雨，淹没大片农田，造成灾害。

各地台风季节也不完全一样，越往南台风来得越晚，次数也越少。一般说，从中越边境的芒街到清化，常常是7月至9月为台风季节，清化到广治为7月至10月，广治到平定省的蓬山为9月至11月，从蓬山到胡志明市为10月至12月。而南部平原则很少有台风，据越南有关人员估计，大概每20年才会遇上一次。

（4）焚风

每年5月至8月，越南中部还常常刮起一种"焚风"，当地人称之"老挝风"。这是来自印度洋的西南季风，尽管它"起步"时饱含水汽，怎奈路途遥遥，经泰国、柬埔寨、老挝等国的长途跋涉，沿途空气中水分越来越少，而炎热的大地使得它的温度越来越高。当它从老挝越过长山山脉下降到越南沿海平原时，已变得很干热，温度甚至可达37摄氏度，相对湿度下降到45%。"老挝风"一阵阵地吹，短则两三天，长则十余天，往往在中午前后风力最强。灼热的"老挝风"所到之处，农作物经不起它的吹袭，迅速枯黄，如同被火烧过一样。

二、自然资源

由于越南位于热带亚热带，靠山临海，地形和气候多样，所以其矿产资源、水资源、生物资源都非常丰富。

（一）矿产资源

经过多年的地质勘探调查证明，越南的矿藏资源非常丰富。但这些勘探到的矿藏大部分是靠近主要公路或是紧邻已经发现的矿区，而对地下200米的矿藏很少勘探。到目前为止，仅仅开采了沿海岸3000千米大陆架的天然气和石油。金、锡、钛、锆、钴、锰、宝石等矿产的开采是从1991年才开始的，其采矿工业仍然没有很大的发展。

1. 能源矿藏

（1）煤。越南已探明总储量为65亿吨，其中有35亿吨储藏于地下300—400米的深度。无烟煤主要在东北部地区的广宁省，此外估计在红河三角洲地下200—2000米的褐煤储藏量是2000亿吨。越南煤矿的特点有：一是规模为东南亚地区最大；二是开采方便，可以露天作业；三是热值高，不少为无烟煤；四是靠近海边，运输方便，邻近中国的广西，有利于出口。

（2）石油和天然气。20世纪70年代中期越南已经发现和勘探到石油和天然气。越南发现的石油主要在南部沿海地区；1976年，在太平省前海地区发现有天然气。石油是越南重要的经济支柱之一。

2. 金属矿藏

（1）越南已发现三个主要铁矿区。位于红河沿岸西北地区的宝河、贵砂、娘媚、兴庆等地已发现铁矿，其中贵砂的矿床尤为重要，其储藏量为1.25亿吨，主要是褐铁矿，其含量为43%—52%。北部地区太原省的寨沟、进步、光中和高平省的那若、本岭等地的铁矿储藏量为5000万吨，主要是磁铁矿，含铁量在60%以上，但还不能有效地开采。河江省的丛霸已勘查到1.4亿吨铁矿，但其地势复杂，不利于勘探和开采。越南中北部地区的清化、义安、河静等地已发现多种类型的铁矿，其中最重要的就是石溪矿床，位于地下600米的石灰石和岩石层上面，地下300米深的地方，铁矿的储藏量是2.8亿吨；600米以下则有4.81亿吨，这种矿是高质磁铁矿，含铁量为60%—65%，但该矿床离海1千米，开采的地质条件和气象条件都很艰难。

（2）锰矿。锰矿主要发现于高平省的下龙矿床，但储藏量不是很多，质量也不是很高。

（3）铬铁矿。铬铁矿分布于清化省挪山区，储藏量是2000万吨，三氧化二铬大多储于地层较浅的深度，适合露天开采，采用严格的浓缩精选工艺后，三氧化二铬的含量有46%以上。铬与铁的比例为1∶8。

（4）钛铁矿。海岸沿线很多地区发现淤积的钛铁矿，储藏量大约是1000万吨。主要分布地区是广宁省的平玉、清化省的广昌、顺化省的顺安、富安省的求江、平顺省的涵新以及头顿。除了钛铁矿外，还有其他的混合矿，如钴、钌、独居石等。

（5）铝土矿。在越南北部的谅山、高平、河江、宣光等多个省发现了铝土矿床，估计总储藏量为1000万吨，三氧化二铝的含量是50%—51%，二氧化硅的系数是6—8[①]。在南部高原中心的红土层，铝土矿分布于很多区域，主要在多乐省、多农省、嘉莱省，以及林同省的宝录、新来和昆嵩省的空河农，估计总储藏是50亿—60亿吨。经过浓缩精选，这种矿的三

---

① 据分析，该铝土矿与邻近的广西百色铝土矿同脉。

氧化二铝含量是47.5%，二氧化硅的系数为10—20。

（6）铜镍矿。镍铜在不同地区都有发现。这种矿石的成分和形成的过程是不一样的，主要形成于地下变形矿层。如生权矿床，铜矿的储藏量是55.1万吨，混合金有35吨，银有25吨。镍主要集中在班福矿，镍和铜的储藏量是19.3万吨，仅是镍就有12万吨。此外，这种矿石含有其他一些成分，如金、银、铂等。目前越南正在进一步勘探调查红河右岸、黑水河以南部分省的一些地区，估计这些地方很可能有矿藏。

（7）铅锌矿。到目前已发现数十处矿床，单是北方部分地区就发现了50处。这些矿床在田市、朗希、秀丽、银山、谅山等地。田市矿床的储藏量估计有49.5万吨，朗希有12.6万吨，秀丽有1.27万吨。如果勘探地下更深层（40米以下），铅锌矿的储藏量还会更多。

（8）锡铍矿。有很多地区发现了锡铍矿，主要集中在4个地方：高平省的彼各、永福省的三岛、义安省的葵合和林同省。彼各地区已经调查和探明锡铍矿的储藏量大约是1.6万吨，三岛地区的储藏量是1.3万吨，葵合地区的储藏量是3.6万吨，林同有数万吨。

（9）金。越南沉积的金矿分布很广。初步的勘查已发现40个矿床，储藏量估计有数千吨。近些年勘查到100多个金矿或是有金矿迹象的矿床，这些矿床的储藏量估计也有数千吨。

（10）稀土。莱州省已发现稀土矿，那车、东包、封土等矿床氧化稀土的储藏量估计是1000万吨，这些稀土的氧化物含量平均是3%—4%。含量丰富的稀土矿床占10%—30%的比例。此外，在别的地方也发现稀土矿床，如安沛省的安富、老街省的巴刹、义安省的葵合，在海岸淤积物中还发现有独居石矿。

3. 非金属矿

（1）磷灰石。老街有大量的磷灰石。在已经发现的一级矿石中P_2O_5的含量是32%—34%；二级矿的含量是20%—25%；3—4级矿石中的含量是15.6%—16%。在巴刹、宝河等地区蕴藏有KS_5、KS_6的矿石层，估计储藏量可达20亿吨。

（2）河西省巴寨的硫化物矿床。该矿床位于河西省巴纬地区，

B+CI+C2 的蕴藏量是 1200 万吨，硫的含量是 10%。该矿床距离临桃过磷酸钙厂 50 千米。

（3）清化蛇纹岩矿床。该矿床位于农项县的利乡，距离河内南部 170 千米，可开采量 800 万吨，二氧化硅（SIO₂）、氧化猛的含量是 32.04%，氧化钙（CaO）的含量是 0.46%，点火损耗的比例是 12.2%。

（4）广南—岘港的先安石墨矿床。该矿床距离三圻城西 35 千米，离岘港 100 千米。初步调查表明该矿平均含碳量是 18%—20%，湿度是 5%—6%，灰度是 60%—70%，U₃O₈ 的比率是 0.0115%。该矿的总储量估计是 50.6 万吨，石墨的储藏量是 9 万吨。总体说来，开采这些矿藏的条件是很方便的，泥土系数很低，这种矿本身也易浓缩。

（5）瓷土。瓷土矿床在永富①的盛宽，包括 4 个地区——代尧、友庆、巴波、浮老。在友庆地区发现的矿床有几个特点，平均 AiO₃ 的含量是 39.5%，回收率是 45.1%，点火损耗 9.81%，估计藏量是 320 万吨。林同省寨马矿距离大叻市东北面 9 千米，已经初步勘探划分为 4 个地带，矿层的平均厚度 20 米，覆盖层的厚度是 1—3 米，这些矿 Ai₂O₃ 的平均含量是 33%，点火损耗 12%，总储藏量估计有 1100 万吨，可开采量 500 万吨。

（6）膨润土矿床。该矿床位于林同省夷岭县的嘉协乡和三布乡，现已勘探查明整个矿区连接 6 个矿床，具有商业开采价值。矿床呈一种扁豆状水平等比例矿体，有 200—800 米长，200—400 米宽，1.6—5 米厚，覆盖层 4—5 米，SiO₂ 的含量是 57.73%。这种膨润土的耐热性达 44 摄氏度，具备一级标准，其储藏量估计有 339.9 万吨。

（7）重晶石矿。在河北、宣光、三岛等地已初步勘探确定有重晶石矿床，BaSO₄ 的平均含量是 80%—85%，储藏量估计超过 60 万吨。

（8）宝石。越南发现的宝石种类较多，有红宝石、蓝宝石等。安沛省陆安有红宝石、蓝宝石等，宽通和安富两个矿已获准与外商合资联合开采。除了这两个矿外，还调查了其他 8 个地区，具备商业开采价值的矿石藏量估计有 100 万克，在一些山区省份如义安、林同、同奈等宝石藏量估计在 35000 千克以上。

① 已分为永福和富寿两省。

（二）水力资源

越南的大小河流共2860条，总长4万多千米，总流量8500亿立方米/秒，潜在水力发电量为750—1000亿千瓦时，越南较重视大、中、小型水电建设，但因资金困难和其他原因，目前水力发电量只达到潜在水力发电量的2%左右。

（三）生物资源

1. 森林

越南森林面积共931.5万公顷，森林覆盖率达22%。主要森林类型：一是河谷地区热带雨林，分布在红河、黑水河、蓝江、长山山脉和西原地区的湿热河谷地带。这类森林比较茂密，树木繁多。二是热带季风雨林，一般分布在500米以下的山坡，原始森林已被破坏，以次生林为主，盛产格木、柚木、楠木等高经济价值的珍贵林木。三是亚热带森林和针阔叶混交林，分布在海拔1700米以上的山区。此外，越南还有170多万公顷的竹林。

2. 动植物资源

越南地处热带，高温多雨的气候和肥沃的土地十分适合植物的生长，而茂密的森林和高高低低的山地又为各种动物栖息、繁衍提供了优良场所。另外，越南河流众多，海岸绵长，海域宽广也为水生动物的生长繁殖创造了极为有利的环境。

（1）动物资源

越南境内目前约有各种兽类300种，爬行动物约300种，禽类1000多种，鱼类1000多种，植物种类更是不可胜数。

越南野生动物主要有大象、犀牛、虎、豹、熊、野牛、野猪、山羊、鹿、梅花鹿、猴、白眉猿、紫面白肢猿、松鼠、鼯鼠、狐狸、穿山甲、水獭、龟、蟒、蜥蜴等。

野生禽类主要有孔雀、翡翠鸟、金丝鸟、白绒鸟、鹦鹉、百灵鸟、翠鸟、锦鸡、灰鹤、黄莺、野鸡等。

鱼类，包括海鱼和淡水鱼，主要有红鱼、鲫鱼、鲐鱼、鳓鱼、鲍鱼、鳖鱼、墨鱼以及虾、海龟、玳瑁、珊瑚、珍珠蚌、海参等珍贵海产，总计海鱼 800 多种，淡水鱼 200 多种。

（2）植物资源

越南粮食作物主要有稻米、小麦、玉米、高粱、薯类等。

经济作物则包括多年生的茶叶、橡胶、咖啡、可可、槟榔、油桐、胡椒、八角等，当年生的烟草、棉花、花生、甘蔗、麻、豆类等。此外，还有种类繁多的水果，尤其是热带和亚热带水果，如菠萝、香蕉、椰子、芒果、菠萝蜜、柚子、荔枝、柠檬以及橘子、橙、桃、李、栗、梨树等。

药用植物也十分丰富，近两千种，其中较为稀有贵重的药材有党参、何首乌、通草、苍耳等，以砂仁、桂皮、三七、巴戟、黄连为越南名产，还有五加、茯苓、桂圆、沉香、枸杞、马钱子、丁香、白芷等，举不胜举。

三、人力资源

自然资源对发展经济固然重要，而人力资源也是必不可少的。跟经济密切相关的是人口的规模、结构以及素质等。

（一）越南人口已超 9000 万

越南是位居世界第十四人口大国。2013 年 11 月 1 日凌晨 2 时 45 分，在越南河内中央妇产医院出生的女娃娃正式成为越南第 9000 万名的公民。在 1989 年进行总调查后，有专家预计到 2010 年越南人口将突破 1.05 亿，而 9000 万这一数字将于 2002 年达到。但是，截至 2013 年 11 月 1 日越南人口才正式达到 9000 万，较预期晚十一年。可见，越南早年人口增长较快，后来由于政府提出了计划生育政策，一度实行一对夫妇只生育两个孩子的政策，超生的公职人员则被强制退职，所以近年来越南人口出生率已降了下来。最近，越南已不再实行鼓励计划生育政策。据专家 2008 年估计，越南人口增长率为 0.99%，出生率为 1.647%，死亡率为 0.618%。预期寿命平均为 71.33 岁，其中男为 68.52 岁，女为 74.33 岁。随着生活水平的提高，卫生条件的改善，越南人的平均寿命在增加，百岁老人已不少见。

在东南亚越南人口总数则是第三，仅次于印尼和菲律宾。1954 年印尼、菲律宾、越南三国人口分别是 8100 万、2100 万、2300 万，2010 年已分别达到 2.38 亿、9798 万、8800 万。原来菲律宾人口少于越南，近来菲律宾的人口已超过越南，已经突破 1 亿，[①] 比世界银行预测的时间大大提前。菲律宾目前人口增长率为 2.04%，为东盟成员国中最高的，也是全球人口增长最快的国家之一。

据越南《经济时报》2012 年 9 月 4 日报道，阮晋勇总理批准了越南国家 2012—2015 阶段人口和家庭计划化目标，具体目标是：至 2015 年越南人口将达 9300 万；至 21 世纪中期人口将稳定在 1.15 亿—1.2 亿左右的合理水平。

越南人口数字背后蕴藏着的巨大市场是投资商和生产商梦寐以求的。人口众多，对越南来说有其不利的一面，但也应该看到其有利的一面，在供应源源不断的劳动力资源的同时，还创造了大量的消费需求。而且越南人口构成中年轻人比例较大，充满活力，消费能力强。

（二）越南人口结构

据越南统计总局公布的数据，到 2011 年，越南总人口为 8784 万人，其中，男 4344.48 万人，女 4439.52 万人，城镇人口 2788.82 万人，农村人口 5995.18 万人[②]。越南全国有 54 个民族，其中主体民族京族（也称越族）占总人口的 80% 以上。据统计，越南有华侨华人约 100 万，主要分布在南方，尤其集中在胡志明市。

据专家 2012 年测算，越南人口年龄结构为：

[①] 新华网 2014 年 7 月 27 日报道，当天 0 时 6 分菲律宾出生了第 1 亿名公民。菲律宾是世界第 12 大人口国。

[②] 越南国家统计总局：《越南统计年鉴（2011）》，河内：越南统计出版社，2012 年版，第 61 页。据预测，越南到 2049 年总人口将达到 1.087 亿人，见秋香：《越南人口预测的一些主要指标》，载越南国家统计总局《数据与事件》，2012 年第 11 期，第 43 页。

0—14岁：24.9%（男性11924283，女性10824773）；

15—24岁：19%（男性8974221，女性8400162）；

25—54岁：44.1%（男性20130321，女性20205400）；

55—64岁：6.6%（男性2720235，女性3281666）；

65岁及以上：5.5%（男性1940755，女性3117473）。

据专家2008年估计越南人口年龄中位数为26.9岁，其中男25.8岁，女28岁。

20世纪70年代后期，越南由战争转为和平，其人口性别比也发生了变化，据专家2008年估计，越南总人口的男女性别比为0.98∶1，其中出生婴儿为1.07∶1；15岁以下为1.08∶1；15—64岁为0.99∶1；65岁以上为0.63∶1。

越南《人民报》2013年12月26日报道，越南卫生部人口与计划生育统计数据显示，自2007年起，越南开始进入人口结构年轻化的"黄金期"。这个阶段只出现一次并将持续30—40年。人口结构年轻化的"黄金期"将为越南社会经济的发展提供充足的人力资源，同时有利于增加在社会民生、医疗、教育和就业等方面的投资。

（三）越南人口素质

与中国相似，越南也是一个很重视教育的国家，人们无论贫穷还是富有，无论是在山区还是城市都会全力投入到孩子的教育上。"在越南的一些大城市，如河内、胡志明市等出现许多中外合作办学的国际幼儿教育，许多家长都不惜重金将小孩送入这些学校。笔者居住的区域有一所较为有名的国际学校，配备有外教进行外语教学，每个教室都有视频监控孩子的动向，据笔者了解不仅是家庭较富裕的人会把孩子送进去，就连路边的粉店老板也把自己的小孩送到这所国际学校。"[①]

越南已形成包括幼儿教育、初等教育、中等教育、高等教育、师范教育、职业教育及成人教育在内的教育体系。1991年国会通过《普及小学（5年）义务教育法》，到2000年越南宣布已完成扫盲和普及小学教育义

---

① 韦红萍：《越南的社会文化》，载古小松主编《越南报告：2012—2013》，北京：世界知识出版社，2013年版。

务。由于越南对教育重视，因而国民文化素质较高，识字率高，90% 以上的成年人都能读会写。

越南国民素质比较高的另一方面是，半个世纪来，还有成千上万的越南人到苏联、东欧和一些市场经济国家训练过。不少人会多门外语，越南的外资企业容易招到素质高的职员。

（四）海外越南人

21 世纪 70 年代中期以前，越南战争连绵，炮火纷飞。50 年代越法战争结束和 70 年代中期越南战争结束，都有大批越南人离开越南，到国外去定居，甚至到 80 年代，由于越南推行亲苏反华侵柬的对外政策，经济受到大的破坏，民众生活困苦，使得越南依然有一批又一批的难民潮涌向国外，并已长期在海外定居。

表 2-1　21 世纪初越南人在世界一些国家和地区的分布和数量

国家和地区	所属大洲	越南人口（万人）	国别	所属大洲	越南人口（万人）
美国	北美洲	130	英国和爱尔兰	欧洲	4
法国	欧洲	30	捷克	欧洲	3.7
澳大利亚	大洋洲	24.5	老挝	亚洲	2
加拿大	北美洲	20	波兰	欧洲	2
中国台湾	亚洲	11	挪威	欧洲	1.7
德国	欧洲	10	日本	亚洲	1.2
柬埔寨	亚洲	10	比利时	欧洲	1.2
俄罗斯	欧洲	10	荷兰	欧洲	1.5
泰国	亚洲	4.4	瑞典	欧洲	1

资料来源：笔者编译自 Uỷ ban về người Việt Nam ở nước ngoài: *Cộng đồng người Việt Nam ở nước ngoài—những vấn đề cần biết*, Nxb. Thế giới, Hà Nội, 2005, tr.15-38.

根据海外越南人委员会 2008 年最新的统计数据显示，目前约有 350 万越南人生活在世界上 94 个国家和地区，其中有不少是曾经旅居越南的华人。[①]他们大多数定居在欧美、澳洲等地，经过多年的经营，不少人已有一定的积蓄，也有不少人学有所成。他们有的已回到越南投资、经商和从事相关的交流合作。这些海外越南人已成为越南政府开发利用的重要资源。每年有大约50万海外越南人回国探亲，近年来回国投资的人数也增加了。

为了加强海外越南人对祖籍国的归属感，吸引更多的海外越南人回到越南投资、贸易、旅游，越南近年采取一系列的优惠政策措施。越南政府宣布，从2007年9月1日起，旅居海外的越南人无须签证，就可以入境越南。海外越南人在呈交相关文件证明自己原籍越南后，将会获得一张免签证的证书。凭这张证书，他们可以多次出入境越南，每次可居住长达三个月。[②]

越南甚至修订国籍法，允许持外国护照但未明确表示放弃越南公民身份的海外越南人获取越南国籍。该项法案于2009年7月生效。

2013年赴越探亲的人数达127万人次，其中大量是海外越南人。同年，越南侨汇收入达110亿美元。海外越南人一直节俭开销，把节省下来的外币汇回越南。侨汇不仅有利于提高越南国内人民的生活水准，也为国家发展注入新动力。据越南财政机关的统计，2013年越南是汇回国的侨汇总额最高的国家，这对推动越南经济继续向前发展起着重要作用。[③]

四、国际环境

（一）国际环境对越南的机遇与挑战

越南是一个面积和人口规模都属中等的国家，经济发展处于中下水平。为了加快经济发展，越南正在扩大开放，因而，国际环境对越南的经济发展很重要，但可以说既有有利的一面，也有不利的一面，主要取决于越南的对外政策。越南战后40年的历程证明了这一点。

---

① 越南外交部网站 http://www.mofa.gov.vn/vi/nr040807104143/nr040807105039/ns080109143955。转引自黄莹：《当代海外越南人及其对越南经济的影响》，广西民族大学2008年硕士毕业论文。

② 中新社香港2007年8月21日电讯。

③ 《越南报告：2013—2014》。

20世纪70年代中期，越战结束后，越南面临的是克服战后后遗症，重建家园，世界很多国家包括美国都希望提供援助，但是越南在战后初期推行了一条亲苏反华侵柬的外交路线，一边倒向苏联，遭到了大多数国家的反对甚至制裁，使越南经济发展遇到了很大的困难，一些年份经济出现了负增长。这种情况一直延续到90年代初期。

冷战结束后，越南从过去的"一边倒"，调整为实行独立自主、全方位、多元化的外交政策，不再与其他国家结盟，灵活应对各种复杂多变的国际局势，进可攻，退可守，这既是对外交流合作和本国发展的需要，也符合国际格局以及地区的实际情况和发展变化。从20世纪90年代至21世纪初，越南基本奉行了这样的外交方针政策，使越南赢得了一个和平稳定的环境，争取到了诸多的资源。这是越南改革开放、快速发展的黄金时期，时间长达30年。越南人均GDP由100多美元，增长至1000多美元，越南从多年的危机状态中走了出来。

（二）越南的外交政策选择

从经济发展角度，越南的外交政策重点包括如下多个方面：

一是大国平衡，尤其是搞好与在当今世界有重要影响的中国、美国的关系，中国是越南最大的进口来源，美国则是越南最大的出口市场。

二是重视邻国与周边外交，搞好与自己有陆地边界的中国、老挝、柬埔寨的睦邻友好关系，以及与其他东盟国家的交流合作，新加坡等是对越南投资的重要国家。

三是通过参与多边外交，加快自身融入经济全球化和区域一体化的进程，使外部市场多元化，积极参加中国—东盟自由贸易区等区域合作等。

四是大搞经济外交，获取实惠利益。作为一个发展中的中等规模国家，越南很需要外部的投资、援助、市场和游客。因此，越南也大力加强与日本等一些有经济实力的国家和地区的交流与合作，通过发展与它们的经贸关系，来促进国内的经济发展。

（三）南海问题

越南海岸线很长，直接濒临南中国海。近年来，越南愈来愈重视海洋经济的发展，将其视为越南经济举足轻重的组成部分，尤其是在开发海上石油天然气和渔业生产等方面。

中国最早发现、开发和占有西沙、南沙群岛，主权属于中国。但近年来，周边一些国家趁中国鞭长莫及的时候，窃据一些南沙的岛礁，尤其是越南更占据了29个岛礁，是在南海占据岛礁最多的国家，域外一些大国也提出航行问题。越南还对中国西沙提出主权要求。可见，南海之争，主要是中越之争。2012年，越南出台了与中国最尖锐对立的《越南海洋法》，与此同时，中国迅即宣布成立三沙市。2014年5月，中国981钻井平台在西沙进行钻探活动，越南极力干扰，甚至在国内爆发了大规模的打砸抢反华暴力事件，对越南的政治社会稳定和经济发展都造成了巨大的冲击。

由此可见，南海问题对越南的开放发展有很大的关联性。

第三章　发展历史与经验教训

从古到今，越南经济发展的历史很长，内容很丰富。本书主要是研究当代的越南经济，所以在回顾越南经济发展的历史时，这里侧重放在越南成为法国殖民地以后的情况，尤其是改革开放以后的情况。因此，我们把越南经济的发展历程分为以下六个时期：一、法属殖民地以前；二、殖民地经济；三、抗法时期；四、北南分治时期；五、北南统一到改革开放之前；六、改革开放以来。

一、法属殖民地以前

按时间往前推，1885年越南成为法国的殖民地以前是一个封建专制的国家。

在封建专制国家建立以前，该地区是中国的一个地区。人们也把这段时间称为郡县时期；在被纳入中国的版图之前，该地区就是原始部落社会，其经济情况这里我们就不论述了。

（一）千年郡县之今越南北部已相当发达

一直到汉朝前期，交趾地区还是一片莽荒之地。古籍记载："凡交趾所统，虽置郡县，而语言各异，重译乃通。人如禽兽，长幼无别。项髻徒跣，以布贯头而著之。""九真俗以射猎为业，不知牛耕，民常告籴交趾，每致困乏。"[1]

---

[1] 《后汉书·南蛮传》。

公元前214年，秦始皇平定岭南，在今越南北部设置象郡。公元前207年赵佗割据岭南，成立南越国。从象郡到南越国，对交趾地区一般都是采取羁縻政策，由原有的部落首领来管理。总的来说，汉朝最初也是对该地区采取"与民生息"、"以其故俗治"的政策，各县"诸雒将主民如故"。

公元前111年，汉朝灭南越国，在今越南中北部设置交趾、九真、日南三郡。随着三郡治理逐步走上正轨，中央派官员日益加强对其管理。尤其是一些循吏，如锡光、任延等一些来自中原的大员，积极推动地方的发展。《后汉书》卷八十六记载："锡光为交趾，任延守九真。于是教其耕稼，制为冠履，初设媒娉，始知姻聚。建立学校，导之礼义。"锡光是东汉西城人，汉哀帝刘欣时被派到交趾任太守。锡光的"教化"，加速了交趾文明发展进程。与锡光同时代的还有一位循吏为任延。汉朝刘秀即位时，听说任延是一位能臣，把所任职的地区治理得夜不闭户，路不拾遗，就重用他，任命他为九真太守。当时九真不如相邻的交趾，当地百姓生活贫困，要从交趾运进粮食来度生。任延到任后，"乃令铸作田器，教之垦辟"，使九真"田畴岁岁开广，百姓充给"。古籍记载："九真太守任延始教耕犁，俗化交土，风行象林。知耕以来六百余年，火耨耕艺法与华同，名曰田种百谷，七月火作，十月登熟。名赤田种赤谷，十二月作，四月登熟，所谓两熟之稻也。"[1] 锡光、任延等来自中原的官员把中原地区先进的铁器农具、农业生产技术和生产经验传授给当地百姓，提高了农业产量，粮食丰收，人民生活得到很大改善。他们还在当地设立学校，推行儒家礼教，婚嫁有度，社会文明大大进步。司马光对此评价说："故岭南华风始于二守焉。"[2]

三国两晋南北朝时期，今越南中北部地区为交州。嬴陬是当时交州的一个经济文化中心。为了供应嬴陬都城及当地生活的需要，当时这里还形成了一些生产日用品的作坊，如生产陶制品等。"罢定（bai dinh）古窑区位于桑河畔，距离嬴陬约1000米。这里生产砖瓦和陶制品，主要供给嬴陬建设和生活之需要"。"河北省（今为北宁省）嘉良县大来乡狄中（dich

---

① 《水经注·温水》。

② 二守指九真太守任延、交趾太守锡光。

trung）村紧靠墩河和赢陲通往嘉良的交通大道，距离赢陲约20千米，全村都是古陶窑区域。今这里到处都是古陶窑、陶生产工具及产品废料遗物。在此所找到的各种碗、碟与在赢陲及周边墓葬所找到的遗物是同样的物品"[①]。

同时，交州也是中国对外贸易的中心。三国时，交州属东吴势力范围。公元226年（孙权黄武五年），大秦商人秦论来到交州，后交州守吴邈又把他送到建业（即今南京）[②]。赢陲"作为一个大的买卖中心，除了很多中国内地人及本地人来此交易外，还有很多印度等国商人来此做买卖"。由于商业发展的需要，客商和居民都会大量使用货币。人们在赢陲地区发现了很多古代货币。"该地区的墓葬中发现了很多东汉时期的五铢钱（ngu thu），以及更早的秦朝、西汉、王莽时期的货泉钱（hoa tuyen）、大泉五十（dai tuyen ngu thap）等。货币使用越多，货物越多，客商也就越多，交流也就越繁忙，使得赢陲不仅是一个政治、文化中心，更具有商'市'的性质"。当时交州对外贸易曾一度超过广州等地。

隋唐时期，特别是唐代（今越南中部北部地区改称安南都护府），中国的经济和文化均得到了较高程度的发展。安南作为中国的州县，当然也不例外。尤其是安南地处南部沿海，有着优越的地理环境和自然条件，作为一个重要的口岸，在唐朝与东南亚、南亚、西亚的经济文化交流中发挥了重大的作用。在经济方面，由于生产技术的提高，实行多种经营，除了种植双季稻、薯类粮食作物外，还发展了棉花、麻类、果树等经济作物，以及种桑养蚕，在峰州至爱州一带每年收获蚕茧达8次。在农业发展的基础上，安南的手工业发展也很显著。由于生产出大量的棉、麻、丝，引入纺织技术和印染技术，促进了纺织业的发展，棉布、麻布等纺织品产量大增，且丝绸品质优良，一些红霞花布、锦缎、绉纱等往往作为贡品向朝廷缴纳。同时，采矿业、冶炼业和陶瓷业也有很大的发展[③]。随着农业和

---

① 越南社会科学院历史研究所：《越南古都市》，越文，河内：越南社会科学院，1989年版。

② 《南史》卷七十八。

③ 近年越南在安沛、河内、清化等发掘的唐代古墓中，出土了大量的铁斧、铁刀、铁钉、铁箭头以及陶瓷器皿。

手工业发展，也带来了商业的繁荣，从而促进了商品经济的发展。从内地到安南，以及安南地区各个州县之间，水陆交通都很便利。通过连接内地的陆路和广州至交州的海路，内地商人主要是运来瓷器、茶叶、中药等商品，从安南运回的主要是当地的各种丝绸和土特产品。[①]

尽管当时的安南有不少的外患，但由于其地理位置优越，海运便利，是中国与东南亚、南亚、西亚的交流前沿，所以除了与内地的贸易外，唐朝安南的对外贸易也非常发达。安南与真腊（柬埔寨）、文单（老挝）、昆仑（马来西亚）、骠国（缅甸）、天竺（印度）以及中亚和西亚各国的贸易交流很频繁。安南用丝绸和各种土特产品交换东南亚、南亚、中亚、西亚商人的香料、药品、锡器、玻璃器皿等货物。

（二）封建自主经济

公元968年，越南独立建国，从独立到沦为法国殖民地，是一段自主的封建国家时期，包括了丁、前黎、李、陈、胡、后黎、西山、阮朝，中间有20年短暂的属明时期。

越南独立后的丁、前黎两个朝代都很短，我们把它们视为越南独立建国的草创时期，其经济尚未得到恢复。越南封建经济真正得到发展是进入11世纪初，李朝建立开始。

李朝与陈朝是越南封建王朝的繁荣发展时期。

李朝在发展农业的基础上，重视学习中国的先进技术，发展工业。当时的越南纺织工已能织出各种花色繁多、图案新颖的布、绸、绵、缎。在陶器方面能制作出白瓷瓦、琉璃砖瓦，以及涂有棕色、白玉色、象牙色的彩釉瓷器。还有炼铁、冶铜、编织、造纸、刻板印刷等工业也发展起来了。有了经济基础，李朝于1010年迁都升龙，营建宏大的城市。当时的升龙总周长约有25千米，皇城内有高达四层的宫殿。李朝的建筑，除了帝王的楼台宫殿、城垒外，还建设了很多规模宏大的寺庙、宝塔等。

陈朝在经济上，鼓励开荒，耕地面积为之大增，同时还组织开挖沟渠河道，引水灌田。允许土地自由买卖。士兵在服役期间还可回家种田。由

---

① 越南各地近年均有大量的唐代铜钱如开元通宝、乾元通宝、元和通宝被发掘出土。

于陈朝统治者采取有利于农业生产的政策，从而使陈朝的农业经济得到较大的发展。农村出现了手工专业村，如麻雷村专门生产斗笠，被称为"麻雷笠"。首都升龙不仅是一个政治中心，也是一个工商业中心，皇城外居民区分成61个"坊"，都是一些繁华的集市和手工业作坊。

在经历了短暂的属明后，越南于15世纪20年代建立了后黎朝。经过一段时间治理，黎圣宗统治期间（1460—1497年），进入盛世，但很快就进入了南北分裂的状态，先是北莫南郑，然后是北郑南阮。南面的阮氏立足于今越南中部一带，接受和利用大量的中国移民，让他们不断往南开拓原来属于占婆的地域，甚至占领一些当时还属于柬埔寨的湄公河三角洲地区。

西山农民起义对越南的经济造成很大的破坏。阮朝建立后，前期社会经济有较大发展，越南逐渐有了近代农业、工业和商业，资本主义因素已经萌芽。在农业方面，私田增加，公田急剧减少，逐步向封建的地主土地所有制发展。在工业方面，开办了一些官办工厂，如铸钱、造枪、造船以及为数颇多的矿山，并且于1839年试制成功蒸汽船。在商业方面，虽然阮朝实行重农抑商和"闭关锁港"的政策，国内外贸易都受到严重限制，但仍有一定发展，与法国的关系还得到进一步加强。

越南作为一个独立的封建国家，发展了约900年，以农耕经济为主，手工业得到一定的提升，到19世纪初，越南的资本主义经济有了萌芽，但总量不大，整个经济仍然主要是自给自足的封建经济。不过，利用有利的地理位置，越南成为东亚与南亚、中东非洲、欧洲开展贸易的驿站。

二、殖民地经济

1858年，法国与西班牙联合舰队炮轰土伦港[①]，到1885年，中法战争结束，清朝与法国缔结和约，承认法国对越南的保护权，越南沦为法国的殖民地。自此到1954年，越南被法国统治时期长达约70年。从经济角度看，法国在当地进行了两次大的开发。

---

① 即今岘港。

（一）第一次开发

法国在侵占越南的同时，柬埔寨和老挝也先后于1863年和1893年相继沦为它的"保护国"。殖民者把越南分为"东京"保护地（北圻）、"安南"保护国（中圻）、"交趾支那"殖民地（南圻），禁止越南人自由来往于三圻之间，以便分而治之，并连同柬埔寨、老挝，拼凑成法属"印度支那联邦"。殖民统治的中心设在河内，由法国总督独揽一切军政大权。

法国人在建立殖民统治机构后，一方面对当地人民进行压迫剥削，同时也对该地区进行了开发。法国对印度支那经济资源掠夺的重视和印支殖民地的经济开发始于1887年印支联邦建立时，尤其是1896年杜美总督上台之后。在殖民政权强化的同时，制定各种经济政策，干预经济活动，开始殖民经济掠夺与开发。印支联邦建立后到一战结束为第一次开发，主要投资于采矿和运输部门。据统计，1888—1918年，法国国家与私人资本对印度支那①的投资总额约为10亿法郎，其中私人资本4.92亿法郎。

（二）第二次开发

一战结束后，法国人在印支进行了第二次殖民开发。1924—1929年，仅法国私人资本就有30亿—40亿法郎涌入越南，而1930年一年就有5.692亿法郎。与第一次开发所不同的是，这次开发首先投资农业，尤其是发展稻米和橡胶种植园，其次是采矿业，同时也注意轻工业与商业等部门。20世纪30年代，南圻成为东南亚最大的谷仓之一，也是世界上第三大稻米供应地。在不断增加耕作面积和增加地租剥削的基础上，法国在印度支那掠夺大量的大米以供出口。据统计，1919年湄公河三角洲地区出口的大米达96.7万吨，到1928年增加到179.8万吨，1919—1930年年均约出口160万吨。这些大米大部分运往香港再转口欧洲特别是法国以及其在非洲的殖民地，以及菲律宾、中国、日本等地。除大米外，法属印度支那还大力发展橡胶、咖啡、茶叶、甘蔗、椰子、胡椒等。1925—1930年，法国投入印度支那农业有10.45亿法郎的资金，其中大部分投入橡胶业。1924年橡胶产量为9796吨，1929年达到了10308吨。所产胶乳全部

---

① 主要投在越南。

出口，1920—1929 年出口 70417 吨橡胶，其中 70% 运回法国，25.3% 销往新加坡。

在工矿业方面，法国人兼并了华人在鸿基煤矿的东京煤炭矿场。除了采矿业外，还建立了一些纺织、造纸、酿酒、发电等工厂。越南海防和南定纱厂生产的棉纱不仅供给印支地区消费，而且在远东市场上销售；在交通运输方面，法国从 20 世纪初叶以后加强了交通运输业的建设。印度支那联邦范围内修建了纵横交错的公路网和多条重要铁路干线，一些战略公路纵贯印支全境，到 1939 年为止，铁路长度为 2569 千米，公路长达 21000 千米，修建了谅山—河内，河内—西贡以及滇越[①]铁路，建设或扩建了西贡、海防、鸿基、锦普、边水、岘港等港口。

（三）以农业为主的殖民地经济

法国在越南以及印支的开发，主要是出于把当地变成其原料供应地，同时也是法国工业品的倾销市场。在法国的殖民统治下，尽管越南由封建社会转化为殖民地半封建社会，但这是资本主义殖民剥削形式与封建剥削形式相结合，使大多数越南人民依然处于贫困状态。

农业落后，1945 年以前越南 90% 以上的人口为农民。农民多，但占有的土地比较少，仅占越南耕地总面积的 36%。随着农业的发展分化，土地愈来愈集中到少数地主手中。地主阶级仅占农户的 3%，但占了全国 41.4% 的土地，没有耕地的农民占了农村总户数的 59.2%。[②]

工业少，工业生产约占整个工农业的 10%[③]，交通等基础设施有了一定发展，但仍然落后。

工商业的发展促进了城市的兴起和城市人口的增加。越南城市居民从 20 世纪初仅占全国人口总数的 2%，增加到 20 年代末 30 年代初的 10%。

---

① 从越南的海防到中国云南昆明。

② ［越］陶文集主编：《越南经济 45 年（1945—1990）》，许志生等译，南宁：广西人民出版社，1992 年版，第 21 页。

③ ［越］陶文集主编：《越南经济 45 年（1945—1990）》，许志生等译，南宁：广西人民出版社，1992 年版，第 2 页。

表3-1　1939年越南部分经济指标（1945年前生产水平最高的一年）

项目	单位	数量
稻谷产量	万吨	580.2
棉花产量	万吨	160
海鱼产量	万吨	12.06
发电量	万千瓦时	8600
煤炭产量	万吨	180
水泥产量	万吨	30.6
布产量	万米	5560
纸产量	吨	5800
铁路	千米	2569
公路	千米	21000

资料来源：越南统计总局。引自［越］陶文集主编：《越南经济45年（1945—1990）》，许志生等译，南宁：广西人民出版社，1992年版，第3页。

三、1945—1954年抗法时期

1945年8月，越南趁二战结束，日本投降，进行了八月革命，建立了越南民主共和国。但法国人很快就卷土重来，把新生的革命政权挤压到西北一角。从1945年后期到1954年奠边府战役结束，越南北方以抗法斗争为主，经济发展停滞不前；南方社会相对稳定，经济有一定的发展。

（一）北方

八月革命后，越南北部在民主共和国管控有限的区域逐步进行了民主改革，宣布废除殖民主义和封建制度的各种不公平赋税，使农民初步得到解放。从八月革命到土地改革前，越南北方的3035个乡中，法国殖民者、封建地主的475.9公顷土地和其他公房及公地分配给了农民。在土改前，封建地主所占的土地只有22.7%，包括中农、贫农、雇农在内92.5%的农民已占有总耕地的70.7%。[①]

新政权迟迟得不到国际承认，只是到了1949年新中国成立，1950年后才得到中国的援助，越南北方一些地区逐步发展纸、火柴、卷烟、肥皂、皮革、橡胶等轻工业，甚至还建立一些兵工厂、军需厂、军药厂等。1951年以后，越南北方成立了国家银行、国营贸易公司。

1953年12月4日，越南国会通过了土地改革法。1954年4月，越南北方解放区开始进行土改。

（二）南方

二战结束后到1954年，南越经济几乎没有受到大的干扰，发展比较平稳。

越南南方发展农业的条件很优越，湄公河三角洲是重要的稻米产区，西原及其他地区的大片红土区则可以种植橡胶等经济作物。南越生产了大量的稻米、橡胶，不少是用于出口。

1954年以前，南越的工业基本上是被法国资本所垄断，工业大多是食品加工、轻纺工业等，有碾米厂27家，还有酿酒、饮料、制糖、卷烟、制茶、纺织、肥皂、橡胶制品、化工、船舶和机械修理、自行车装配等。这些行业的工厂一般规模都比较小，不少是手工操作。

四、1954—1975年抗美战争时期

从1954年到1975年的大约20年时间，这是越南南北对立与抗美战争时期。越南北方前期在中国的援助下，经济有一定的恢复和发展。南方虽然处于战争之下，但由于其市场经济基础较好，加上美国给以大量的经济援助，所以越南南方的经济也有一定发展。可惜的是，越南是一个鱼米之乡的国家，正常年景是出口大米的，但由于连年战争，南北两地都需要进口粮食。这是人们不愿意看到的。

41

---

① ［越］陶文集主编：《越南经济45年（1945—1990）》，许志生等译，南宁：广西人民出版社，1992年版，第22—25页。

（一）北越经济

1. 医治战争创伤，恢复家园

随着奠边府战役的胜利，越南北方恢复了和平，获得了真正的独立和解放。越南人民在经历了漫长的抵抗外来侵略的战争之后，开始重新建设自己美丽的家园。法国人走后留下的是一个百废待兴的烂摊子，从城市到农村，到处都是一片废墟，工业生产瘫痪了，人民生活处于极度困难之中。

在此情况下，越南要靠自己的力量来恢复经济，重建家园，难度很大。日内瓦会议上越南虽然获得了世界大国的承认，但在国际上主要是跟中国有政治、经济关系，苏联东欧国家虽然已承认越南，但几乎与越南没有多少联系，越南能够靠得上的只有中国。这样，中国人民帮助越南朋友刚赶走法国殖民者，又肩负起了帮助越南人民恢复生产、重建家园的责任。当时，尽管中国政府和人民自己的经济仍然十分困难，但为了国际主义，为了帮助越南人民医治战争创伤，恢复和发展经济，改善生活，根据越南经济建设的需要，提供了多方面的巨大的有效援助。

战后如何接管和管理城市，恢复和发展国民经济？如何在和平形势下加强党和军队的建设？如何开展外交斗争？如何进行社会主义建设？这些是越南当时面临的重大问题。

应胡志明主席和越南劳动党中央的要求，1956年4月，中国领导人陈云同志内部访问越南，对越南北方工农业生产建设的重大方向性问题，提出了"先农后工，先轻后重"的重要主张，并被越南劳动党中央所采纳和实施。根据越方的要求，中国还派出以方毅同志为首的顾问和专家团具体地帮助和指导越南恢复和发展经济。

抗法战争前，越南北方已有铁路1166千米，公路10695千米。但战争结束时，铁路只有18千米，公路只有约2000千米可以通车使用。要恢复经济，首先就要迅速恢复交通运输。应越方要求，1954年12月，中国派遣2000多名铁路专家、技术人员和职工援助越南。他们集中力量先修复河内—睦南关铁路。经过两国工人的共同努力，仅仅三个月的时间，该铁路就于1955年2月28日修复通车。

此后，中国政府又派出一个铁路整修队帮助加固，同时帮助越南培养和建立一支铁路整修队。1957年12月25日，滇越铁路从中国云南碧色寨到越南河口段（全长170千米）也修复通车。到1957年底，已修复的铁路总长681千米，已修复的公路达10607千米，被破坏的桥梁也大部分修复。河内—睦南关铁路和滇越铁路修复通车，对越南经济的恢复和发展意义重大。这两条铁路是越南国民经济的"大动脉"，特别是河内—睦南关铁路是输入中国及其他一些国家的援助物资的唯一交通线。

在工业企业方面，中国派遣了大批工程技术人员，帮助越南恢复了海防水泥厂、鸿基煤矿、南定纱厂、河内电厂等，使越南的工业生产逐步得到恢复，安排了成千上万的失业工人，解决了部分国计民生的需要。为了使越南的整个经济能快速地恢复和发展，中国甚至派出专家技术人员，无私地提供设备、技术甚至原材料，帮助越南兴建了一批工业项目。

1958年初，中越两国政府签订了中国向越南提供援助的议定书，从1958年至1961年，中国提供近十亿元人民币无偿援助，帮助越南兴建了18个工业项目：山西糖厂、义安糖厂、河内卷烟厂、河内针织厂、肥皂牙膏厂、海防搪瓷厂、北江陶瓷厂、文典干电池厂、海防蓄电池厂、越池造纸厂、河内文教用品厂、海防塑料制品厂、越池电解食盐厂、古定铬铁矿、橡胶制品厂、河内铸工车间、越池热电厂、江高引水工程闸门等。经过仅仅几年的努力，在中国的帮助下，越南就建立起了自己的初步工业体系。到1960年，越南已能生产70多种轻工业产品，初步解决了人民日常生活的需要。

2. 开展农业合作化，发展国营企业

在农业方面，中国一方面是派出专家和技术人员，提供器材、技术等帮助越南修建了一批大型的水利工程，如北宁—兴安—海阳水利工程是越南当时最大的排灌工程，受益面积达21万公顷。这些水利工程大大增加了越南农业的排灌面积，越南北方的灌溉面积从1955年的92万公顷，增加到1956年的157万公顷，增强了农作物的抗灾保丰收能力；另一方面，中国向越南提供大量的小麦、水稻、棉花等优良种子和种植技术，帮助越南提高粮食作物和经济作物的单位面积产量。越南1956年稻谷总产量达到 413 万吨，比 1955 年的 352 万吨增长 17%，每公顷的平均产量是当时东南亚地区最高的，仅一年多的时间解决了越南北部的粮食问题。越南北方耕地面积共 2626600 公顷，其中粮食作物种植面积 2567700 公顷，其他作物种植面积 58900 公顷（1955 年数据）[①]。

3. 三年计划和第一个五年计划

在中国政府和人民全面的大力援助下，越南从 1955 年至 1957 年仅用了三年时间，就胜利完成了经济恢复的任务。接着他们又制定了三年国民经济发展计划。"为了帮助越南恢复经济、良好地完成改造和发展经济的三年计划，中国向越南提供了 12 亿元人民币，包括 9 亿元无偿援助和 3 亿元长期贷款。到 1960 年底，中国援助的工程中已有 21 项竣工，13 项已投入生产。这些工程总产值占越南北方工业总产值的 25%。按照两国政府 1961 年签订的协定，中国将再一次向越南提供 1.41 亿卢布的援助，以兴建越南第一个五年计划所规定的一批重点工程，同时兴建 8 个轻工业企业、扩建铁路等工程"。

在越南人民辛勤努力下，加上中国的无私援助，越南完成了第一次制订的发展经济"三年计划"。从 1958 年到 1960 年，越南工业总产值平均每年增长 22.6%，农业总产值平均每年增长 4.4%。至此，越南的工农业生产得到了全面的恢复并有了长足的发展，人民生活也有了很大的提高，为越南往后的经济建设打下了坚实的基础。

在越南恢复经济时期，中国向越南提供了巨额的资金、大量的设备、技术、原材料援助，甚至还派出了铁路、公路、航运、邮电、农业、林业、水利、电力、纺织、商业等部门的大批工程技术干部和技术工人，参加越南的建设事业。从 1955 年到 1959 年，中国派赴越南的专家、工程技术干部、技术工人共达 3600 人。他们为了越南的经济建设流血流汗，甚至有的献出了生命。

1965 年以后越南抗美斗争与经济建设同时进行。

---

① ［越］越南中央统计局：《经济和文化建设五年》，1960 年版，第 117 页。

（二）南越经济

1. 农业

越南南方农业发展条件优越，耕地面积为 320 万公顷左右，主要集中在湄公河三角洲，土地肥沃，水利成网。

南越政权实行"耕者有其田"政策。1970 年 3 月颁布"耕者有其田"的法令规定：地主拥有的土地额，由过去在南部不得超过 100 公顷减少到 15 公顷，在中部不得超过 5 公顷；一户农民分得的土地，在南部为 3 公顷，中部为 1 公顷。

同时，美国帮助南越推行"农业更新化"，向南越提供大量的小农机、化肥和农药；通过向农民提供低息贷款，用以购买美援生产资料。1968 年至 1971 年，越南南方从美国、日本、法国、西德进口了 157436 部各类农业机器，其中有 18493 部拖拉机（手拖及 30 匹马力左右的拖拉机），444 部联合收割机，2152 台抽水机。至 1974 年南方进口了大约 18.6 万部各类农业机器，其中有两万部手扶拖拉机。1975 年以前，南方农村已使用各类农业机械 17 万台，总功率达 120 万马力，使用化肥 300 万吨，采用良种已占稻谷播种面积的 30%。[①]

由于美国的援助，南越的农业技术基础发生了不少的变化，生产水平不断提高。1970 年南方粮食产量达到 572 万吨，1972 年更是达到了 634 万吨。

越南南方的重要经济作物有橡胶、咖啡等，橡胶种植面积一度达到 14 万公顷，产量 1963 年曾达到 7.61 万吨。由于战争，到 1972 年仅剩下 8.2 万公顷，而其中可收获的只有 2 万公顷。咖啡产量 1974 年为 5600 吨。

2. 工业

20 世纪 60 年代至 70 年代初，尽管处在战争状态中，但在美国的扶持下，正是为了战争的需要，南越的工业有了新的发展。

到 1975 年南北统一前，南越估计有工厂约 4000 家，其中拥有工人 100 人以上规模的约为 500 家。这些工厂不少是加工企业，1966 年的统计

---

① 郭明等：《越南经济》，南宁：广西人民出版社，1986 年版，第 66 页。

是1783家，包括制药、电器、车辆装配、收音机、镀锌、电焊、塑料、纺织、渔网等行业，以及主要为军人服务的卷烟、啤酒等消费生产企业，这些企业的生产设备在当时是比较新式和先进的。此外，还有为军事部门制造渡船、驳船、浮桥、汽油桶、煤气罐等厂家。

表3-2　1962—1974年南越主要工业产品产量

	1962	1965	1970	1973	1974
电力（百万度）	259	496	1134	1627	1345
啤酒（万升）	5984	11292	14867	13616	
白酒（万升）	761	882	884	949	
汽水（万升）	3808	6960	12569	9794	
白糖（万升）	6.4	6.4	11.5	18.1	
棉布（万米）	2698	5271	5801	7076	7500
卷烟（吨）	4443	7650	9675	9509	
纸（吨）	6189	17150	42823	44308	
水泥（万吨）		18.39	28.58	26.53	29.4

资料来源：郭明等：《越南经济》，南宁：广西人民出版社，1986年版，第74页。

3. 对外贸易与外国援助

20世纪50年代中期到70年代中期，南越的对外贸易比较活跃，特点是进口远远大于出口，出口的主要产品为手工艺品、水产品、茶叶、橡胶以及其他的农产品等，1945年以前以大米出口居首，1946—1971年变为以出口橡胶居首，1972—1974年则是以出口水产品居首位。进口商品主要是消费品，同时也进口一些生产资料，主要是原材料。

表3-3　1955—1973年南越进出口值

年份	进口（百万南越元）	出口（百万南越元）	差额（百万南越元）
1955	9211.6	2423.7	−6787.9

（续表）

年份	进口（百万南越元）	出口（百万南越元）	差额（百万南越元）
1960	8411.9	2994.1	−5417.8
1965	12506.5	1242.2	−11264.3
1970	44031.6	915.7	−69110.7
1972	233224.6	5467.4	−227755.2
1973	310001.6	29700	−280301.6

资料来源：郭明等：《越南经济》，南宁：广西人民出版社，1986年版，第77页。

南越的行政管理和经济发展对外依赖程度很高，美国取代法国在南越的统治后，美援逐渐增多，成为南越政权不可缺少的财政来源。1955—1975年的20年里，美国对南越的援助总额达到260多亿美元，其中包括军事援助160亿美元，经济援助60亿美元。

南越经济境况最好是1970年，国民生产总值达到28.31亿美元。[①]

五、北南统一到改革开放之前

1975—1986年是越南北南统一后经济发展的探索时期。整个越南对如何搞和平经济建设没有经验，只是一味模仿苏联模式，采取的政策措施不适合越南的实际，所以这是一个经济发展停滞甚至倒退的时期。尤其是南方，由于盲目进行极"左"过火的社会主义改造，使已经较发达的生产力受到极大的破坏。

如果考察越南这一段时间的发展情况，更多的是值得人们思考的教训。

（一）传统的计划经济模式使越南经济走进死胡同

1. 计划经济延续

越南北方1958年兴起了农业合作化运动，合作化程度逐年提高，规模不断扩大。1971年越南劳动党指示："按照社会主义大生产方向重新组

---

① 郭明等：《越南经济》，南宁：广西人民出版社，1986年版，第79页。

织农业生产。"到1974年几乎所有的初级社都转为高级社，97.3%的农户参加了高级社。社的规模调整到拥有200公顷土地，800个劳动力。[①]合作社按国家计划生产，没有种植经营自主权。农民拴死在土地上，不能从事其他经营活动。收入分配不把个人劳动利益跟最终产品联系起来。农民生产积极性低，北方的农业长期停滞不前。1958年至统一前的1974年，粮食产量一直徘徊在500万—600万吨左右。人均粮食占有量不但没有提高，反而从1956年的360千克减至1974年的256千克。[②]

北方相当部分的厂矿企业是中苏等社会主义国家援建的，或者是在这些国家的经济顾问指导下建立起来的。其经营管理体制自然也是传统模式的。而且当时越南尚处于南北对峙的战争状态，一切为了战争的胜利。这种战时经济体制一直维持到南北统一以后，没有做任何改变。1975—1986年越南继续延续计划经济体制，80年代初略有改革，但几乎没有根本上的触动。

2. 极"左"的"社会主义改造"

南方由美国人经营了20多年，资本主义商品经济已有一定的发展。如果按列宁说的，暂时允许资本主义存在，让它在国家控制的范围内有所发展，为社会主义经济建设服务，那么越南经济就远不是后来的状况。相反，1975年南北统一后，越南不是根据南北不同的社会经济状况，采取不同的政策，以尽快恢复和发展生产，而是"在全国范围内重新组织生产和流通，使南方走向社会主义大生产，使北南两方的经济早趋一致"。越共四大还决定要在五年内基本完成南方的社会主义改造，"要想方设法使南方的中央和地方国营经济迅速扩大，在生产、流通、分配中占优势"[③]。到1980年止，南方90%以上的私人企业被没收或合并，87%的农户和78%的土地被强行集体化，约1/3的城市人口被赶到条件十分恶劣的新经济区。极"左"过激的社会主义改造，使相当部分工厂企业停止生产经营，大片农田丢荒，商业凋谢，上百万人口（其中不少是有知识、有技

---

① 古小松：《越南的经济改革》，南宁：广西人民出版社，1992年版，第6页。

② 古小松：《越南的经济改革》，南宁：广西人民出版社，1992年版，第7页。

③ 古小松：《越南的经济改革》，南宁：广西人民出版社，1992年版，第7页。

术的人）逃往国外，大大地破坏了已有的社会生产力。据外国记者报道，1975年前的西贡号称东南亚一大名城，在风貌、气派和规模上均胜于当时的泰国曼谷。但到70年代末80年代初，楼房马路年久失修，呈现一片惨淡衰败的景象。

统一后越南经济发展缓慢，有的部门停滞不前，有的甚至低于战争年代。越南1976—1978年的粮食产量一直徘徊在1300万吨左右，低于统一前的1974年南北总产量1400万吨。1978年全国人均粮食249.5千克，大大低于1974年南方的人均粮食355千克，也低于北方1974年的256千克。统一后越南一直到20世纪80年代初海鱼最高年产量是1976年的61万吨，而1974年仅南方就已达到71.3万吨。[1]

邓小平1992年视察南方时说过："中国要警惕右，但主要是防止'左'。"[2]越南吃了极"左"路线的亏，也证明了邓小平对当今社会主义一些重要问题的认识和判断的正确和伟大。

（二）错误的战略方针使越南经济陷入困境

不同的国家要根据自己的情况，采取不同的方针和战略来进行经济建设，不能生搬硬套别国的做法。在这个问题上，越南"过去在指导经济工作方面所犯的带有战略性的错误，给后来留下了太大的困难"。

农业是国民经济的基础。农业、轻工业投资少，见效快。这也是越南的优势。但越南领导人受斯大林"生产资料优先增长规律"的影响，照搬苏联那一套。越共四大政治报告确定的越南新阶段经济路线提出"合理地优先发展重工业"，忽视了农业和轻工业。在投资比例上，把本来就少得可怜的一点资金大部分用于重工业。以1976年为例，工业投资107.86亿越盾，占总投资的38.6%；而农业投资为37.12亿越盾，只占总投资的16.2%。在制定价格方面，尽量压低农产品的收购价。"国家收购一公斤甘蔗的价格仅够买一根针，而农民买一公斤糖则相当于十公斤大米的价钱"。这导致越南的经济结构不合理，农轻重比例失调，影响了农业和轻

49

---

[1] 古小松：《越南的经济改革》，南宁：广西人民出版社，1992年版，第9页。
[2] 邓小平：《在武昌、深圳、珠海等地的谈话要点（1992年1月18日—2月21日）》，载《邓小平文选（第三卷）》（第1版），北京：人民出版社，1993年版，第375页。

工业的发展。粮食不够吃，1977—1979年每年进口粮食100多万吨[①]。轻工日用消费品严重匮乏，国家缺少财政收入。由于没有原料和市场，缺乏后劲，回过头来又影响了重工业自身的发展。

在经济发展战略上，越南前些年不是搞集约经营和内涵式扩大再生产，而是搞粗放经营和外延式扩大再生产，四面出击，基建规模远远超过国力的可能。"有的省只有560万越盾（约合时价46万美元）资金，却安排了45项工程；甚至有的省只有920万越盾，却安排了80项工程"。平均每项工程投资仅1万美元左右。越南本来就缺少资金，再加上投资分散，用起来捉襟见肘。许多工程项目进展缓慢，不能按时竣工，造成很大的浪费。有些项目就是完成了，也不配套，难以按设计要求发挥效益。越南原材料、能源紧张，80%的主要原料物资要从国外进口，如石油产品的100%、棉花的90%、金属的80%都要依靠进口。而越南出口创汇能力低，缺少外汇进口紧缺物资。1981年，靠自己出口换回的物资只有3亿美元，只占每年短缺20亿美元物资的15%，尚有85%无力进口。据报道，因缺少原材料、零配件和能源，越南工厂企业的开工率仅40%—50%[②]。

自1975年以来，越南大规模地建立新经济区，作为到世纪末的"重大国策"，移民近300万到越中、越老、越柬边境地区和南方的湄公河三角洲平原。这些地区人烟稀少，交通不便，环境恶劣，而国家投资又少，"1976—1980年五年内，新经济区实际投资只有计划的30%"。因缺少生产和生活设施，管理不善，新经济区效益很差。据越《劳动报》透露，新垦土地有40%再次丢荒，水稻产量每公顷只有1吨，大多数农场亏损。很多人是被迫迁去新经济区的，连起码的生活也难以维持，纷纷逃往城市或逃回原地。从胡志明市和槟榔市到建江新经济区落户的约3.75万人，到1981年留下来的已不足7000人。[③]

（三）出兵柬埔寨使越南经济濒临崩溃

越南曾有一个千载难逢的发展机会，那是刚统一的时候。当时国内人

① 古小松：《越南的经济改革》，南宁：广西人民出版社，1992年版，第10—11页。
② 古小松：《越南的经济改革》，南宁：广西人民出版社，1992年版，第11页。
③ 古小松：《越南的经济改革》，南宁：广西人民出版社，1992年版，第11页。

心思定，连绵数十年的战争使越南人民向往和平，希望集中力量恢复和建设家园。世界许多国家都愿意给越南提供大量的经济援助，甚至美国也打算给予大笔战争赔款。地理条件优越、自然资源丰富的越南，只要把医治战争创伤和发展经济放在首位，对外推行睦邻友好、和平独立的外交政策，那它的经济发展速度是难以想象的。

然而令人遗憾的是，越南当时的决策者没有顺应民心，却对外大力推行战争政策。1978 年 12 月出兵 20 多万，占领了邻国柬埔寨，把人民和国家推上了战争的轨道。

越南长期是一个受援国，过去是被侵略者，"得道多助"，从生产到消费，从粮食、工业品到原材料都依赖别人。而后来由于出兵柬埔寨，世界许多国家终止了对越的经济援助，或对越南实行经济制裁。1980 年外援只占越南社会发展基金的 10%，而过去最高时曾占 80%。外援的大幅度减少，对越南经济是一个致命的打击。在国内生产不能自给自足的情况下，还要把大量的人力物力财力投入战争。据报道，占领柬埔寨期间越军费开支每年占国家财政预算的 50% 以上。虽然苏联每年援助 20 亿美元，但大部分是枪支弹药，少量经援如同杯水车薪，无济于事。1979—1980 年越南经济出现了严重的负增长，几乎走到崩溃的边缘。工业总产值 1979 年比 1978 年下降 4.52%，1980 年又比 1979 年下降 9.59%。国民收入 1979 年比 1978 年下降 2.3%。1980 年又比 1979 年下降 8.7%。主要工业品煤炭、布匹、水泥分别从 1978 年的 600 万吨、32870 万米、84.3 万吨下降到 1980 年的 530 万吨、17500 万米、64.1 万吨。出口减少，外债增加，通货膨胀严重，人民生活甚至比抗美期间还艰难得多。越共四大提出雄心勃勃的"二五"计划（1976—1980）全面落空[①]。

上述越南发展中的一些失误，特别是极"左"方面的失误，其实在世界不少社会主义国家也曾经有过相似深刻的教训。在当今社会主义处于低潮的时候和今后的发展进程中，这些教训是很值得所剩下为数不多的社会主义经济转型国家记取的。

51

---

① 古小松：《越南的经济改革》，南宁：广西人民出版社，1992 年版，第 12—13 页。

六、改革开放以来

1986年以来，越南步入改革开放时期，抛弃了过去的苏联模式，改为推行与中国相似的渐进式改革，采取的政策措施符合国情，改革成效显著。20世纪90年代后越南进入快速发展期。

（一）越共六大与改革进程

1. 越共六大：真正开始改革的标志

1986年12月，越共召开第六次全国代表大会。对越南的经济社会发展来说，这是一次带有战略性转折的重要会议。阮文灵当选为越共中央总书记。他上任后，推行改革开放，对内实行改革，调整人事，兴利除弊；对外大幅度调整外交政策，实行全方位的外交，果断处理了柬埔寨问题。

2. 越南改革开放时期的划分

越共六大以前20世纪80年代初，越南已进行一定的改革，农业方面还曾取得一定的成效。但是，1985年进行的工资、物价、货币同步改革没有取得成功，甚至把越南推向了严重的经济社会危机。这一段是越南改革的前奏，此后即进入了改革可开放的新阶段。至今，越南的改革开放大体可以分为三个时期。

第一个时期：越共六大到20世纪90年代中期的快速发展期。这一阶段越南采取确实有效的措施，控制住了多年的恶性通货膨胀，经济逐步改善并快速增长，社会逐步稳定，慢慢摆脱了多年的经济社会危机。

第二个时期：20世纪90年代中期至2008年世界金融危机爆发的快速发展期。90年代前期大量外资进入越南，但由于越南相应的投资环境跟不上，使外商逐步降低对越南的投资热情，加上1997年的金融危机，越南的经济发展由依靠外资为推动力转为外资内资的双引擎推动。

第三个时期：华尔街金融海啸以来，越南经济发展受到外部环境比较大的冲击，内部改革也裹足不前，整个经济发展速度有所放缓。虽然2008年世界金融危机对当年的越南经济影响不大，但是后来的持续危机对越南经济发展的影响才逐步显现出来，尤其是对比上一次的东南亚金融危机，越南经济发展存在的问题日益暴露出来。前一次越南恢复发展得比较好，危机后的5年经济增长大体保持在5%—7%，而后一次危机后的5年大体为5%—6%，低约1个百分点。对经济、生活影响最严重的是通货膨胀，前一次越南的通胀率在危机后的5年都保持在个位数以下，其中3年不足百分之一，甚至有一年是负数，而后一次危机后的5年都非常之高，甚至高达两位数以上。

（二）市场化改革是越南经济发展的动力

随着和平建设的到来，越南已意识到战争的后遗症虽然对经济发展有影响，但更重要的是僵化的经济体制成了发展经济的拦路虎。越共六大以后，越南开始以市场经济为导向，大刀阔斧地对其经济体制进行改革。

首先越南是在所有制上改变过去"一大二公"的格局，不再盲目发展国有企业，而且限制和调整它，下放合作社，大力发展非公有制企业，发展家庭经济。企业有了自主权，农民也有了自主权，大大调动了他们的生产积极性。

其次是改变过去计划高度集中的包给制，实行市场调节，国家不再下达生产计划指标和规定销售价格，实行浮动价格、浮动利率和浮动汇率。企业和农民都按市场的需求组织生产和销售。

还有在分配制度方面，越南也改变了过去平均主义、吃大锅饭的做法，实现按劳分配和其他的合法获取收入的政策。

（三）调整外交政策，全面对外开放

20世纪80年代末以前，越南实行的是"一边倒"向苏联的对外政策，对外交往的主要对象是以苏联为首的东欧国家，西方国家对越南实行封锁政策，这对越南引进外资、拓展国际市场、吸引国际游客是一个很大的局限。

20世纪80年代末，世界局势发生了急剧的变化，苏东崩溃，冷战结束，越南也从此改变了过去"一边倒"的对外政策，提出要"成为世界所有国家的朋友"，1991年与中国实现了关系正常化，1995年加入了东盟并

与美国建立了外交关系。对外关系的调整，改变了越南过去闭关锁国的状况，越南人更多地走向市场经济国家，有钱的商人也更多地走进越南，为越南引进外资、发展对外贸易拓展了前所未有的国际空间。

1995年1月，越南申请加入WTO，经过12年的艰难谈判，2006年11月7日在日内瓦召开的世界贸易组织全体成员特别会议上，越南被批准成为该组织的第150个成员，这成为越南扩大对外开放新的强大动力。

（四）改革开放成效显著

首先是在治理通货膨胀方面，一开始越南革新开放最显著的成效是控制住了多年的恶性通货膨胀，通货膨胀率从20世纪80年代中期的700%降到90年代初期的5%左右。其次是农业改革成效显著，从进口粮食数十万吨到世界第二大大米出口国。农业改革成为越南改革成效最大的领域。1981年越南粮食总产量为1500万吨，到2013年达到4927万吨，年均增长率达到5%左右。越南在改革前每年要进口数十万吨粮食，现在已成为世界第二大大米出口国。再次是民营经济大发展。越南国会八届三次会议于1990年10月1日通过了酝酿已久的私人企业法，使越共和越南政府提出的发展多种经济成分的方针路线，落实体现在法律上，让人们放心地投资经营。近年，越南的个体、私营经济发展很快，尤其是在工业和商业领域。还有，越南的外资外贸增长很快。2013年越南商品进出口额达到2645亿美元，其中出口额达1322亿美元，进口额达1313亿美元，贸易顺差达9亿美元。

2012年越南的国内生产总值（GDP）约为1290亿美元，人均约为1500美元，在东南亚处于中下水平。世界经济危机之前，越南经济增长速度一直都快于本地区的印度尼西亚和菲律宾，但从2011年以来已连续多年低于印度尼西亚和菲律宾的增长速度。[①]

---

① 2011年、2012年印度尼西亚经济增长速度分别为6.5%和6.1%。

表3-4 1986—2014年越南经济增长表

年度	增长率（%）	年度	增长率（%）	年度	增长率（%）	年度	增长率（%）
		1991	5.3	2001	6.8	2011	5.8
		1992	8.5	2002	7.0	2012	5.0
		1993	8.3	2003	7.2	2013	5.4
		1994	9.0	2004	7.7	2014	5.9
		1995	9.5	2005	8.4		
1986	2.3	1996	9.3	2006	8.2		
1987	3.6	1997	9.0	2007	8.5		
1988	5.9	1998	6.0	2008	6.23		
1989	4.6	1999	4.8	2009	5.3		
1990	5.1	2000	6.7	2010	6.7		

资料来源：据越南历年国会和国家统计局公布的数据整理而成。

第四章 改革开放

20世纪80年代中期以来，越南以经济建设为中心，坚持共产党的领导和社会主义，坚持改革开放的基本路线，为经济发展创造了一个良好的环境。

一、改革开放的背景

（一）背景

越南是一个小生产占绝对优势的落后农业国，经济发展起点低、基础差，加之长期战乱的破坏，以及苏联模式的计划经济体制的束缚，使国民经济在20世纪70年代末濒临崩溃的边缘。

在1954年北方取得胜利、1975年南北统一后，越南进行了一场生产关系的革命，由于不顾国情，教条地照搬苏联的传统模式进行越南社会主义革命和建设，使得统一后的越南经济发展缓慢，有的部门停滞不前，有的甚至低于战争时代。如农业合作化运动把农民拴死在土地上，不能从事其他经营活动，收入分配不把个人劳动利益跟最终产品联系起来，农民生产积极性低，使得北方的农业长期停滞不前。极"左"过火的社会主义改造，使相当部分工厂企业停止生产经营，大片农田丢荒，商业凋谢，上百万人逃往国外，大大破坏了当时已有的社会生产力。

从越南当时整个经济管理体制来看，缺乏利润、经济核算等概念，政府通过行政命令下达具体指令计划来管理经济和指挥生产。国家决定一切，掌握一切，企业没有自主权。国家供应物资，企业上交给国家产品，统包统管，盈亏都由国家负责。企业考虑的是如何完成计划任务，不讲效率、质量、成本核算和技术进步。还有价格体系、工程体制、金融体制等都存在严重的缺陷，阻碍国民经济的运转。

在此形势下，越南却采取了错误的战略方针，使越南经济更陷入困境，造成越南的经济结构不合理，农轻重比例失调，影响了农业和轻工业的发展。例如越南一度粮食不够吃，1977—1979 年每年需进口粮食 100 多万吨。此外，轻工日用消费品严重匮乏，国家缺少财政收入。由于没有原料和市场，缺乏后劲，回过头来又影响了重工业自身的发展。加上越南在此时期还大力推行战争政策，出兵柬埔寨并发起了中越边界战争，使越南在 1979—1980 年经济出现了严重的负增长，几乎走到崩溃的边缘，出口减少，外债增加，通货膨胀严重，人民生活甚至比抗美期间还艰难。

因此，70 年代末的越南内外交困，在严酷的现实面前，越南的决策者已意识到，旧的经济体制和政策已不适应经济发展的需要，再继续推行下去，经济倒车就会越开越远。并且，当时世界经济主流是调整与改革，发达国家调整产业结构，发展中国家调整发展战略，社会主义国家则进行改革。在进行改革的社会主义国家中，中国取得了比较明显的经济成效，有力地推动了经济的发展。中国改革取得成功，国力大大增强，这些成果对作为中国邻居的越南，既是一种压力，也是一种动力。因此，各社会主义国家的改革潮流，对越南来说，既是有利的外部环境，也是一股来自外部的压力，对越南的改革起推动作用。在这种背景下，越南逐渐意识到：唯有改革，推行新的经济政策，才能挽救走下坡的经济。

（二）越共六大：改革开放的标志

1986 年 12 月召开的越共"六大"是当代越南发展的一个划时代的转折点。这次大会越南认真总结了 1976 年以来经济建设中的经验教训，分析了具体国情，明确了改革是越南的唯一出路，并且正式提出把工作重点转移到经济建设上来，全面实行改革开放的大政方针，从而标志着越南进入了全面改革开放的新时期。此后，随着一系列重要改革措施的出台，改革在农业、工业、价格、金融、税收等领域陆续展开，取得了显著成效，使越南经济得到了较为迅速的恢复和发展。

越共六大提出要制定一部越南过渡时期的社会主义建设纲领，确定经济、社会、科学技术的发展战略，为建设越南特色的社会主义指明方向。六大还提出，要从政治经济到思想文化，从经济基础到上层建筑，进行全面的改革；党的本身、党与政府的关系、各社会组织也要进行改革。改革的重点是经济领域，包括按集中发展三大经济任务来安排生产结构、投资结构，发展多种经济成分，非公有经济成分的改造和利用相结合，废除统包统管的集中管理体制，充分利用商品货币关系，市场调节与计划经济的宏观结合。政治方面，加强社会主义生活民主化，改革党、政府、社会团体的活动内容和形式，改革组织和干部工作，在"以民为本"的精神指导下，大力发挥民主，发挥人民的积极性和创造性。

二、经济改革的理论

（一）关于社会主义的理论

改革开放以来，越共关于社会主义的理论，其主要观点是：

1. 坚持社会主义道路是唯一正确的选择

越共认为，对于越南来说，除了社会主义道路，没有任何其他道路能够带来真正的民族独立和人民自由与幸福。越共强调，这是历史的选择，是从勤王运动到资产阶级、小资产阶级立场的救国运动，经过历史的考验相继失败以后，1930年党成立之时果断做出的抉择。

2. 越南所指的建设社会主义社会有六大基本特征

即由劳动人民当家做主；建立在现代化生产力和主要生产资料公有制基础上的高度发达的经济；有先进的、民族色彩浓厚的文化；人人摆脱压迫剥削与不公，各尽所能、按劳分配，有温饱、自由、幸福的生活，有个人全面发展的条件；国内各民族平等、团结、互助、共同进步；同世界上所有国家的人民保持友好和合作关系。

3. 越南向社会主义过渡是一个长期的过程

越共从六大、七大时就开始认识到：过去没有充分认识社会主义的过

59

渡时期是一个比较长的历史过程，需要经过许多阶段。越共指出，从资本主义进入社会主义，需要有一个过渡时期，这是必然的客观规律；这个时期的长短，取决于每个国家的政治、经济和社会条件。在越南，由于是直接进入社会主义，没有经过资本主义发展阶段，这一过渡时期自然要长一些，并且很困难。初期阶段是大的过渡时期的一个小的过渡，其主要任务是进行必要的政治、经济、社会基础建设，进而大规模地进行社会主义工业化。

（二）关于党的建设理论

为了适应改革的需要，越共加强了党的建设，其党建理论的主要观点是：

1.重申党的阶级本质，即党是工人阶级的先锋队，是工人阶级、劳动人民和全民族利益的忠实代表。越共认为，上述重申，不是把党和其他劳动人民阶层、整个民族分开，而是因为党在成立之初本身就具有阶级因素和民族因素的统一性。正是工人阶级的立场和利益首先要求民族解放。党不仅从工人阶级，也从各劳动人民阶层、从整个民族得到力量。因此，劳动人民和整个民族承认越共是领导者，是他们切身利益的真正代表。

2.党以马列主义和胡志明思想为思想基础和行动指南。越共认为马列主义对党来说是头等的原则问题，忠诚于马列主义意味着牢固掌握马列主义的革命和科学本质，根据越南的具体情况正确运用，为创造性地发展马列主义做出贡献。在强调马列主义的同时突出胡志明思想是在越南具体条件下创造性地运用马列主义所取得的成果，并已成为党和整个民族的宝贵精神财富。

3.党以民主集中制作为基本组织原则。这是工人阶级的新型政党、真正的革命党与其他党派的主要区别，否认这一原则就是从本质上否定共产党，从根本上破坏党的力量。越共强调充分发扬民主，保证党员的权利，特别是在党内对党的路线、政策进行坦诚自由讨论的权利，在组织范围内就党组织和每一个党员的活动进行批评、提出质询的权利，以及党员交流信息的权利和保留意见的权利。同时还强调保证纪律，保证党的集中和统一，维护党内团结。

4.建设纯洁的、有品质和能力的、战斗力强的干部党员队伍。越共认为：干部队伍首先是各级领导队伍的建设，是一个关键的紧迫的问题。改革事业是对干部队伍进行清理和考验的机遇。党要直接统一领导管理干部。按照"真正民主、科学、客观的方向"，更新评价、安排、使用干部的观念和方法，根据标准、工作的要求和干部的所长，把工作效果和实际贡献作为衡量一个干部的品质和能力的标尺。

5.坚持党的领导，改善党的领导。党必须进行自我改革，自我整顿，提高自身的领导才能和战斗力，努力符合新阶段建设社会主义和保卫祖国两项战略任务提出的要求。改革和整顿党的目的在于使党在政治、思想和组织各方面更加坚强，头等重要的问题是必须继续更新思维，把党的智慧提高到新的发展阶段。要想把改革引向胜利，党比任何时候都需要提高认识水平和组织实践的能力，从发现和掌握越南人民的社会生活、党的本身运动规律，到认识世界、认识时代。在此基础上，党才可能提出正确的路线、主张，避免错误和缺点，并使路线、主张得到胜利贯彻实施。

61

（三）关于无产阶级专政的理论

越共七大对关于无产阶级专政理论增添了新内容：把过去的"工农联盟"改为"工人、农民、知识分子的联盟"，并把这一理论完整地表述为："建设社会主义国家，这是属于人民、由人民做主、为了人民的国家，以工人阶级同农民阶级、知识阶层的联盟为基础，由共产党领导。充分实现人民的民主权利，严肃维护社会纪纲，对一切侵犯祖国和人民权益的行为实行专政。"上述内容体现了无产阶级专政的基本内容是政权属于人民，扩大了政权的基础，提高了知识分子的地位与作用，对巩固无产阶级专政、发展社会主义事业有重大意义。

（四）关于越南革命的经验教训

越共六大总结出4条经验教训：

一是党在自己的全部活动中，必须贯彻"以民为本"的思想，确立并发挥劳动人民集体做主的权利。

二是党必须始终从实际出发，尊重并按照客观规律办事。认识并按照客观规律办事的能力，是保证党的正确领导的条件。

三是必须懂得把民族的力量与新形势下时代的力量结合起来。

四是必须把党建设为一个能领导人民进行社会主义革命和建设的政党。

越共七大总结出5条经验教训：

一是高举民族独立和社会主义的旗帜。这是贯穿越南整个革命过程的经验教训。民族独立是实现社会主义的先决条件，社会主义是牢固保障民族独立的基础。建设社会主义、保卫祖国仍是相互有机联系的两项战略任务。全党全民要继续高举民族独立和社会主义的旗帜，这是胡志明主席交给子孙后代的光荣旗帜。

二是革命事业是人民的事业，由人民进行并为了人民。正是人民才是历史性胜利的创造者。党的全部活动都要从人民的真正利益和愿望出发。党的力量就在于同人民密切相连的关系。官僚主义、命令主义、脱离群众将给国家的命运带来不可估量的损失。

三是不断巩固和增强全国团结、民族团结、国际团结。团结是宝贵的传统，是革命的一大经验。正如胡志明主席所总结的："团结团结大团结，成功成功大成功！"

四是把民族的力量和时代的力量、国内的力量和国际的力量结合起来。面对世界人民争取和平、民族独立、民主与社会进步的斗争，面对现代科技革命的迅猛发展以及世界经济的迅速国际化，则更需要把民族的要素和国际的要素、传统的要素和现代的要素紧密结合起来，把国家推向前进。

五是党的正确领导是保证越南革命胜利的头号因素。除了为祖国、为人民服务之外，党别无利益。党必须掌握、创造性运用并致力于发展马列主义和胡志明思想，不断丰富自己的智慧、政治本领和组织能力，以解决革命实践提出的各种问题。党的所有路线和方针都应从实际出发、尊重客观规律。要防止和反对诸如路线错误、官僚主义、干部党员蜕化变质之类的大危机。

（五）关于政治体制改革的理论

1.越共认为，在进行经济改革的同时要改革政治，但在过渡时期第一阶段，党把经济改革作为重点，同时积极、扎实地逐步进行政治体制改革。

2.越共认为，政治是极其复杂的领域。如果必要的前提尚未准备就绪，就匆忙地加速政治改革或改革不对头，必将导致失去政治稳定的局面。而政治上失去稳定，全部的改革工作就要遇到许多困难和挫折。这是从越南实际和在一些兄弟国家进行改组和改革的经验中得出的重大教训，因此，政治改革就应逐步稳妥地进行，保持政治稳定是进行革新的最重要条件。

3.改革和健全越南政治体制的实质是建设社会主义民主，越共认为，没有集中，没有法制和纪律，缺乏公民的责任感，就没有民主。民主必须与法制并行不悖。真正的民主一方面对立于独断专权，另一方面也对立于无政府主义与自由主义。

4.越南断然拒绝多元化与多党制。坚持共产党的领导，对人民实行真正的民主，对各种敌对势力实行专政。对利用民主旗帜混乱的蛊惑人心的行径保持高度警惕。

5.要进行国家行政体制改革。越共认为，这是根据列宁的"一切革命的根本问题是政权问题"的论断，也是经济改革的需要。健全国家体制是一个比较长期的过程，必须以积极扎实的步骤进行，而且要置于政治体制的总体改革之中，与党的改革和整顿密切结合起来，在建设和健全国家体制的过程中，要贯彻加强党的领导，国家权力是统一的，立法、行政、司法三权既分工又密切配合，民主集中制、社会主义法制，以工人农民知识分子联盟为基础等基本观点，改革行政体制，整顿行政系统的组织、机构及活动机制，建设行政干部和公职人员队伍。

（六）关于市场经济的理论

越共关于市场经济理论的主要观点有：

一是坚持实行遵循社会主义方向的多种成分的经济政策。在市场经济中，由于得到法律保护的自由经营权，全民、集体、私人三种类型的所有制形成多样经营组织的多种经济成分。国有经济占主导地位；集体经济不断巩固和壮大；个体经济还存在于较大的范围，按自愿、民主和互利的原则逐步走上合作经营之路；私人资本主义经济准许在法律规定的有利于国计民生的行业经营；以多种形式发展国家资本主义经济。家庭经济不是一种独立的经济成分，但鼓励大力发展。多种经济成分在经营中既自主又联合，既合作又竞争。

二是实行在国家管理下的市场机制。一方面，市场反映社会的需求。市场直接引导各行各业选择活动领域、产品、规模、技术工艺和生产、经营组织形式，以便在合作和竞争中取得最高的效益。另一方面，国家通过法律、计划、政策和其他手段管理市场，在真正而又必要的情况下进行干预。

三是国家管理下的市场机制需完整配套、有效运行才能收到良好效果。越共认为，要形成完整的包括劳力、资金、货币的市场，并都能在国内或者世界市场上畅通无阻；要按照市场机制形成价格、外汇比价和信贷利息。国家主要使用经济手段调节市场上的供求关系，稳定物价。组织正式的外汇市场，为按市场比价通过银行进行外币交易和买进卖出创造条件。银行对各经济成分、各阶层人民一视同仁地开展业务活动，全国实行统一的经营法，使用统一的度量衡单位和质量标准。发展交通运输和各地区的购销网络和商业网点。建立各种经营协会，加强商会和工业协会，发展各种形式的经济信息、广告、交易会、展览会等服务工作。

四是改革并完善国家重要的宏观管理手段。改革制定、颁布和执行法律的工作，保证法律、法规的系统性，注意法律与国际惯例的关系，制定和颁布有关经济法规，进行普法宣传，发展法律咨询，健全执法机构。在改革计划化基础上加强宏观计划化，建立会计、统计和经济信息系统以服务国家管理和生产经营的管理工作，等等。

五是限制和克服市场经济带来的消极现象。越共认为，党和国家要充分发挥自己的领导、管理、组织和教育的作用，与社会弊端做持久和不懈的斗争，以保证改革顺利进行。

三、改革开放的进程和措施

（一）改革前奏（越共六大前 20 世纪 80 年代初期）

无论越南北方 1955 年开始建设社会主义，还是 1975 年全国统一后，南方进行社会主义改造，都基本上是照搬苏联和中国的传统模式。因此，越南对所有制问题的认识和实践，基本上都是遵循"越大越好，越公越好"的原则。

越南统一后不久，1976 年召开的越共四大提出，"经济上集体作主包括对社会主要生产资料的集体作主，对劳动力的集体作主，对生产的组织与管理以及分配领域的集体作主。""为了建立经济上的集体作主权，须取消资本主义私有制，通过适当的方法与步骤，确立两种形式的社会主义所有制：全民所有制和集体所有制；必须大力发展日益强大的国营经济；迅速建设集体经济，进行农业合作化，并使农业走向社会主义大生产。根据国家计划的方向和任务使用社会一切主要生产资料，为整个社会利益服务。"

当时越南的主要经济形式为：

1.社会主义经济，包括：国营经济和集体经济，以及与这些经济成分关系密切的家庭经济。

2.其他经济成分，包括：小商品生产经济（手工工匠、个体经商者和从事个体服务行业者）；私人资本主义；多种形式的国家资本主义，其最高形式是公私合营；西原和其他山区部分少数民族自给自足的自然经济。

1986 年是越南历史进程的一个里程碑。这一年 7 月，越南执政长达 20 年的强势领导人黎笋去世；同年 12 月，越南召开了越共六大，"越南的邓小平"阮文灵上台，实行了大刀阔斧的改革：对内改革经济体制、政治体制，对外实行一种全方位开放的政策。从此越南开始真正走上改革之路。

（二）改革快速发展期（越共六大到 20 世纪 90 年代中期）

越共六大鉴于当时越南的经济状况，提出："初级阶段余下时间的总

65

任务和总目标是，全面稳定社会经济形势，继续进行必要的基本建设，为下一阶段的社会主义工业化建设创造必要的前提。"具体来说要达到如下五大目标：

1. 生产能满足消费，并有所积累。全力以赴满足社会的迫切需求，逐步稳定和改善人民的物质文化生活，使之达到温饱水平。

2. 初步建立一个合理的经济结构，发展生产，降低人口增长率。大力发展农业生产，主要是提高粮食产量，努力增加日用消费品和出口商品生产。

3. 推进经济改革，建立和完善新的生产关系，使之符合生产力的发展水平。发展多种经济成分，提高经济效益。

4. 实现社会经济状况的好转。解决大部分劳动力的就业问题，并基本做到按劳分配。

5. 巩固国防和保障社会安宁。

在六大的基础上，1991 年召开的七大进一步明确目标："通过全面改革，达到生活、经济、政治和社会等方面的稳定和牢固，为下一阶段的迅速发展奠定基础。"具体而言，即：

1. 提高社会劳动效率和经济效益；人均收入至少比现在翻一番；经济内部有客观的积累；满足人民对吃、穿、行、学习、休息和防治疾病等的最低要求。

2. 国营和集体经济得到巩固和发展，在多种经济成分中保持优势地位。在 90 年代头几年里，基本形成新的经济管理体系，为商品经济向社会主义方向发展开辟道路。

3. 健全政治体系，发挥人民当家做主的权利，提高政府管理效力和党的领导质量。

4. 人民的文化、道德和精神生活得到提高，社会消极现象得到控制。

5. 牢固地捍卫社会主义祖国的政治稳定和社会安宁。

（三）改革稳步发展期（20 世纪 90 年代中期到 21 世纪前）

越共七大通过的《越南到 2000 年经济社会稳定发展战略》提出了在衣食住行等各方面的改革。其中，经济方面的有：

1.提高经济效益，加快经济发展速度，到2000年越南人均国民收入比1990年翻一番。

2.逐步增加国民经济的内部积累，到2000年达到国民收入的15%。

3.通货膨胀率降到两位数以下，稳定物价和货币的购买力；减少财政赤字，缩小国家收支逆差，实现国家财政的健康化，保证国家有必要的储备。

4.提高国营企业的经济效益，增强其主导地位，巩固和扩大各种类型的合作社，大力挖掘私营经济、个体经济、家庭经济的潜力，发展各种经济成分与国外多种形式的联营合作。

5.建立起与商品经济相适应的新经济体制，并使之正常稳步运行，完善各种经济法规。

《越南到2000年经济社会稳定发展战略》指出，要实现到20世纪末的目标，1991—1995年是关键。越南要求这五年国民生产总值年均增长速度达到6%—8%，国民收入年均增长6.2%—8.2%，工业产值年均增长8%—10%，农业产值年均增长4%—5%，人口增长速度每年下降0.4%，到1995年人均国民收入比1990年增长40%。国民经济的内部积累要达到占国民收入的7%—10%。继续控制通货膨胀，1995年降至两位数以下。

（四）改革持续推进期（21世纪以来）

在2011年越南共产党第十一次全国代表大会政治报告中，农德孟指出，落实《2001—2010年经济社会发展战略》的十年，使越南争取了有利时机，战胜了很多困难和挑战，尤其是战胜了两场地区和全球性的金融危机和经济危机，大力推进工业化、现代化事业，发展社会主义定向的市场经济，融入国际，取得了非常重大的成就。《2001—2010年经济社会发展战略》中提出的很多目标已经完成：经济增长较快，年平均增长速度达到7.26%；经济结构转变积极，社会主义定向的市场经济体制继续得以完善。按照实际价格计算，2010年国内生产总值是2000年的3.26倍，财政收入和出口总额分别是2000年的5倍；2010年人均GDP达到了1168美元；文化、社会取得多方面的重大成就；政治社会安定，国防安全得到加强，对外关系和融入国际工作得以大力推进。

67

《2011—2020年经济社会发展战略》被确定为"继续大力推进工业化、现代化、快速而可持续发展，发挥全民族的力量，把越南基本建设成为按照社会主义定向发展的现代化工业国的战略"。该战略提出了五个关于发展的观点：

第一，快速发展要与可持续发展相结合，可持续发展是贯穿发展战略的要求；

第二，要同步、协调进行经济革新与政治革新，旨在建设民富、国强、民主、公平、文明的越南社会主义国家；

第三，扩大民主，最大限度地发挥人的作用，把人看成发展的主体、主要力量和发展的目标；

第四，大力发展生产力，不断提高科技水平，同时完善社会主义定向的市场经济体制的生产关系；

第五，在越来越广泛而深入地融入国际的背景下，经济体制要更加独立、自主。

该战略力争国内生产总值年平均增长速度达到7%—8%。到2020年，GDP按可比价格计算是2010年的2.2倍，人均GDP按实际价格计算达到3000美元左右；具有高技术含量或采用高科技手段生产的产品总值占GDP的45%左右；工业制成品产值占工业产值的40%左右；人口发展指数达到世界平均水平；人均寿命达到75岁；经过培训的工人占70%以上；贫困户每年递减1.5%—2%。到2020年，科学、技术、教育和医疗卫生的某些领域达到现代化先进水平；环境有所改善；主动有效地应对气候变化，尤其是海平面上升等问题。

四、改革开放的成效

一些西方学者和越南理论界认为，在经济改革开放、向市场经济转变方面，越南是步伐最快、最坚决，也最有成效的发展中国家之一。另一方面，越南的改革进程中也存在着一些需要继续探索和解决的问题。越南的经济改革在许多重要方面都吸收、借鉴了中国的经验，而我们也可以从越南的改革进程中得到某些启示。

（一）主要成就

1. 经济体制转轨顺利完成，基本实现预定目标

越南经济改革的目标模式，是建立和发展以社会主义为导向的，在国家管理下运作的多种经济成分的市场经济体制。经过30年来的改革实践，越南基本上达到了这一目标，实现了三个重要的根本性转变。

——基本上实现了由传统的计划经济向市场经济的转变，一个以市场运行为基础的市场机制和市场体系已初步形成并不断完善。作为市场要素的价格、利率、汇率和分配机制已全面市场化，劳动力、金融、证券、技术和信息等市场体系正在积极培育和发展之中。政府的宏观调控能力增强并与市场机制相适应、相配合，发挥着积极的作用。

——由单一的公有制体系发展到现在对私有制的承认和多种经济成分并存，即由过去的国家所有与集体所有经济成分发展为现在的五大经济成分：国家、集体、国家资本主义、个体、私人资本主义。各种经济成分一律面向市场，自主经营、平等竞争、共同发展，使经济焕发出前所未有的活力。

——对外经济联系从仅限于前"经互会"国家扩大到向所有国家和世界各经济组织全方位、多元化、多层次开放，跳出了自我封闭的圈子，正逐步融入世界经济体系之中，经济的国际化程度有了很大提高。

在这转变过程中，越南采用了渐进式革新而未采用休克疗法，没有引发社会动荡、经济混乱和超级的通货膨胀，新的经济运行机制很快就发挥了积极的作用，促进了国民经济的恢复和发展。

2. 摆脱了经济危机，进入稳定增长时期

在1986—1990年五年经济发展规划中，越南经济得到了一定的恢复和发展，GDP年均增长3.9%；在实现1991—1995年的五年经济发展规划中，越南摆脱了经济危机，进入了稳定快速发展时期，GDP年均增长8.2%，其中1991年增长6%，1992年增长8.6%，1993年增长8.1%，1994年增长8.8%，1995年增长9.5%，1996年增长9.34%。1997年东南亚陷入严重的金融危机，经济大幅度滑坡，而越南的GDP增长仍达9%，是东盟经济增长率最高的。

3. 对外经济关系扩大，外贸、外资迅速增长

1986—1996年年均出口额达13.7亿美元，是1976—1980年平均出口额的4.5倍，是1981—1985年的2.4倍；1991—1995年年均出口额为44.26亿美元，1996年为72.5亿美元，1997年为89亿美元，1998年为90亿美元。随着商品出口的增加，国内生产积累在GDP中的比重逐年增长；1991年占10%，1993年占14.8%，1995年占20%，1996年占23%。外国投资迅速增加，从1988年1月颁布外资法到1997年底，越南共审批了2317个投资项目，有56个国家和地区在越南投资，注册资金320亿美元，除已完成的项目和被取消的项目，还有1991个项目，注册资金280亿美元，外资的源源涌入带动了越南整个国民经济的发展。到2012年，越南全年外贸进出口总额2287亿美元，对外贸易总额同比增长13%。其中出口总额1146亿美元，进口总额1141亿美元，首次实现贸易顺差。外资企业在越南的外贸出口中发挥主导作用，外企出口额增长迅速，增幅相当于内资企业的30倍，总出口额723亿美元，占越南外贸出口总额的63.1%，实现贸易顺差120亿美元。2013年出口金额达1322亿美元，与2012年比增长了15.4%。其中出口金额1322亿美元，进口金额1313亿美元。2013年越南进出口中，外国投资企业的出口额占了809.1亿美元，进口额占了744.3亿美元，外资企业的进出口顺差额为64.8亿美元。

4. 实现了对国民经济结构的合理调整

改革开放之前越南经济以农业为主体，工业和服务业在GDP中所占的比重为50%左右。改革开放之后，随着多种经济成分的出现和发展，工业、服务业比重逐渐增大，占70%左右。

5. 人民生活得到改善，社会文明进步

改革开放后，越南70%的乡村通了电，99%的乡有了学校，70%的居民有了自己的住房，人均收入每年增长10%左右，大多数人开始过上了温饱、文明的生活，"民富、国强、社会公平文明"的目标正在逐步实现。

（二）各领域的改革发展成效

1.农业改革。越南的经济革新是从农业开始的，也最早从农业革新中得益。农业革新取得的主要成就包括：真正把农业摆在首位；完善农业承包制；给予农民长期使用土地的权利；制定发展农业的目标和措施。

2.工业改革。主要成就是保证了企业自主权，整顿了国有企业，既奉行多种经济成分的政策，又强调国有经济的主导作用，对鼓励发展私人企业的政策明朗化，并制定了发展工业的目标和措施。

3.价格改革。采取了革新价格机制，进行协调配套，抑制了通货膨胀。

4.商业金融改革。主要是严格对各银行职能进行了区分，建立了多元化的金融体系，坚持利率高于通货膨胀率的原则，实行了国家管理下的浮动汇率政策。

5.税制革新。主要完善了税收体系，对需要鼓励发展的领域采取减免税款政策，对需要限制发展的领域采取高征税款政策，税收大大增加，税收初步发挥了经济杠杆的作用，开始调节生产经营及社会收入，为国家经济发展做出了贡献。

6.对外开放。在革新和融入国际经济的过程中，越南已经取得了很大的成绩。迄今，越南已经与170多个国家建立了外交关系，与230多个国家和地区建立了经济贸易关系，签订了90多个双边贸易协定，近60个鼓励和保护投资协定，50多个避免双重征税协定，与中国、韩国、新西兰、印度和日本签订了双边或多边自贸协定。现已有近30个经济体承认越南为完全市场经济地位。

五、存在问题与改革开放的走势

（一）存在的问题

自1986年越共六大确立全面改革开放路线方针以来，艰难的改革开放已走过近30年的历程。改革开放使越南的经济体制发生了根本性的转变，从而使越南摆脱了长期严重的经济危机，进入了经济持续增长的新时期，为越南实现工业化、现代化创造了前提条件。但与此同时，随着国内外形势的发展变化，越南经济改革、经济发展也遇到了一系列亟待解决的问题。特别是1997年爆发的东南亚金融危机和2008年的华尔街金融海啸给越南经济造成了严重的负面影响，使越南的经济发展面临着严峻的挑战。

1.经济增长速度明显趋缓。1996—2000年，越南平均消费者物价指数涨幅为3.4%，GDP的平均增长率则为6.96%；2001—2005年，两者分别是5.1%和7.51%；而2006—2010年，两者分别是11.4%和7.2%，也就是说，五年来，通货膨胀率已经上升了60%，而GDP只增长了35.1%。

2.外国直接投资锐减，出口增长率下降。2007年底开始，由于外资来源国发生了经济危机，加上越南经济出现过热征兆，大量外资尤其是潜入资本市场的热钱迅速外流，导致股市下跌，大量房地产工程停工。

3.财政金融状况欠佳。2011年2月11日，越南央行公布新的越盾对美元官方汇率，由1美元兑换18932越盾调整为20396越盾，近来越盾第三次贬值，且是有史以来最大幅度的贬值。三年来，越盾累计贬值幅度超过了30%。

4.资金短缺问题突出。2000年以来，财政赤字不断扩大，占GDP的比例从3%增至5%以上。2010年财政赤字占GDP的5.6%，若将预算外支出计算在内，则财政赤字高达GDP的10.2%。

5.由于法律建设、行政管理、监督机制和社会分配保障制度等方面的改革和建设滞后，贪污腐败、贫富分化和失业等问题日趋严重，影响了经济、社会的健康发展。例如，越南央行在2008年1月抛出越盾，购进约100亿美元导致货币市场上出现了大量的越盾流动性，而此时外资已经悄悄撤离越南。因此造成美元短缺，越盾过剩。

（二）下一步改革开放的走势

1.继续完善社会主义定向的市场经济体制，转变增长方式和经济结构，大力推进工业化、现代化，快速而可持续地发展经济。继续完善社会主义定向的市场经济体制是推动经济结构调整、改变增长方式、稳定宏观经济的重要前提。要落实此目标，必须做到：第一，大力发展各种形式的所有制形式、各种成分的经济以及各种类型的企业；第二，同步发展各种市场要素和各种类型的市场；第三，提高党的领导地位，提高国家对社会主义定向的市场经济管理的效力和效果。

2.推动文化、教育培训、科学技术发展，保护环境，在发展的每个阶段和每项政策中体现社会进步与公平。具体表现为大力发展文艺事业，发挥大众传媒的作用，保护传统文化、革命文化，发挥它们的价值；扩大国际文化合作，并提高合作效果。培养人才，发展科技，保护环境。

3.加强国防安全，拓展对外关系，主动而积极地融入国际。始终实行独立、自主、多边化、多样化的国际关系路线；保卫和平环境、为发展创造稳定的条件，坚守独立、主权、统一和领土完整；提高国家地位；为世界的和平、民族独立、民主和社会进步做出积极贡献。

4.发扬社会主义民主和民族大团结力量。越南大家庭中的各个民族平等、团结、相互尊重和相互帮助，共同进步，以胜利完成建设祖国和保卫祖国的任务。国外定居的侨胞是越南民族不可分割的一部分，国家颁布各种政策和制度，以帮助他们安居乐业、发展经济、保护和发扬民族文化本色，心系祖国。

5.大力推进越南社会主义法治国家的建设。要实现此目标，主要是：第一，继续革新国家机关的组织机构和工作内容；第二，建设符合新形势要求的干部和公务员队伍；第三，积极防治贪污腐败和浪费现象，坚决与之做斗争，厉行节俭。

6.建设廉洁、坚强的党，提高党的领导能力和战斗力，补充和修改党章。第一，要从政治、思想方面加强党的建设，提高党的政治本领和智慧；第二，继续改革和健全党的组织和机构与政治系统，提高党员的素质；第三，继续大力同步推进干部工作的改革，落实《工业化现代化时期的干部战略》，加强党内政治工作；第四，革新和提高党的检查、监督工作和民运工作的效果；第五，继续革新党的领导方式。

73

第五章　区域经济

一、越南的区域经济分布

（一）越南一般的区域划分[①]

越南地形狭长，呈S形，南北纵跨15个纬度，国土面积32.9万平方千米。无论从国土面积还是全国人口总数上说，越南都是一个中等规模的国家，越南全国共分为58个省份和5个中央直辖市。越南在地域上已经从过去划分的八大区，调整为如下六大区：

1. 红河三角洲平原11省市，面积21068平方千米，人口1999.93万（2011年，下同）；

2. 北部山区和丘陵地区14省，面积95264平方千米，人口1109.05万；

3. 中部和沿海地区14省，面积95838平方千米，人口1904.65万；

4. 西原5省，面积54641平方千米，人口528.2万；

5. 南部东区6省市，面积23597平方千米，人口1489.08万；

6. 湄公河三角洲平原13省市，面积40548平方千米，人口1733.09万。

从中央到地方，越南把行政管理划分为4个级：中央、省和直辖市、市县区和乡镇坊。城市的管理分为3种：除了5个直辖市外，还有地级市

①　古小松：《越南报告：2012—2013》，北京：世界知识出版社，2013年版，第282、283页。

55个，县级市48个。

（二）重点经济区的划分

由于历史、地理、资源环境等因素，越南各地区之间存在较明显的经济社会发展差异。1986年越南实行革新开放政策后，地区发展差异日益凸显。"为了平衡地区发展差异，越南政府实施重点经济区域发展战略，分别在北部、中部和南部各设立重点经济区域，把平衡地区发展与国家整体产业结构布局结合起来，通过政策指引，充分发挥各区域的优势，以点带面，带动区域内经济发展，缩小各地区的发展差异。"[①]

2009年以前越南全国共划分了三个国家重点经济区，各重点经济区划分为：北部重点经济区（包括河内市、海阳省、海防市、广宁省、兴安省、永福省、北宁省等7个省及直辖市）。该经济区主要发展的领域包括：机械制造业、信息产业、生产自动化设备、新材料、造船业、软件工业、高科技行业等。中部重点经济区（包括岘港市、承天—顺化省、广南省、广义省、平定省等5个省市）。该区的发展重点是以发展港口工业、服务业为中心，带动中部和西部地区的经济发展。南部重点经济区（包括胡志明市、平阳省、巴地—头顿省、同奈省、平福省、隆安省及前江省等8个省市），旨在将该地区建设成为经济活跃、迅速而稳定增长的区域，在全国工业化、现代化建设事业中居领先地位，起到发展经济火车头的作用，领先融入国际经济，成为带动东南部地区经济发展的发动机。[②]

据越南《经济时报》2007年12月14日报道，越南北部、中部和南部3个重点经济区发展协调指导委员会12月12日的工作总结报告称，3个重点经济区的GDP增幅均高于全国平均水平。2005—2006年度3个重点经济区的GDP增幅为13.2%（全国为8.2%），2006—2007年度预计增幅超过13%（全国为8.5%）。2001—2015年间GDP计划增幅为11.7%（全国为7.5%）。3个重点经济区的货物出口额占全国的90%，财政收入占94.6%，人均GDP高于全国平均水平的1.5—1.8倍。3个区建有近100个工业区

① 黄静云：《越南革新开放与区域平衡发展》，载《社会主义研究》，2011年第4期。

② 曹云华：《越南的经济发展现状与前景》，载《珠江经济》，2008年第8期。

和8个经济区，工业区和经济区占全国比例较大，各区的经济效益较高。[①]
鉴于3个重点经济区域发展初见成效，越南政府决定增建一个重点经济
区。2009年，越南政府同意设立第4个国家重点经济区——九龙江平原重
点经济区。该经济区包括芹苴、安江、坚江和金瓯四省市。该重点区域
建立后将与南部重点经济区连成一片，加速推动整个越南南部经济起飞。[②]
根据这个决定，越南将全国分为4个重点经济区，旨在充分利用各个经济
区的资源优势、地理优势，最大限度地发挥其经济发展潜能，以加快推动
全国社会经济发展速度。

二、北部重点经济区的发展

（一）北部重点经济区的资源及主要产业

北部重点经济区覆盖河内、海防、广宁、海阳、兴安、北宁和永福等
省（市），是全国最具活力的经济中心之一，成为越南经济动力最为强劲
的引擎。北部重点经济区所包括的各个省市位于越南北部最大的红河三
角洲平原，面积约2万平方千米。红河三角洲地势平缓，平原河渠纵横交
错、土壤肥沃，北部地区四季分明、雨量充沛、日照充足，得天独厚的气
候条件亦十分有利于农业生产发展，使之成为越南两个粮食主产区之一。
7省市中海防市、广宁省靠海，适合发展海洋经济，如捕捞业、水产养殖
业、造船业，发展港口贸易等。位于红河三角洲平原中央的河内市，是
越南的首都，也是越南的政治、经济、文化、交通中心，是越南面积最大
的城市。河内位于平原地区，距海仅100千米，受南北季风的影响，有许
多河流、湖泊和树木，气温暖和。河内是越南的水陆空交通枢纽。1号公
路从河内到胡志明市1725千米。5号公路从河内到海防120千米。铁路从
河内到胡志明市1730千米，从河内到海防104千米。河内现有两个机场：
内排国际机场和嘉林机场，前者为国际机场。[③]越南现有300多个科研机

---

① 中华人民共和国驻胡志明市总领事馆经济商务室：《越南发展北中南三大重点经济
区》，2007年12月14日，http://hochiminh.mofcom.gov.cn/article/jmxw/200712/20071205285686.
shtml.

② 黄静云：《越南革新开放与区域平衡发展》，载《社会主义研究》，2011年第4期。

③ 广西社会科学院：《越南国情报告（2012）》，北京：社会科学文献出版社，2012年

构、100多所高等院校，其中80%的科研机构及59%的大学在河内。河内市拥有全国最丰富的高科技人力资源，这里是全国两个重要的高科技工业生产中心之一。海防市是越南的商业中心、工业城市和国际国内重要海港，海防港港口码头长达2500米，有20多万平方米的货场及仓库，现代化的装卸设备，年货物吞吐量可达4000万—5000万吨。广宁省是煤炭资源大省，且旅游资源十分丰富，其中最著名的景点是"海上桂林"——下龙湾，每年接待游客700万—800万人次。钢城太原是越南北方太原省省会，是北方较大的工业城市，有越南最早的钢铁工业区。富寿省越池是化工基地。南定市是红河三角洲平原的交通、商业、文化中心之一，农业是该省的经济支柱，且南定纺织厂是越南最大的纺织企业之一，纺织工业较发达。

政治地位及优越的地理和自然条件、丰富的高层次人才资源、便捷的交通枢纽及坚实的工业基础等资源、条件，为北部重点经济区的发展奠定了必要的基础。现北部重点经济区的主要产业有：种植业、水产养殖业、捕捞业、建筑业、高新技术产业、造船业、机械制造工业、金融业、港口运输业、煤矿业、旅游业、服务业、纺织业、皮革加工、电子信息业、汽车生产与安装等农业、工业产业。

（二）河内市

自1954年河内解放到1975年越南实现统一，河内的经济经历了萧条—恢复—改革发展—重建经济的发展历程。1986年，越南开始全面革新开放，此后，越南及河内经济进入了一个全新的发展时期。1986—1990年，河内国内生产总值年均增长7.1%。"1991年，河内政府确定了以工商业、旅游、服务业、农业为主要产业，提出一系列改革开放政策"[①]。从1992年起，河内经济进入全面稳定发展时期。2000年至2010年是河内经济发展最好的时期，在这10年间，河内经济保持了稳定、快速、健康的发展势头，经济运行质量良好。"2001—2005年，河内的国内生产

版，第237页。

① 武氏玄绒：《越南河内现代物流规划研究》，中国知网，北京交通大学，2011年。

总值年增长率为11.24%"①。"2006—2010年，河内市年均GDP增速
高达10.7%"②。2010年，河内在经受了经济危机的严峻考验后，在受
到越盾持续贬值、通货膨胀率增高、竞争力指数下降等不利因素的影响
下，经济仍实现了较大幅增长。"据初步预算，2010年，河内市GDP增
速达11%，高于河内人民委员会提出的10.5%的目标，其中第一产业增
长7.2%，第二产业增长11.6%，第三产业增长11.1%，三次产业比重为
6.1∶41.4∶52.5，人均GDP达3700万越盾（约1950美元）"③。2013年，
河内GDP增长率为8.25%，其中农林水产业增长2.46%，工业建筑业增长
7.57%，服务业增长9.24%。④

1. 农林水产业

河内农业主要包括：水稻、玉米、番薯、大豆、蔬菜等一年生作物和
芒果、香蕉、龙眼、桑树、茶叶等多年生作物的种植业，以及林业、畜牧
业、水产养殖业、农业服务业等。农业本身并不是河内市经济发展的强
项，对河内市整体经济增长的贡献率不算太大，尤其是随着都市化进程的
加快，河内市耕地面积逐年递减。近年来，河内市积极调整本市的产业经
济结构，农林水产业所占的经济比重在逐渐减小。2011年，河内市人大
第二次会议通过了2011年至2015年阶段河内GDP年均增长率达12%—
13%的目标；计划到2015年河内的经济结构为服务业比重占54%—55%，
工业建筑比重占41%—42%，农业比重占3%—5%。⑤虽然河内市的农业
占本市经济总量的比重在调整下降，但是总体上仍保持平稳的增长速度。

① 武氏玄绒：《越南河内现代物流规划研究》，中国知网，北京交通大学，2011年。
② 广西社会科学院：《越南国情报告（2011）》，北京：社会科学文献出版社，2011年版，第156页。
③ 广西社会科学院：《越南国情报告（2011）》，北京：社会科学文献出版社，2011年版，第156页。
④ 越南国家统计局官方网站，2013年12月24日，http://www.gso.gov.vn/default.aspx?tabid=383&idmid=2&ItemID=14773。
⑤ 越南社会主义共和国中央政府门户网站，2011年7月16日，http://cn.news.chinhphu.vn/。

2. 工业

越南北部重点经济区是全国重工业产业基地，河内市作为北部重点经济区的中心城市之一，担当着带动北部工业产业快速发展，实现越南工业化、现代化的重任。因此，促进工业发展成为该市经济发展的重中之重。随着越南革新开放政策取得的巨大成效及越南对重点经济区发展的大力支持，为加快该市工业产业发展提供了坚固的基础，同时对产业经济结构的优化调整，使得工业产业比重不断提高，河内工业有了长足的发展。近10年来，河内工业经济稳步发展，工业总量与所占河内GDP的比重均实现上涨，2013年同比增长7.57%。河内工业主要包括以下各类行业：加工制造业、机械工业、矿产开采业、电子、计算机、水、电、燃气生产与分配、高科技产业等。工业和出口加工区是河内工业的重要部分，至2007年河内建成5个大型工业出口加工区投入运营，分别是升龙工业区、内排工业区、台思工业区、南升龙工业区、柴童工业区。"至2010年年底，河内市已批准建设工业区和高新区共19个，规划总面积7526公顷，其中8个园区已投入运营，共吸引投资项目518个"[①]。2020—2030年河内市经济社会发展总体规划的1081/AQD—TTg号决定中提出：2011年至2015年，继续展开已获政府总理批准的9个工业区。至2020—2030年，预计兴建并扩大15个工业区，发展河内市郊工业小区，重视吸引零污染的工业行业。河内力争未来2011—2016年将目前辅助工业价值的25%增至50%。河内市已获取政府关于该市南边辅助工业区（HANSSIP）建设项目的批准，河内南边辅助工业区集中吸引投资于制造机械、纺织、皮鞋、电子信息、汽车生产与安装等的辅助工业产业以及若干其他工业产业。作为首都及全国科技人才培养中心，河内拥有丰富的高科技技术人力资源，具备发展高科技产业的雄厚优势。因此，除了传统的制造工业、加工工业，高新技术产业也是河内市工业产业经济的重要组成部分。市政府先后出台了多个促进本市科技产业发展的优先发展政策，大力支持高科技产业发展。据悉，河内市人民政府已就至2020年河内市科技发展战略提出意见，

---

① 广西社会科学院：《越南国情报告（2011）》，北京：社会科学文献出版社，2011年版，第157页。

至2020年河内市科技发展战略中继续加快科技发展，提高本市社会经济可持续发展速度和质量，对创造生产力量的突破口、增长模式调整、提高经济的竞争力、加快首都现代化进程起着主导作用。该战略明确，力争到2020年河内市高科技产业产值占本市GDP的50%，到2015年本市将把科技教育中心、科技推广与鉴定中心、食品技术和生物技术中心、生物高科技园、软件工业园等项目工程投入运行，逐步成立150家科技企业等。[①]在河内市政府出台的2012—2015年支持重点工业产品、尖端产品和高科技产品生产的计划中支持的对象为：机械制造企业、高新产品生产企业、信息技术企业、主打工业产品生产企业、高科技企业等。

3. 商业服务业

作为首都和政治、经济、文化中心，同时也是越南北方的贸易中心，河内市商业服务业发展也较其他地区迅速，现已成为拉动全市经济增长的主力军。"2010年，河内市社会零售总额同比增长30.5%；2011年，社会零售总额283.97万亿越盾，同比增长23.7%；2012年，社会零售总额同比增长18.8%。"[②]

旅游、交通运输是河内服务业的支柱产业。千年古都河内因其悠久的历史文化以及首都的地位，旅游业的发展优势十分明显。近年来，该市的旅游业发展获得喜人成绩。2010年是河内建都1000年庆典。河内旅游业借助纪念建都千年庆典、2010年国家旅游年、举办多个大型国际会议等契机取得长足发展。2013年，河内接待游客总量1126.4万人次，其中接待国际游客184.35万人次，同比增长15.2%；国内游客942.05万人次，同比增长11.3%。[③]

交通运输业发展迅速。河内是北部地区的交通运输枢纽，具有良好的交通基础设施，水路、陆路、空港运输均十分便利。从河内有高速公路辐

81

---

① 越南社会主义共和国中央政府门户网站，2012年8月22日，http://cn.news.chinhphu.vn/。

② 河内市人民委员会门户网站，http://vanban.hanoi.gov.vn/web/guest/ktxh?p_p_id=vcmsviewcontent_INSTANCE_ET18&p_p_lifecycle=0&p_p_s&sswe7aaad。

③ 越南国家统计局官方网站，http://www.gso.gov.vn/default.aspx?tabid=383&idmid=2&ItemID。

射链接全国东、西、南、北的各个省市；有至北京及欧洲国家的国际联运路线枢纽及国内多条主干铁路枢纽；越南第二大河流红河流经河内，河内水路可经红河向东直通大海，此外，河内可通达北方三大海港：海防港、广宁省的鸿基港、盖邻港。河内有2个民用机场：内排国际机场和嘉林机场。2013年，货物运输量增长10.7%，货物周转量增长10.2%，货物运输营业收入增长15.3%；旅客发送量增长9.7%，旅客周转量增长9%，旅客运输营业收入增长16%[①]。

4.发展规划

越南政府总理颁发批准了至2020—2030年河内市经济社会发展总体规划的1081/QT-TTg号决定指出：河内力争2011—2015年、2016—2020年、2021—2030年阶段年均经济增长速度分别达到12%—13%、11%—12%、9.5%—10%。至2015年、2020年、2030年，河内市GDP人均分别达4100—4300美元、7100—7500美元、1.6万—1.7万美元。[②]

（三）海防市

海防市是越南第三大城市，仅次于胡志明市、河内，也是越南五个直辖市之一，是越南北部重点经济区的重要海上门户，北方的最大海港城市。海防市位于河内—海防—广宁北部重点经济区的中点。"海防市既是越南首都河内和整个北方地区的主要外贸通道，同时也是越南南北方的主要国内运输通道。"[③]海防作为沿海城市，北面靠近广宁省，西面靠近海洋省，南面靠近太平省，东面临南中国海的北部湾，离白龙尾岛县70千米，与中国海南岛相望。海防市离首都河内东北部102千米。其不仅是越南及北部的经济、社会发展及国防重地，且位于越南、中国经济合作两个走廊之会合处。可见海防市的地理位置十分优越，是一个具有巨大发展潜

---

① 越南国家统计局官方网站，http://www.gso.gov.vn/default.aspx?tabid=383&idmid=2&ItemID。

② 越南社会主义共和国中央政府门户网站，2011年7月8日，http://cn.news.chinhphu.vn/。

③ 杨然：《越南第三大城市——海防市的经济和文化》，载《东南亚纵横》学术增刊，2000年S2期。

力的城市。

2013 年 9 月 19 日，在越共"政治局颁布有关继续推动落实关于海防建设及发展的 32 号决议（2003 年 8 月 5 日颁布该决议，笔者注）"会议上，中央各部门和政治局做出以下的结论："十年来，在全国机遇和挑战并存的背景下，以高度的决心和努力，海防市委市政府和人民主动克服重重困难，严格落实政治局 32 号决议，并取得了不少优异成绩。经济猛速增长，其中，2003—2012 年阶段，年均国内生产总值增幅为 11%。2012 年，人均收入为 2060 美元，经济结构调整有力推进；工业和服务业比重占近 90%，海事服务快速发展。此外，社会融资增长较快。自 2011 年以来，外商直接投资恢复和增长，进一步肯定海防在越南和本地区的工业中心之一的地位。"[①]据海防市人民委员会报告称，2013 年海防市 GDP 增速达 7.51%，为全国 GDP 平均水平的 1.4 倍；港口吞吐量达 5200 万吨，吸引外资 26.08 亿美元，创最高水平纪录并居全国第三，赴海防市旅游的游客量 500 万人次，同比增长 11.2% 等。[②]

"海防市是一个工业城市，机械工业的水平高于越南南方，技术人才多。作为一个港口城市，造船业、修船业很发达，航海人才也很多。其它加工业也很发达。"[③]"如今海防市的工业已经形成了如下优势行业：造船机械、水泥、钢铁、缝纫、制鞋，等等。90 年代后期以来，工业每年的增长率均达到两位数。"[④]自革新开放以来，非国有企业得到快速发展，非国有企业以经营小工业和手工业为主，因此，机械传送带、石材、建材、塑料制品、陶瓷、雕刻、木器加工等行业也成为海防市工业发展的组成部分。海防市作为港口城市，海港运输是其主要优势，港口运输业是其主要行业。19 世纪、20 世纪，海防被法国人建设成为商贸及金融中心，

83

---

① 海防市人民政府门户网站 2013 年 9 月 19 日报道，http://haiphong.gov.vn/Portal/Default.aspx。

② 中华人民共和国驻胡志明市总领事馆经济商务室网站 2013 年 12 月 19 日报道，http://hochiminh.mofcom.gov.cn/。

③ 杨然：《越南第三大城市——海防市的经济和文化》，载《东南亚纵横》学术增刊，2000 年 S2 期。

④ 杨然：《越南第三大城市——海防市的经济和文化》，载《东南亚纵横》学术增刊，2000 年 S2 期。

尤其是海港系统。20世纪，海防港口与在东南亚、亚洲、大洋洲、北美、印度洋、地中海、大西洋及北欧若干大型港口加强合作及交流。海防港作为国家级综合海事港口与西贡港一道成为越南最大的海港之一。目前，越南政府集中投资升级海防港。海防港作为国际航海路线的重要港口，其与新加坡、中国香港等东南亚及东北亚大型港口联结。海防港现有23个码头、3个装卸区。在未来，海防港将加强信息科技投资，同步展开人力资源培训工作，并将其与投资安装现代的装卸设备相结合，旨在提高该港的装卸、运输能力，满足海防和北方各省份的货物吞吐需求。2013年，海防港的港口吞吐量达到5200万吨。^①海防地区港口货物吞吐量不断增加，显示了海防港口服务的吸引力，将海防变成越南北方进出口枢纽港口。

近年来，海防市在吸引外资投资方面的成果值得肯定，外资主要投入领域为：房地产、服务业、贸易、汽车零配件生产等。除了来自美国、日本、韩国的投资者，海防也努力吸引更多来自欧洲的投资商。海防市将着力促进港口服务、海洋经济及海运、机场、旅游等具有突破性的优势领域发展。同时，重视发展重点、尖端工业产业，辅助工业、高附加值及技术含量高工业产业，优先发展能参加全球价值链的产品。与此同时，加快简化行政手续，改善投资环境，其中，注重研究及开发优惠政策机制以吸引外国直接投资资金。

根据海防市的规划建设，未来，海防市将建设成为现代、文明海事服务之城。至2015年，海防市与广宁省提前全国5年成为工业城市、2025年建成特色城市，2025—2050年展望成为国际之城。

海防到2020年的任务、目标和方向为：在继续有效实施"32决议"，并灵活实施越共十一大的决议和中央的各项决议的基础上，开发自身的潜力和优势，建设海防成为文明、现代的绿色港口城市，富有竞争力的大型工业服务中心，成为全国海洋经济发展的重点以及北方沿海地区的制造、卫生、科技中心；成为全国重要交通枢纽，北方及越南—中国经济走廊的主力港口；奋斗到2020年之前实现工业化现代化。朝可持续和快速发展方向大力推动经济结构重组，改变经济增长模式，将发展方向从广度转

---

① 海防市人民政府门户网站，http://haiphong.gov.vn/Portal/Default.aspx。

为深度，提高经济竞争力和效率，集中鼓励海事、航空运输、旅游、海洋经济、海运、陆地交通运输、金融、进出口等具有优势和突破性的领域发展，注重推进具有高产量、高质量和高科技含量的绿色主力工业，提高货物的国产比率，从加工、装配转为制造，优先发展有望进入全球产业链的产品，逐渐减少自然资源消耗量大的半成品加工产品比重。注重发展生态农业、绿色农产品。到2020年达到以下目标：经济增长率比全国高0.5—1倍，人均国内生产总值约为4900—5000美元，服务业、工业建筑业、农林水产业比重在经济结构中分别占63%、33.5%和3.5%。对于旅游业，要朝专业化、特色化方向发展，实现海洋、海岛、内地及国际的旅游产品多样化，将海防建设成为北部沿海地区的旅游中心。争取至2020年将旅游业发展成为海防具有专业性、群体组合性、多样性以及富有高质量旅游产品及竞争力的支柱产业。[①]

（四）广宁省

广宁省位于越南东北部，属于越南红河三角洲地区，其北面与中国广西的防城港市接壤，东临北部湾。广宁省发展经济社会的优越条件众多：有着边境口岸和海陆交通便利的区位优势；拥有丰富的自然资源，广宁省的煤炭储量居全国第一（占全国的90%），越南现发现的多种煤炭，特别是热值高、含硫低的无烟煤主要集中在广宁省，一般位于地下1000米深处，储量约为35亿吨，广宁省的鸿基无烟煤炭闻名于世；此外，广宁省还拥有得天独厚的旅游资源，下龙湾被世界教科文组织列入世界自然遗产目录，2012年被评为世界新七大自然奇观，是越南最著名的风景胜地之一，每年吸引700万—800万人次游客。良好的自然地理条件，资源丰富，该省的农业、工业和服务业都比较发达。

近年来，广宁省经济持续增长，经济结构进一步得到优化，农林水产业比重减少，工业建筑业和商业服务业比重有所增加。2013年，广宁省生产总值增长约为7.5%。其中，农林水产业生产总值增长4.8%，工业和建筑业增长5.7%，服务业增长9.8%。

85

---

① 海防市人民政府门户网站2013年9月19日报道，http://haiphong.gov.vn/Portal/Default.aspx。

2013年，广宁省累计工业总产值31.8537万亿越盾，完成计划的98.8%，同比增长5.3%。其中中央国有企业生产总值达19.413万亿越盾，同比增长3.2%；地方工业及非国有企业总产值为6.3344万亿越盾，增长0.1%；外资工业企业产值为6.1063万亿越盾，增长25.1%。工业发展指数（IIP）：2013年增长0.78%，其中，工矿开采业为同期的98.2%，加工制造业增长10.14%，电、燃气、热水生产和分配行业增长28.2%；水供给、管理及垃圾、污水处理业增长1.2%。2013年，共生产净煤3922.4万吨，较原计划减少8.8%，同比减少2.6%。消费用煤生产3815.3万吨，同比减少1.9%（其中出口为1244.7万吨，同比减少17%）。

农林水产业继续稳定发展：2013年全省种植面积6.89万公顷，粮食总产量达23.4万吨，超出计划0.4%。2013年新种植林地11720公顷，超出计划17.2%，全省森林覆盖率达52.8%，完成预期任务。2013年，水产总量达8.8万吨，超出计划3.5%，同比增长2%，其中人工养殖水产品产量为3.21万吨，水产捕捞5.59万吨。水产出口总值达1116万美元。服务业：本地贸易，2013年，全省商品零售商及服务收入总额达到43.7万亿越盾，完成计划的98.2%，同比增长14.7%。2013年，广宁省接待游客总量751.2万人次，增长7.1%，全年旅游营业收入5.2万亿越盾，同比增长21.16%。①旅游业发展成为广宁省的支柱产业之一。

（五）越南北部重点经济区发展规划

2014年2月，越南政府总理批准了至2020年面向2030年北部重点经济区经济社会发展总体规划，该规划的目的在于提升北部重点经济区作为全国政治、经济、文化和科技中心的地位。让其成为凝聚国家资源和元气之处，成为全国与区域和世界贸易往来的重要枢纽，成为红河三角洲和全国的发展核心，扮演提高越南在东盟共同体和国际地位的重要角色。此外，将北部重点经济区建设成为全国经济社会发展的重点地区之一。截至2020年北部重点经济区人均GDP达5500美元；其农林渔业产值占GDP比重5.5%，工业和建筑业占49.1%，服务业占45.4%。本地区出口额占全

---

① 广宁省人民政府网站2013年12月31日报道，http://www.quangninh.gov.vn/vi-VN/Trang/defaultHome.aspx。

国出口总额的32%。[①]

越南工商部2014年4月颁发关于批准2020年北部重点经济区工业发展总体规划及2030年愿景的2757/QD-BCT号决定。据该决定，力争于2020年将北部重点经济区建设成为现代化工业区；将北部重点经济区工业的发展与高科技、研究所、产品设计制造实验相结合；生产出品质优、价格高、市场竞争力强、满足国际先进标准的产品。2030年愿景，推动北部重点经济区工业朝着环境友好、清洁生产、高科技的方向发展，主要集中在现代工业生产以及品质优、价格高、市场竞争力强、满足发展中国家的先进标准、具有地区性和国际性的产品生产等领域，参与全球工业生产链。此外，规划中也提及机械工业、冶金、电器及电子设备生产工业、农林水产品加工业、食品、化工业、建材生产工业、纺织服装工业、鞋类工业、采矿加工业等产业的发展空间分布。为了实现上述目标，规划提出了一些主要政策措施，如：资金方案，工艺方案，人力资源方案，市场及产品方案，辅助工业发展方案，各区域联合发展方案，加大激励力度，扶持中小型企业发展，推进农村工业发展，等等。[②]

三、中部重点经济区的发展

（一）中部重点经济区的资源及主要产业

中部重点经济区主要包括岘港市、承天—顺化省、广南省、广义省、平定省等5省市。重要海港岘港市是中部政治、经济、科技、交通和商贸中心，是越南陆路、水陆和航空交通网络的中点。岘港港是越南最大的海产品输出港。

承天—顺化省是越南中部平原的重要组成部分，境内有顺安港及水深达20米的真梅湾，具备建设深水港的条件。承天—顺化省拥有十分丰富的文化遗产资源，旅游服务产业已经成为承天—顺化省三大支柱经济产业

---

① 越南社会主义共和国中央政府门户网站，http://cn.news.chinhphu.vn/Home/%e8%b6%8
a%e5%8d%97%e5%8c%97%e9%83%a8%e9%87%8d%e7%82%b9%e7%bb%8f%e6%b5%8e%e5%
8c%ba%e6%80%bb%e4%bd%93%e8%a7%84%e5%88%92/20142/14102.vgp。

② 越南社会主义共和国中央政府门户网站，2014年4月8日报道，http://cn.news.
chinhphu.vn/。

之一。旅游服务产业占全省GDP总量从1990年的25%—30%到2011年时上升至43%。

位于越南正中部的广义省盛产水稻和甘蔗,广义的榕橘港是一个在建中的深水大港,建成后将是越南最大的油气港,榕橘炼油—石油制品工业区是中部地区重要的工业区。榕橘经济区是一个综合性经济区,包括工业、贸易、农林业。其中,炼油、化工、重工业(冶金、造船、深水港开发)等是榕橘经济区的核心行业。榕橘经济区是一个开放性工业区,是全国炼油中心,是中部重点经济区的港口服务中心,同时也是中部和西原的重要交通枢纽和贸易口岸。目前,榕橘经济区已经形成越南第一重工业组合,包括:榕橘炼油厂、重型机械制造厂、塑料厂、轧钢厂,并在积极兴建生物学燃料厂等。榕橘炼油、石油制品工业区和重工业区以及该地修建的深水港将为中部所有工业和经济打造新的发展势头[①]。榕橘经济区是越南国家优先安排以基础设施建设来吸引外资的5大沿海经济区之一。

庆和省是中部南沿海省,海岸线长200千米,有大大小小上百个岛屿,盛产鱼和虾、燕窝。沉香是该地特产。庆和省有不少优良的海港,其中,金兰湾是世界级的深水良港,其省会芽庄市是著名的旅游胜地。[②]

平定省省会归仁市的归仁港是中部南沿海地区重要的大港口,平定盛产丝绸、燕窝、沉香、各种手工艺品等。平定省有悠久的文化,保留着许多传统礼会,是从剧的摇篮,西山武术的发源地和光中鼓阵舞的故乡。这里留存了许多占婆人的建筑和文化遗迹,最为集中和著名的是搽磐城,这里曾经是占婆王朝的都城。[③]

2013年越南中部各省市吸引了66个外国直接投资项目(FDI),其投资总额达15亿美元。迄今,中部各省市吸引了850个外国直接投资项目,投资总额近255亿美元。计划投资部外国投资局中部投资促进中心代表人称,2013年中部招商引资工作取得积极进展,很多投资者看中中部发展

---

① 余富照:《越南经济社会地理》,广州:世界图书出版广东公司,2010年版,第133页。

② 兰强、徐方宇、李华杰:《越南概论》,广州:世界图书出版广东公司,2012年版,第32—33页。

③ 兰强、徐方宇、李华杰:《越南概论》,广州:世界图书出版广东公司,2012年版,第32—33页。

潜力和优势。广义省越新工业区（VSIP）项目是中部 2013 年吸引外国直接投资的亮点。[①]

（二）岘港市

岘港市是越南中部最大的城市，于 1997 年单列为中央直辖市。岘港市也是一座工业港口城市，位于岘港湾内。岘港市是越南陆路、水路和航空交通枢纽的地理中点，对中部各省市意义重大，且对老挝、柬埔寨有辐射作用。岘港具备发展经济社会的多种有利条件，岘港有大型海港、岘港国际机场和现代化的通信网络系统。岘港是机械工业、建材生产工业、食品加工业、纺织业等行业的大企业聚集地。

截至 2013 年 12 月，岘港市吸引了 279 个项目，投注册资金 33 亿美元，为 3.8 万人创造就业机会。2013 年，越南岘港市新投资项目和增资项目共 59 个，其新投资额和增资达 2.95 亿美元。其中，岘港市为 42 个外国直接投资（FDI）项目签发投资证书，投资额达 4840 万美元；批准 17 个增资项目，增资 2.46 亿美元。新项目主要投资在服务、旅游、高科技工业等符合本城市发展规划的领域。尽管全球经济形势波动，但是岘港市的 FDI 企业仍扩大生产经营规模，如：VBL、可口可乐、TCIE、越华电子等公司。2013 年 FDI 企业收入约 4.5 亿美元，同比增长 8.43%，对全市出口总额做出了显著的贡献，向国库缴纳 5650 万美元。

此外，该市还积极吸引 ODA 资金并取得显著成效。目前，岘港市有正在实施的 11 个 ODA 项目，投资总额 6.978 亿美元，其中 ODA 资金 5.366 亿美元。2013 年 ODA 发放资金达 1.858 万亿越盾，其中 ODA 资金近 1.732 万亿越盾。[②]

近年来，岘港的旅游业发展迅速，据岘港市文化体育旅游厅的报告，2013 年，经海路来岘港旅游的游客 10.2465 万人次，同比增长 91%；经陆路来岘港的游客 2.69 万人次；经空路来岘港的游客 26.42 万人次，同比增

89

① 中华人民共和国驻胡志明市总领事馆经济商务室网站 2013 年 12 月 20 日报道，http://hochiminh.mofcom.gov.cn/。

② 越南社会主义共和国中央政府门户网站 2014 年 1 月 16 日报道，http://cn.news.chinhphu.vn/。

长 80%。到 2014 年 2 月为止，岘港市旅游投资项目 61 个，投资额 57.868 亿美元（折合 121.523 万亿越盾）。

2014 年和未来几年，岘港市将优先发展文化、社会领域，将与经济发展相结合。[①] 2013 年 4 月，岘港市确定 2011—2015 年、2016—2020 年、2021—2030 年阶段年均出口增长 16%—17%、17%—18%、14%—15% 的目标。其中，进口增长率低于出口的 2%—3%。同时，岘港市主张将工业商品和手工艺品出口比重从 2010 年的 73.3% 增至 2015 年的 76.3%，并于 2020 年、2030 年其出口总额分别达 80%、85%。为了达到所提目标，岘港市将采取推进生产发展、工业和农林水产领域经济结构转型的措施；扩大市场；加大贸易促进力度；落实出口商品生产发展投资与信贷、金融政策；投资发展物流基础设施。此外，该市也重视人力资源开发、职业培训，对进口商品严格管理，提高企业的竞争力及产业协会的地位。[②] 除了大力促进工业、旅游业、商业发展外，岘港还大力支持高新技术的研究与应用，发展高价值、高科技含量、零污染的新能源产业、电子、信息技术产业等。岘港已经采取各项具体措施，力争到 2020 年成为全国和地区的高科技中心，在 2006 年至 2010 年期间，岘港市累计实施项目 65 个，涉及各行业和领域，社会和经济效益显著，例如：种竹取笋，机械设备制造，新能源应用等。在 2011 年至 2015 年期间，岘港市计划将 8240 亿越盾投向高科技和环境领域。岘港市的信息技术产业发展迅速，最近 3 年平均增长率为 25%。岘港是全国 ICT 指数最高的 5 个城市之一。[③]

四、南部重点经济区的发展

（一）南部重点经济区的资源及主要产业

南部重点经济区包括：胡志明市、平阳省、巴地—头顿省、同奈省、

① 越南社会主义共和国中央政府门户网站 2014 年 2 月 18 日报道，http://cn.news.chinhphu.vn/。

② 越南社会主义共和国中央政府门户网站 2013 年 4 月 16 日报道，http://cn.news.chinhphu.vn/。

③ 越南社会主义共和国中央政府门户网站 2011 年 8 月 25 日报道，http://cn.news.chinhphu.vn/。

平福省、隆安省及前江省等8个省市。南部重点经济区位于越南的第一大平原——九龙江平原。胡志明市是该经济区的中心城市，位于湄公河三角洲平原，是连接南部地区各省的重要交通枢纽，也是越南的重要国际门户。虽然建城历史只有300年，但是现在是越南第一大城市，是全国经济最发达、发展速度最快的城市，是越南最大的经济中心，同时也是越南南方的文化、科教中心，聚集了多所全国重点大学、研究机构。胡志明市拥有全国最大的港口和机场，西贡港每年的货物吞吐量可达1000万吨。新山一国际机场拥有数十条跑道，且距离胡志明市中心仅7千米。自20世纪90年代以来，胡志明市建起了大批的现代化工业区和出口加工区，大力吸引外商投资。南接胡志明市的平阳省有适合种植橡胶和咖啡的红壤，土地肥沃的冲积平原适宜种植水稻和发展果园经济。平福省森林资源丰富，种植有大面积的橡胶林、咖啡林、红木林等。胡志明市的东面门户——同奈省是越南南部工业发展和吸引外资的第二大省，仅次于胡志明市，该省的边和市周围有大型的工业区，聚集了大量的工厂、公司、企业。同奈省的传统手工业也很发达，同奈省的陶瓷器享誉全国。巴地—头顿省是南部的重要港口城市，石油资源丰富，水产捕捞及养殖业较发达，同时该省还是越南十大旅游中心之一。隆安省和前江省是农业省，前江省是九龙江平原的大谷仓之一。美萩市和鹅贡市是著名的物资集散地，每年在这里交易大量的农产品和水果。

（二）胡志明市

近年来，胡志明市的社会经济一直保持持续、稳定的发展态势，尽管受全球经济危机的影响，越南全国的发展速度有所放缓，但是该市的经济仍保持较快增长。2013年胡志明市GDP总量为764.561万亿越盾，增长9.3%，在越南经济增长放缓的大环境下，胡志明市2013年四个季度来的增长速度逐渐恢复（第一季度为7.6%，第二季度为8.1%，第三季度为10.3%，第四季度为10.7%），由此可见该市的经济已经在逐步复苏。人均GDP达到4520美元，超过原计划4000美元/人的目标。旅游业营业总额达446.151万亿越盾，占总GDP的58.4%，增长10.7%；工业建筑业总额为310.641万亿越盾，占GDP的40.6%，增长7.4%；农业总额为7.769万亿越盾，占GDP的1%，增长5.6%。全年商品零售额和服务业收入总额为606.9789万亿越盾，增长12.6%。出口总额为265.75亿美元，减少6%，导致出口减少的原因主要是原油的产量减少及价格下降了，导致出口金额与同期相比减少了10亿多美元。与此同时，由于受国内市场需求量、季节、疫病等因素的影响，部分出口商品（特别是农林水产品）的产量及价格出现了较大幅下滑。[①] 2013年，胡志明市吸收外商直接投资项目477个，总投资额10.5亿美元，同比增长76.72%。此外，增资项目139个，增长16.81%，增资额10.3亿美元，增长33.13%。[②] 2013年，胡志明市加工出口区及工业区共吸收投资5.76亿美元，完成年计划的115.35%，同比增长40.09%。其中，吸收外资约3.58亿美元，增长72.7%。[③]

2014年胡志明市继续实施促进经济结构调整、转变经济增长模式的有利措施，集中力量发展科技含量高、高价值的工业和商业服务业，大力发展高科技农业、生态农业。继续重点发展本市具有潜力及优势的9大服务行业，积极主动开拓市场，加强促进贸易投资工作，促进国内市场需求，加快建立发展批发、零售、分配商品网络，帮助企业销售商品。继续实行通过减少开采工业比例，提高高价值商品的加工工业比例实现工业结构转变的政策。鼓励吸引世界龙头企业加大投资力度，提高使用现代工艺、现代化设备生产的利用率，从而促进机械制造业、电子通信行业的快速发展。继续大力支持各大科学技术研究及应用中心，保持化工橡胶业、粮食加工业的增长速度，确保生产出高质量、高价值的商品。胡志明市的农业继续朝着现代化都市农业大方向发展，转变农业种植、养殖、水产捕捞的结构，有效发展现代农业、绿色农业，促进高价值的农产品商品出口。实现农业服务于工业，农业生产结合服务业、商贸的经济发展模式。[④]

---

① 胡志明市人民政府门户网站，http://www.vpub.hochiminhcity.gov.vn/TintứcSựkiện/Thôngtinvănphòng/tabid/63/Default.aspx。

② 中华人民共和国驻胡志明市总领事馆经济商务室网站2014年1月14日报道，http://hochiminh.mofcom.gov.cn/。

③ 中华人民共和国驻胡志明市总领事馆经济商务室网站2014年1月7日报道，http://hochiminh.mofcom.gov.cn/。

④ 胡志明市人民政府门户网站，http://www.vpub.hochiminhcity.gov.vn/TintứcSựkiện/

胡志明市力争以进一步提升高科技含量、高价值产品等产业的比重为方向，进行经济结构调整并进一步实行质量的转变。胡志明市到2020年高科技发展目标为提高高科技能力、高科技创新，提升高科技在向工业化现代化方向进行经济结构调整过程中的贡献力，大力投资提高本市的高科技潜力，力争2020年达到东南亚地区中等偏上水平。胡志明市将大力集中展开通讯新闻、生物学工业、自动化、能源与新材料等重点项目；高新技术区、专用工业生产区、高科技农业生产区等有效投入运营。2013年5月14日，胡志明市人民政府通过至2020年经济社会发展总体规划，据此，2011—2015年期间市平均经济增长速度为10%—10.5%，2016—2020年期间市平均经济增长速度为8.5%—9%，2015年人均GDP达4856—4967美元，2020年人均GDP达8430—8822美元，2025年人均GDP达1.33万—1.42万美元。经济结构朝着服务、工业与农业的方向转变。其中，2015年服务业所占比重为56.41%—57.41%；工业与建筑业所占比重为41.65%—42.63%；农业所占比重为0.94%—0.96%。2020年服务业所占比重为58.16%—60.07%；工业与建筑业所占比重为39.19%—41.07%；农业所占比重为0.74%—0.78%。2025年，服务业所占比重为58.29%—61.1%；工业与建筑业所占比重为38.29%—41.05%；农业所占比重为0.61%—0.66%。[①]

（三）巴地—头顿省

巴地—头顿省位于越南东南部地区，是越南油气生产的重要省份，同时，该省的港口产业也较发达。该省的油气储存量为南部重点经济区发展提供了强大的能源动力。现该省平均每年开采油1600万—1700万吨，天然气15亿—20亿立方米。除了油气开采业发达外，头顿还是全国能源、重工业、旅游、深水港发展中心之一。富美电力集团和巴地电厂的电力功率占全国电力总功率的40%。主要的重工业有化肥生产、钢铁生产。自越南政府决定把胡志明市区内的各个港口转移后，巴地—头顿成为越南东

Thôngtinvănphòng/tabid/63/Default.aspx。

① 越南社会主义共和国中央政府门户网站2013年5月14日报道，http://cn.news.chinhphu.vn/。

南部地区的主要港口中心，巴地—头顿省港口系统属于越南国家5号港口群，码头线长度为20千米。各大港口主要集中在市威河，西贡港正迁移到此并已经在建。市威河具备建立能容纳5万吨位货船的深水港条件，从市威河货船可直接发往欧洲、美洲。于2011年投入运营的新港盖美港口是越南第一个国际集装箱中转深水港，出口商品以直航方式直接出口到美国和欧洲，不用绕道到第三国，航运时间可缩短7—10天。现全省已有24个港口投入运营，另有28个港口正在规划建设中。巴地—头顿省位于南部地区交通枢纽，且靠近国际航海线。对于发展港口运输业十分有利。[1]据悉，2012年，巴地—头顿港口边防站已为4300余艘外籍船舶办理出入境手续，港口货物吞吐量达2800万吨，比上年增长640多万吨。此外，转港船舶共计900艘次，完成吞吐量656万吨，比2011年增长35.7万吨。2013年，巴地—头顿的四个新海港建成投入运营，总吞吐量为2000万—2500万吨。四个海港分别为：petro头顿汽油港口、盖美—市威（CAI MEP-THI VAI）国际港口、SSTT港口和Gemailink港口一期工程。2013年港口资金总额计划超过4.2万亿越盾，同比增长10%左右。[2]

头顿是越南游客最多的沿海城市之一，以美丽的海滩著称。巴地—头顿省文化、体育与旅游厅称，截至2013年9月，巴地—头顿省共有155个旅游投资项目（17个外资项目和138个内资项目），占地面积逾3826公顷，合同额为3.64万亿越盾和107.33亿美元，实际额为7.58万亿越盾（占合同额的20.8%）和6.33亿美元（占合同额的5.9%）。根据巴地—头顿省的目标计划，2011—2020年阶段旅游收入年均增速为15.9%，接待游客年均增速为12.6%。至2015年，旅游收入达3.72万亿越盾，接待游客1521万人次，其中外国游客54.5万人次。力争在2020年前将巴地—头顿省建设成为全国最大的旅游城市之一。[3]据该省经济社会发展规划目标，到2015年，发展成为港口、工业省，GDP年平均增长14%，工业、农业、

---

① 巴地—头顿省人民政府门户网站，http://www.baria-vungtau.gov.vn/web/guest。

② 越南社会主义共和国中央政府门户网站2013年2月26日报道，http://cn.news.chinhphu.vn/。

③ 越南社会主义共和国中央政府门户网站2013年10月15日报道，http://cn.news.chinhphu.vn/。

服务业所占比例分别为62%、3%、35%。到2020年发展成为与海防市相当的港口大都市，成为全国重要的工业、辅助工业中心。[①]

（四）南部重点经济区发展规划

2014年2月13日，越南政府总理批复了"关于到2020年，面向2030年的南部重点经济区经济社会发展总体规划"，根据规划，到2020年将南部重点经济区发展成为快速、稳定、高质量增长的重点经济区，成为全区、全国的经济、商贸、文化、教育、医疗卫生、高科技研究中心。2011—2015年阶段年均GDP增长速度达到8%—8.5%，2016—2020年年均GDP增长速度达到8.5%—9%；到2020年城市常住人口达到2100万—2200万人，都市化程度达65%。年均新增340万—350万就业人数；全区森林覆盖率达45%。到2030年，南部重点经济区继续成为全国快速、稳定、健康发展、最具潜力和活力的经济区，走在高科技经济发展的前头，成为全国经济发展的火车头、亚洲地区的经济中心、国际性的金融和商贸服务中心、专业化程度高的工业中心，同时还是高质量的文化、教育、医疗卫生中心。[②]

五、九龙江平原重点经济区的发展

（一）九龙江平原重点经济区的资源及主要产业

九龙江平原是越南最大的平原，辽阔的平原、肥沃的冲积平原土壤、充足的日照条件、丰沛的雨水、较为完善的灌溉系统，为这里成为越南的第一大谷仓提供了极为有利的自然条件。九龙江平原的水稻种植面积占全国水稻种植总面积的51.5%，占全国稻米总产量的50%。该地区拥有70多个大型大米加工厂，是越南大米加工出口的基地。此外，该地区的水产品海产品的捕捞、养殖产量相当可观，该地区水产产值现占全国的60%。

越南第五个中央直辖市——芹苴市是越南南部重要的大城市，是南部九龙江平原11省的政治、经济、文化中心。芹苴市有茶诺电厂、芹苴大

---

① 巴地—头顿省人民委员会门户网站，http://www.baria-vungtau.gov.vn/web/guest/。
② 芹苴市人民政府门户网站，http://cantho.gov.vn/wps/portal/。

学和湄公河三角洲平原农业技术中心。芹苴市有 3 个可以停靠 1000 吨级轮船的港口。芹苴自古就被视为南部西区产稻中心，现在是越南出产并出口稻米的主要地区之一。[①]芹苴现有的工业主要是电力、电子、化工、纺织、皮革和农产品及水产品加工。芹苴市集中修建了许多培训和研究科学工艺的基础设施。长期以来，芹苴一直是越南西南部地区的经济、文化中心。安江省是位于越南西南部的一个省份，安江的水稻产量达 200 万吨以上，位居全国第一，除了水稻，还种植玉米、黄豆，养殖鱼、虾等淡水水产。从原芹苴省划分出来的后江省位于九龙江平原中心位置，水网密布、河流纵横交错、土地肥沃，在发展农业方面具有优势，很久以前这里就是产稻中心之一，现在仍然是全国生产出口稻米的主要省份之一。除了农业，后江省的工业基础也较强，这里有农产品加工、水产品加工、机械制造等工业。位于西南边陲的坚江省有肥沃的稻田、宽广的森林和辽阔的海洋，这里有丰富的农业、渔业、旅游及矿产资源。由于位于泰国湾，所以坚江通过水路与其他国家交流十分便利，坚江省现有 3 个机场：迪石机场、富国机场、河仙机场。坚江是一个农业省，但其渔业也很发达，坚江海域有许多大的水产养殖场，出产多种鱼类，这里的鱼露也很出名。[②]金瓯省是越南最南端的一个省，三面临海，海岸线长 307 千米。由于海岸线长，海域面积广，所以该省的渔业较发达，每年的鱼虾捕捞量十分可观，人工养殖的水产也有相当规模。

（二）九龙江平原重点经济区的发展

2011 年 7 月 14 日，在芹苴，常务副总理、西南部指委会主任阮生雄主持了政治局关于 2001—2010 年期间九龙江三角洲地区经济社会发展和国防、安全保障的方向、任务、措施的第 21-NQ/TW 号决议实施 10 年情况的总结会议。据会议总结：第 21 号决议实施 10 年后，西南部地区年平均经济增长率（GDP）达 11.7%。经济结构调整取得良好效果。2000 年，

---

① 余富照：《越南经济社会地理》，广州：世界图书出版广东公司，2010 年版，第 283 页。

② 余富照：《越南经济社会地理》，广州：世界图书出版广东公司，2010 年版，第 294 页。

农林渔业、工业—建筑、服务业产值占全区GDP的比重分别为53.5%、18%、28%。但2010年，这一比重分别为39%、26%、35%。2010年全区出口金额达68.3亿美元，占全国出口总金额的9.1%。2010年全区人均收入比2001年增加1.5倍，相当于全国平均水平的95%。农林渔业全面发展，10年内，其生产价值由56.292万亿越盾增加到101万亿越盾，稻谷产量每公顷则由4.3吨增加到6.3吨。[①]九龙江平原的FDI资金主要集中于加工工业，分别占项目总数、注册总资金的79.1%、56.3%。据越南政府报告显示，2012年西南部地区GDP增长率约达9.98%，生产总值近197万亿越盾。经济增长率最高的地方包括后江、薄寮、坚江、芹苴，分别达14.3%、12.6%、11.81%、11.55%。2012年本地区人均收入约达3233万越盾。[②]

九龙江平原是越南的稻米生产基地，每年，九龙江平原大米出口为600万吨，出口额达30亿美元以上，占全国大米出口额的90%。目前，九龙江平原大米出口加工厂拥有最现代化的生产线，加工能力为每小时48—50吨。越南农业与农村发展部农业农村政策与战略发展研究院称，目前，九龙江平原的农业产值占全国农业总产值的40%。其中，稻米产量占全国稻米总产量的50%，水产品占65%，水果占70%。该地区大米出口占全国大米出口总量的90%。[③]越南西南部指导委员会办公室统计数据显示，2013年越南九龙江平原稻谷产量2485万吨，同比增加55万吨。其中，坚江省稻谷产量447万吨，安江省390万吨。[④]

越南西南部地区指导委员会称，2014年，越南九龙江平原各省市水产养殖面积将增至80万公顷，比2013年增加5000公顷。报道称，九龙江平原各省集中养殖对虾、小龙虾、查鱼等经济价值较高且占市场份额较

97

① 中华人民共和国驻胡志明市总领事馆经济商务室网站2011年7月15日报道，http://hochiminh.mofcom.gov.cn/。

② 中华人民共和国驻胡志明市总领事馆经济商务室网站2013年2月6日报道，http://hochiminh.mofcom.gov.cn/。

③ 中华人民共和国驻胡志明市总领事馆经济商务室网站2013年12月11日报道，http://hochiminh.mofcom.gov.cn/。

④ 中华人民共和国驻胡志明市总领事馆经济商务室网站2013年12月26日报道，http://hochiminh.mofcom.gov.cn/。

大的水产品，养殖面积约 69 万公顷。此外，越南西南部地区指导委员会拟将完善该地区的水产养殖服务体系、监督和检查废水处理、管理种虾质量、宣传并提高养殖技术等。[①]

（三）芹苴市

芹苴市作为九龙江平原的中心城市，近年来该市的经济社会持续快速、健康稳定发展。对带动九龙江平原的经济发展起到了火车头的作用。据芹苴市计划投资厅的评估，2013 年该市经济社会计划实施结果良好。其中，全市生产总值达 62.6 万亿越盾，比 2012 年增长 11.67%。人均 GDP 达 6290 万越盾，比 2012 年增加 790 万越盾。出口总额达到 15 亿美元，完成计划并同比增长 20.09%。该市全社会投资总资金 36.1236 万亿越盾。中央财政收入达 10.848 万亿越盾，超过芹苴市议会所交付任务的 24.5% 等。[②]大米生产及加工出口是该市的经济支柱之一。2013 年，芹苴市出口总额达 1.5 万亿越盾，其中，大米出口总额占全市出口总额的 30%，其出口额达到 5 亿美元。

据芹苴市到 2020 年出口计划，2011—2015 年、2016—2020 年芹苴市大米出口分别年平均增长 2.1% 及 1.4%。[③]

（四）九龙江平原重点经济区发展规划

2014 年 2 月 19 日越南政府总理颁发第 245/QD–TTg 号决定，该决定批准了到 2020 年面向 2030 年九龙江平原重点经济区的总体发展规划。九龙江平原重点经济区包括芹苴市、金瓯省、安江省和坚江省。该规划将重点发展农产品，提高农产品的竞争力和实现可持续发展。同时集中发

[①] 中华人民共和国驻胡志明市总领事馆经济商务室网站 2014 年 1 月 21 日报道，http://hochiminh.mofcom.gov.cn/。

[②] 中华人民共和国驻胡志明市总领事馆经济商务室网站 2013 年 12 月 26 日报道，http://hochiminh.mofcom.gov.cn/。

[③] 中华人民共和国驻胡志明市总领事馆经济商务室网站 2014 年 1 月 10 日报道，http://hochiminh.mofcom.gov.cn/。

中华人民共和国驻胡志明市总领事馆经济商务室网站 2013 年 12 月 23 日报道，http://hochiminh.mofcom.gov.cn/。

展农林水产品的加工和出口；发展电工业、能源和生物质发电等。预计
2011—2015年期间该经济区工业总产值增长17%，2016—2020年期间增
长16%。[①]

六、各重点经济区的特点

（一）北部重点经济区的特点

北部重点经济区是越南政府最早确定的两个重点经济区之一，该经济
区被越南政府定位为全国重工业发展基地，该经济区的主要省市都具备了
发展重工业的工业基础：河内、海防、广宁是3个大型工业中心，工业发
展历史悠久、工业基础雄厚，具备有利的区位优势、丰富的自然资源及人
才资源。河内市作为首都，是全国的教育文化中心，这里是高新技术的研
发和推广中心，科技队伍强大；海防市是北方主要的、重要的海港，造船
工业发达，工业基础雄厚；广宁省是能源资源大省，且是重点旅游省，与
中国接壤，具备发展边境贸易的良好条件，随着北部湾经济圈的发展，广
宁省带动越南北部经济发展的力量不可小觑。为了发挥该地区的优势，北
部重点经济区将重点发展高科技产业、能源开采及火力发电、造船业及港
口运输等。[②]

（二）中部重点经济区的特点

中部经济区的基础较为薄弱，但其发展速度令人瞩目。中部沿海7个
省市拥有长达700千米的海岸线，有很多海湾及入海口，适合建设深水港
口，发展海洋经济，因此中部地区大力研究开发海洋潜力、进行全面合
作、发展机场及海港系统，特别关注发展海域岛屿旅游。近年来，在越
南中央政府的高度重视和支持下，中部沿海地区基础设施投资建设不断增
强，兴建了真梅—陵姑经济区，珠莱、榕橘、岘港高科技区等一系列工业
区和经济区，以及大型海港和机场，为越南国内外投资商创造良好的投资
环境。越南中部地区对外资的吸引力不断增强，一些大面积的、综合型的

① 中华人民共和国驻胡志明市总领事馆经济商务室网站2014年2月19日报道，http://
hochiminh.mofcom.gov.cn/。

② 黄静云：《越南革新开放与区域平衡发展》，载《社会主义研究》，2011年第4期。

重点工业区逐步发展成为中部经济发展的动力火车头，以点带面，推动中部地区经济的发展，显示了该地区巨大的发展潜力。

（三）南部重点经济区的特点

在四个重点经济区中，南部重点经济区的发展起点最高，经济基础最好，且发展条件也非常有利，自该地区被列入重点经济区后，发展速度为全国前列，成为全国的经济中心，起到了拉动越南全国经济发展的火车头的作用。南部重点经济区是越南的轻工业、科技产业、电子行业、旅游业、金融业、港口服务业等行业的聚集地。随着胡志明市的进一步发展，巴地—头顿、同奈、平阳省等地的工业区打造了一个越南规模最大、生产能力高、行业结构多样化的工业地区。南部的基础设施系统较完善、工业基础条件成熟、产业专业化程度高、商业国际化程度高、吸引外资能力强、进出口贸易较为发达。在越南政府的继续大力支持下，南部重点经济区还将继续发挥其基础设施系统、自然条件、地理位置的潜力和优势，建设成为全国具有活力、经济增长快速、持久稳定的经济区之一；真正成为全国经济发展的动力，保持对全国整体经济增长有决定性贡献；在全国工业化、现代化事业中和一些重要领域处于领先地位；为提高质量、效益和国际竞争力做出贡献；提前融入国际经济大潮，为越南东南部发展进程创造活力。

（四）九龙江平原重点经济区的特点

九龙江平原重点经济区被确立的时间是最晚的，但是其发展卓有成效。因其拥有得天独厚的地理、自然条件，非常适合发展农业、水产捕捞养殖业、大米、水产加工工业，这里是使越南成为世界前三大稻米出口国的重要保障。该经济区通过发挥其农业生产及水产业的发展优势，重点发展各类农产品、提高产品质量及市场竞争力。九龙江平原重点经济区建立、发展起来后将与南部重点经济区连成一片，加快推动南部经济迅速发展。

第六章　农业[①]

一、发展的条件和基础

越南地处中南半岛，全部国土都位于北回归线以南，气候炎热、潮湿。越南地形多样，国土面积的四分之三为山地和高原，其中北部和西北部为高山和高原，东部沿海为平原。由于盛产稻米，面积1.67万平方千米的北部红河三角洲平原和面积约4万平方千米的湄公河三角洲平原被称为越南的"两个谷仓"。越南东面和南面濒海，海洋资源十分丰富。

（一）气候资源

越南气候属热带气候，整年雨量大、湿度高。越南北部气候四季分明，大部分地区平均气温为23—25摄氏度，最热为7月，平均气温约29摄氏度；最冷为1月，平均气温约15摄氏度。南部分旱季（10月至次年3月）和雨季（4—9月）。大部分地区年平均气温为26—27摄氏度，最热为4月，平均气温约29摄氏度，最冷为12月，平均气温约26摄氏度。除西北部外，越南沿海地区每年7—11月常遭台风袭击，尤其是越南中部夏季的"老挝风"对作物危害较大。越南雨量充沛，年平均降雨量达1800—2000毫米，南方一些地区甚至高达3000—4000毫米。年日照时数为1400—3000个小时。

---

① 本文中的农业包含两个概念范围：一、广义，指整个越南的种植业、林业、水产业和畜牧业；二、狭义，指种植业。根据文中具体情况而定。

（二）土地资源

据越南方面的统计，至2012年1月1日，越南土地总面积为3309.51万公顷，其中农业用地总面积2628.05万公顷。[①]越南的土壤类型主要为两大类，即北方的黏沙壤稻作平原区和南方红酸壤热作林果山丘区。越南的自然气候条件对于发展农业十分有利，大部分地区可进行三季作物栽培。[②]

由于越南特有的地理环境，越南常遭到台风、水灾、旱灾等自然灾害的影响。根据越南的地形、土壤和气候条件，可将越南划分为6个农业生产区，分别为：红河平原（11个省市）、北部和丘陵山区（14个省）、中部及沿海区（14个省市）、西原地区（5个省）、南部东区（6个省市）、湄公河平原（13个省市）。

（三）海洋资源

越南河流众多，海岸线长达3200多千米，海域广阔，渔业资源十分丰富。主要的鱼类有海鱼和淡水鱼，包括红鱼、鳍鱼、鲐鱼、鳓鱼、鲍鱼、鳖鱼、墨鱼，此外还有虾、海蟹、海龟、玳瑁、珍珠蚌、海参等珍贵海产，总计海鱼800多种，淡水鱼200多种。[③]

（四）林业资源

越南国土面积中有四分之三为山区，集中在西北部与老挝、柬埔寨和中国接壤地带。越南地处热带，森林树种资源丰富，已知树种有1000种之多。主要用材树种有柚木、红木、铁木、花梨木、樟木、格木、乌梅木等。2012年，越南林地面积为1390万公顷，占国土面积的42%。

---

① 资料来源：越南国家统计局、越南土地规划局。
② 谷源洋：《东南亚各国农业》，北京：农业出版社，1984年版，第183页。
③ 古小松：《越南国情与中越关系》，北京：世界知识出版社，2008年版，第17页。

二、改革和发展进程

（一）越南农业体制改革和发展进程

越南农业生产受到了农业体制的巨大影响，尤其是土地制度及经营管理方式的影响。

1. 1945—1954 年法国殖民统治期间[①]

1945 年至 1954 年，越南处于法国的殖民统治之下，法国殖民主义的残酷剥削，导致工农政府成立不久的全国性饥荒。为使广大农民渡过荒年，以胡志明主席为首的临时政府采取了一系列措施。主要是将地主和法国殖民者的 58% 的土地分给农民，按贫农 5%—10%、中农 10%—20%、地主 30%—50% 粮食产量的比例征收税款。同时，将农民的再生产资金积累比例从 6% 提高到 50%。1953 年 12 月，国会通过了《土地改革法》。虽然越共颁布了一系列政策措施改善农村的土地关系，但是土地关系的不平等现象仍然存在，没有真正消灭封建土地占有制度，实现耕者有其田，解放农村生产力。

在越南南部，西贡农村的地主因为害怕革命而逃亡，抗战政府把逃亡地主在农村的土地和法国殖民者占有的共 82 万公顷土地分给广大农民。[②]

2. 1954—1980 年时期

1954 年 7 月 20 日签订了关于印度支那问题的日内瓦协议，越南从此分为南北两方。北方由胡志明领导的社会主义实施了一系列旨在促进农业发展的相关措施。

该时期，北方的越南劳动党继续进行土地改革并开始了农业合作化的试点，以恢复和发展农业生产为主，尤其重视粮食生产。北方基本上完成了恢复经济的任务，在战争中荒芜了的土地得到了复苏。此时南方处于以吴庭艳为首的政府之下，受美国人的统治。

103

[①] ［越］褚文林：《四十五年来的越南农业》，黄理云、李岳洪译，载《东南亚研究》，1991 年第 2 期。

[②] 覃丽芳：《八月革命后越南的农村土地政策》，广西民族大学硕士学位论文，2009 年。

因此，越南北方从 1954 年开始，越南南方从南北统一之后的 1977 年里，农业发展模式为大规模的集体化，即农村合作社制度。

（1）该时期，越南北方农业发展大体经历了三个阶段：[①]

经济恢复和发展阶段（1954—1958 年）。至 1954 年越南抗法战争胜利时，越南北方的农业已濒临崩溃。为了迅速恢复北方经济，越南政府制定了一些鼓励农民发展经济的政策。1955 年，政府颁布了保护土地所有权，保护农民及其他劳动者财产以及鼓励开荒、复耕、减免农业税、发展多种经济等八项法令，并于同年底在北方 22 个省开展土地改革运动。1957 年稻谷产量由 240 万吨增至 395 万吨，人均稻谷由 211 千克增至 287 千克。[②]

集体经济阶段（1958—1964 年）。1958 年越南劳动党提出开展农业合作化运动。1958 年 11 月，越南劳动党三届第十四中全会讨论并制定了改造和发展经济、发展文化的三年计划。这一时期的工作重点是改造和发展农业。改造农业主要是改造生产关系，通过农业合作化运动把生产资料私人所有制转变为集体所有制。1961 年 7 月，越南劳动党举行三届十五中全会，讨论和通过了"一五"计划。"一五"计划时期，强调农业改造与农业发展相结合，巩固集体所有制。[③]至 1950 年 12 月，成立了 41.4 万个合作社，有 240 万农户加入合作社，占北方农户总数的 85.8%和耕种面积的 76%。由于当时的合作社是自愿组成的，行政当局认为规模小且缺乏管理经验，1960 年粮食产量反而比 1959 年减产近百万吨。为此，越南党和政府又提出了扩大合作社的主张，变初级社为高级社。到 1965 年 70%的初级社转为高级社，扩大了集体耕种面积和资金。同时，政府也增加了对农业的投资。1961—1965 年，政府财政支出用于农业的费用平均每年为 6.51 亿越盾。[④]

---

① ［越］褚文林：《四十五年来的越南农业》，黄理云、李岳洪译，载《东南亚研究》，1991 年第 2 期。

② ［越］褚文林：《四十五年来的越南农业》，黄理云、李岳洪译，载《东南亚研究》，1991 年第 2 期。

③ 牛何兰：《越南革新开放以来农业发展研究》，云南师范大学硕士学位论文，2006 年。

④ ［越］褚文林：《四十五年来的越南农业》，黄理云、李岳洪译，载《东南亚研究》，1991 年第 2 期。

抗美战争阶段（1965—1975 年）。该阶段为越美战争时期，战时经济催生了统一集中的管理模式，此阶段合作化发展迅速，土地归集体所有，合作社统一支配土地的使用，农民集体参加劳动，按工分领取劳动报酬。1975 年 97% 的农户加入了合作社，88% 的合作社是高级社。农业机械设备也有较大增加。1975 年，96% 的合作社拥有农机。1972—1975 年间的水利投资比 1955—1957 年增长了 6.06 倍。[①]

在合作社集体化发展的同时，也暴露了苏联式集中化道路的诸多弊端。首先，由于这种合作化形式完全取消了农户对土地和其他生产资料的所有权和使用权，劳动成果的分配方式为按工分进行分配，所以劳动者只关心自己的工分而不注重生产成果，导致生产效率日益低下，无法刺激劳动生产。其次，合作社管理机制欠缺，劳动者与生产资料关系疏远。在此期间，贪污、盗窃、浪费以及侵占集体土地的现象十分严重和普遍。因此，苏联式的对劳动力和生产资料实行高度集中化的合作社制度日益显现出弊端，无法刺激劳动生产的积极性和创造性。

（2）南方农业在统一前后的发展历程（1954—1980 年）

从 1954 年至 1980 年，南方农业发展经历了两段：1954—1975 年和 1975—1980 年。

1954 年，在美国的策划和支持下，南越组成了以吴庭艳为总理的南越政权。由于南方战争不断，人口迅速减少。1964 年，南方农业人口达 570 万人，1975 年只剩下 400 万人，农村劳力偏枯，使 100 多万公顷耕地荒芜，农业生产大幅度下降。西贡政权 1955 年初颁布恢复逃亡地主的土地，1956 年 11 月颁布《土地分配法》，这些规定损害了农民在抗法斗争中取得的利益，农民分到的一部分土地被地主收回。因此，越南民主共和国成立之后，越南南方大部分土地仍然掌握在地主和富农手里。1939 年，南方水稻种植面积为 310 万公顷，出口大米近 100 万吨。1960 年，水稻种植面积只剩下 200 万公顷。[②]

① ［越］褚文林：《四十五年来的越南农业》，黄理云、李岳洪译，载《东南亚研究》，1991 年第 2 期。

② 谷源洋：《东南亚各国农业》，北京：农业出版社，1984 年版，第 191 页。

1975年越南南北统一之后，南方也按照北方的农业生产方式推行农业合作社的生产方式，但是合作社的劳动生产率和收入都低于农户家庭经营取得的收入。与1978年相比，1980年，越南南方耕作面积减少了2.45万公顷，粮食产量下降了4.1万吨。[①] 1979年开始，越南南方各地的合作社逐步趋向瓦解。到1980年底，整个南方的合作社已经趋于名存实亡。

3. 1980—1987 年越南农业的初步改革

1980年开始，越南政府对农业体制进行了多方面的改革，如实行了"三五承包制"和"家庭承包制"，以逐渐克服农业体制的弊端，增加粮食产量。通过初步的改革，越南僵化的农业体制相对有所改善，在一定程度上促进了生产发展。但是，该阶段的改革仍然具有一定的局限性，没有深入地促进越南农业生产方式的改革和农业发展。

"集体承包制"：1980年以前，越南实行了集体承包制。即把农业合作社划分为若干生产队，由生产队向合作社承包产量、物资费用和分工（简称为"三包"）。其中，以产量指标为最重要，超产部分生产队可以享受80%，不完成部分则要罚50%。这种模式下，生产成果按人口和工分进行分配，没有把劳动者的贡献与合作社的最终成果联系起来，[②] 因此效果并不理想。

"三五承包制"：该种形式为农村土地由集体统一经营转变为农户分散自主经营的家庭联产承包责任制试行方式。[③] 1979年9月越共召开的四届六中全会上承认家庭经济是合作社经济的一部分。1980年夏，越南在海防市开始进行家庭承包制试点。承包的具体做法是合作社把越南的主要农作物——水稻的生产过程中的8个环节分为两部分。插秧、施肥管理、收割等3个主要环节交由社员承包；整地、育种、肥料、灌溉和防治等5个环节仍由合作社统一负责。[④] 承包上交给合作社定额的产量，剩余的部分按人口和工分进行分配。承包超额部分归承包者所有，并由承包者进行支

---

① 古小松：《越南的经济改革》，南宁：广西人民出版社，1992年版，第59页。
② 古小松：《越南的经济改革》，南宁：广西人民出版社，1992年版，第62页。
③ 刘长新、侯微：《越南农村土地政策革新浅析与借鉴》，载《农业经济》，2013年第5期。
④ 古小松：《越南的经济改革》，南宁：广西人民出版社，1992年版，第62页。

配。此种承包方式受到了广大干部群众的热烈欢迎，并取得了初步成效，但是仍然存在一些问题，如没有对传统体制进行根本的改革，最基本的生产资料——土地没有承包下去，没有满足农民对土地的要求和愿望。因此，从1986年至1987年，越南的农业生产在达到一定的高度后逐渐停滞下来。

4. 1988—2007年的农业改革

第一阶段：1988—1996年，完善家庭承包责任制，扩大自主经营权。

1988年，越南全国发生大面积的饥荒，越南领导人下决心对农业进行深入的改革。1988年4月5日，越共中央召开了政治局会议，做出了关于改进农业生产承包制的"10号决议"。其主要内容是：完善家庭承包责任制，把土地彻底承包到户，农户拥有土地长期稳定的使用权，10—15年不变，承包定额指标一定5年不变。土地属于社会主义共有，集体即合作社不再拥有土地使用权。在管理关系上，进一步肯定农民的自主权，农民可以自行支配农业生产，国家和地方政府的主要职能是对土地、灌溉设施等生产资料进行管理和监督，推广科学技术，增加公共投入。把农业合作社和生产集团改为农民自愿参加的经济组织，具有法人资格，自己管理自己，自行确定生产经营的形式、规模和方法，其职能转向产前、产中和产后服务，成为独立核算的经济实体。合作社的存在与发展主要依靠农户支出的服务费用。农户是独立的经济体，其生产受社会主义法制管理和生产计划的影响，也受国有经济和集体经济的影响；[1] 在分配关系方面，废除了按照工分核算和分配的制度，社员有义务按照定额向国家缴纳农业税，并向合作社缴纳管理费用。合作社与社员之间的生产业务活动一律通过产品—货币的关系实行。农户可以享受约40%的承包产量。[2] 此后，越南政府还采取了一系列措施保障了越南的农业生产。

1989年初，越南政府取消粮食和食品统购、统销制度，逐步放开价

① 古小松：《越南的经济改革》，南宁：广西人民出版社，1992年版，第67页。
② 覃丽芳：《八月革命后越南的农村土地政策》，广西民族大学硕士学位论文，2009年。

格，促进了市场流通。1989年9月10日，越南政府出台64号决议，允许企业自行出口产品和进口生产所需原料，国家不再直接干预。价格和进出口制度的改革，为农产品扩大内销和出口提供了更多途径，促进了农产品的自由流通。[①]

1993年7月，越南政府出台《土地法》，从法律上确保农民长期拥有土地使用权并可进行变更、转让、出租、继承、抵押等。1996年，越南政府出台《合作社法》，规定合作社应由社员按自愿、平等、互利、民主的原则入股形成，按股比分享成果。合作社规模和生产领域不受限制，一家农户可加入多个合作社，也可按有关条例退社，社员自主权得到进一步加强。[②]

1996年11月12日，越南政府出台的《外国投资法》，鼓励外资进入农业领域，有利于推动农业自由化进程。

经过几年的生产实践，越南农业得到迅速恢复和发展，证明越南1988年以来出台的农业改革措施基本上符合越南当时的实际国情，取得了一定的成效。首先，调动了农民的生产积极性；其次，促进了闲置资金投入到农业生产；再次，促进了粮食生产和农业总产值的增长，使越南再次成为大米出口国。1989年，越南出口大米140万吨，成为世界上仅次于泰国、美国的第三大大米出口国。1996年，越南农业总产值达84.2亿美元，较1990年的45.9亿美元增长了83.4%，其中种植业产值由36.4亿美元增至65.6亿美元，畜牧业产值由8.2亿美元增至16.2亿美元。（注：1990年1美元=4500盾，1996年1美元=10970盾。）[③]农林水产业生产总值不断提升（见表6-1）。

第二阶段：1997—2006年，深化改革。

继上阶段扩大农民自主经营权之后，越南政府继续加强越南农业的自由化改革。1998年7月，越南政府出台57/CP号决议，放开进出口经

---

① 《越南农业改革和发展有关情况》，中国驻越南使馆经商处网站，2007年3月20日，http://vn.mofcom.gov.cn/article/ztdy/200703/20070304454310.shtml。

② 《越南农业改革和发展有关情况》，中国驻越南使馆经商处网站，2007年3月20日，http://vn.mofcom.gov.cn/article/ztdy/200703/20070304454310.shtml。

③ 《越南农业改革和发展有关情况》，中国驻越南使馆经商处网站，2007年3月20日，http://vn.mofcom.gov.cn/article/ztdy/200703/20070304454310.shtml。

营权，企业可自营进出口，不必再向贸易部申请进出口经营权。1999 年 7 月 23 日，越南财政部发出的 91/1999/TT-BTC 号通知，免除含农产品在内的主要商品出口税。2000 年 3 月，越南政府出台 03/2000/NQ-CP 号决议，鼓励发展庄园经济，推动农业规模化生产，并给予增值税、所得税等税收优惠，扶持交通、电力、水利、加工基地等基础设施建设，为扩大农产品生产和出口创造了有利条件。[①]

经过第二阶段改革，越南农业取得了进一步的发展，总产值由 1997 年的 76.4 亿美元增至 2005 年的 123.4 亿美元，增长了 61.4%，其中种植业由 59.6 亿美元增至 92 亿美元，畜牧业由 14.8 亿美元增至 28.9 亿美元。（注：1997 年 1 美元 =12980 盾，2005 年 1 美元 =15000 盾。）

5. 加入世贸组织后的农业生产

越南的入世谈判开始于 1995 年，经过 12 年的谈判，2006 年在日内瓦举行的 WTO 全体成员会议上，越南获准加入 WTO，成为 WTO 的第 150 个成员国。2007 年 1 月 11 日，越南正式加入世贸组织。为此，越南农业发展面临了新的机遇和挑战。

越南政府在加入 WTO 多边谈判中做出一系列承诺，主要包括 10 项承诺，其中农业方面主要为全面取消农产品出口补贴。根据入世承诺，越南将在 5 年内逐步削减农产品出口补贴，实施食品安全条款（SPS），将农产品进口税削减至 20.9%，取消猪肉、牛肉等畜产品特别保护机制，取消"绿箱"条款外的农业辅助措施。"绿箱"条款使用率达 80% 以上，主要集中于农业基础设施建设、劝农服务、扶贫、克服自然灾害、粮食储备、农业培训、农业结构调整等方面。

越南融入世界经济体系后对本国经济发展起到了积极的推动作用。越南进军出口市场更加便利，外国直接投资资金快速增加，经营环境改善并更为透明。因受世贸组织的影响，农产品的出口市场不断扩大，带有强加性的倾销征税已被废除或减少，农产品的质量不断提高，因此许多越南出口产品在美国、日本、欧盟等苛刻的市场逐渐站稳了脚跟。

---

① 《越南农业改革和发展有关情况》，中国驻越南使馆经商处网站，2007 年 3 月 20 日，http://vn.mofcom.gov.cn/article/ztdy/200703/20070304454310.shtml。

据越南国家统计局的报告，加入世贸组织后，从2007年至2012年的7年期间，越南国内农林水生产总值（按当年价）从2007年的3699050亿越盾增至2012年的4354140亿越盾（见表6-1）。

加入世贸组织给越南的农业生产及出口带来了一定的机遇，但同时也面临着挑战。目前，越南种植水稻、咖啡、橡胶的大多数农民仍然未能摆脱贫困，未能达到农民的利益期望值。越南贸易部部长张庭选曾建议：为了避免越南农业遭到"冲击"，在按承诺进行下调农产进口税率时，越南现在要尽快采取防止措施。除了农学知识之外农民必须得到其他帮助，学会相互合作、联合生产、与其他农产品经营组织合作，把生产、加工和销售融为一体。[1]

表6-1 1990—2013年越南农林水产业占国民生产总值比重

年份	国内总产值	农林水产业生产总值（亿越盾）	在国内总产值中的比重（%）
1990	419550	162520	38.7
1995	2288920	622190	27.2
2000	4416460	1083560	24.5
2005	9140010	1764020	19.3
2007	12467690	2325860	18.66
2010	21578280	4076470	18.9
2011	27798800	5581850	20.1
2012	32454190	6383680	19.7
2013	—	8012569	—

资料来源：越南国家统计局。（其中2013年农林水产业生产总值按照2010年价计算。）

从上表中看出，自越南进行农业改革及自加入世贸组织以后，越南国内农林水产业年生产总值呈逐年上升趋势，由于其他产业的迅猛发展，农林水产业在国内生产总值中的比重逐步下降。

---

① 《越南加入世贸组织五年：机遇与挑战》，越南对外通信局网站，2013年4月17日，http://cn.vietnam.vn/content/f0ebbc15c9b74a5eabf8b9fdc395f6e0.html。

（二）越南水产业的发展

越南拥有纵横交错的河流，其中10千米长以上的河流就有2360条，有3260千米漫长的海岸线及宽广的水域。从北部湾到泰国湾的海域正处于亚热带和热带气候地区，全年平均气温为25摄氏度，给越南水产的生长和养殖提供了优越的自然气候条件。

越南水产发展经历了以下改革发展历程。[①]

1. 初步发展阶段（1954—1960 年）

至20世纪中期，越南水产业的发展一直属于自给自足的自然经济模式，生产水平相对落后。1954年至1960年，越南北方处于经济恢复和发展的阶段。在此期间，在各社会主义国家的帮助下，越南部分渔业组织得以成立，成立了含有3支捕鱼船队（下龙捕鱼船队、越—德捕鱼船队、越—中捕鱼船队）的捕鱼集团，成立了下龙罐头鱼厂。同时，渔业合作化开始初步发展。

111

2. 曲折前进阶段（1960—1980 年）

1960年至1980年，越南水产业的发展与越南国家的命运紧密相连。1960年至1975年，越南水产局成立。该阶段越南正处于抗美救国阶段，越南渔民一手撒网，一手扛枪，积极开展渔业生产。此时越南面临2个阶段性任务，一是建设北方社会主义，二是打败美国，解放南方。1976年，越南南北统一，越南海产部成立，越南水产业在全国范围内得以统一发展。由于战争的严重影响，越南经济正处于恢复阶段。加之处于集体化及国营渔业企业的体制下，管理机制欠佳，只追求数量和不注重产品的价值，陈旧的经济观念和计划经济体制束缚了整个行业的发展。至20世纪70年代末，越南水产经济严重衰退。

3. 全面发展阶段（1981 年以来）

1981年后，越南海产部更名为越南水产部，越南水产业进入了全面

① "Quá trình phát triển"，越南水产总局网站资料，2013 年 10 月 2 日，http://www.fistenet.gov.vn/。

发展阶段。1986年越共六大之后，越南实行革新开放政策，集中精力发展经济，在此大背景下，越南水产业呈现出欣欣向荣的发展势头，越南水产业转型为向定向的市场经济发展。与市场接轨新体制的成功运用是越南水产业发展的成功之处，这为之后连续30年的增长开辟了新的道路。1980—1990年，越南水产出口总额年均增长48.29%；1991—1996年，年均增长15.97%；1996—2000年，年均增长17.15%；2001—2010年，年均增长10.93%。近30年来，越南水产业取得了稳步的发展。

吸引外资方面，1987年12月29日越南国会通过，并于次年1月9日正式公布了《外国在越南投资法》，外商投资海产品加工出口企业是特别受优惠的项目之一，以此吸引外国企业家到越南投资办海产品加工出口企业。与亚洲的日本、韩国、泰国、中国台湾、中国香港特区等国家和地区签订了一批种养和农产品加工合同。2000年5月颁布了《外国在越南投资法（修订案）》，确定将外商投资项目的审核权下放到各省及直辖市，大幅简化及缩短中小型投资项目的申请手续及流程，将租用土地与投资执照的申请一并审查等。①

国内政策方面，1993年越南党中央执行委员会第七届第五次会议确定了将越南水产业建设成为越南的支柱产业。从20世纪90年代中期，越南水产业注重创新质量管理方式，注重产品安全，逐步适应各大市场的高质量需求。越南水产品逐步在国际大市场上树立了威信。20世纪90年代中后期，越南逐步调整经济结构，大力发展出口外向型经济。越南政府引导农民结合市场需求将一部分低洼耕地改造成为水产养殖场所，大力发展对虾等附加值高的产品。此外，越南政府还对远洋水产开发给予了高度重视，在坚江、金瓯、巴地—头顿、藩切、庆和等地及姑苏、昆仑、富国等岛屿出现了为数众多的水产生产中心和水产加工与出口企业。②在此期间，越南的海洋捕捞也迅速发展，2013年，海洋捕捞占水产总量的45.8%。加入WTO以后，越南水产出口面临着更加严格的考验，各大市场对水产品的质量要求严格，为此，越南正在逐步调整以适应各大国际市场。

① 林肖玲：《越南养殖渔业快速发展》，载《世界热带农业信息》，2007年第11期。
② 越南水产总局网站，http://www.fistenet.gov.vn/a-gioi-thieu/tong-quan/5-qua-trinh-phat-trien。

越南积极拓展国外市场，2003年水产品共计出口至77个国家和地区，主要有：美国、欧盟、日本和中国。2010年，越南水产品出口的国家和地区共计160个。

2010年，越南又重新组建了水产总局，隶属农业与农村发展部管理。20世纪末21世纪初，越南水产业取得了重大发展。至今，越南水产业已初步实现了包括研发、养殖、后勤服务、加工出口一条龙的生产和服务工艺。

（三）越南的林业发展

1. 林业管理部门的成立与林业政策[①]

越南于1976年成立林业部，负责越南全国的林业整体工作。越南在革新开放后，于1988年颁布了《土地法》。随着《土地法》的颁布和实施，越南实行了林地承包到户政策，即将林地划分给非国有企业经营管理，土地仍属国家所有，但林木使用权归土地使用者。承租者可在分给的土地上造林。1988年政府决定出租700万公顷林地，到1992年已有500万公顷林地划分给个人或合作社，实行了承包的做法。但是，由于承包者缺少林业技术支持和足够的资金投入，林地承包并没有取得像农业承包那样的效果，反而在一定程度上给林业发展带来了负面影响。在总结经验的基础上，政府决定将原来小面积承包改为以村为单位的林地承包制，政府给予支持，包括建立林业技术推广体系和提供技术服务。

1992年越南提出了全国林业发展总体任务，要求林业需集中力量提高经济效益，加快人工造林步伐，加大荒山绿化速度，改进森林作业方法，增强森林蓄养生物多样性和保护环境的功能。1995年进行体制改革，将农业部、林业部和食品工业部合并为农业与乡村发展部，下设19个局，其中林业发展局负责管理全国的造林、木材生产、森林工业等工作；森林保护局负责森林资源保护、森林公园、自然保护区、野生动物的保护和执法工作；农林技术推广局负责技术推广；农林产品加工局负责林产品开发。各省人民委员会下设农林管理局，负责林地管理、林地开发和林业技

---

① 《越南林业概况》，中国林业网，http://www.cqpanda.com/portal/main/map/sjly/yuename/vietnam02.html。

术推广等。各地区人民委员会下设林业局，负责管理地区林业事务并进行技术指导。

2. 森林覆盖率变动情况

1973 年，越南森林面积减少至 1430 万公顷，森林覆盖率下降至 44%。到 1983 年，森林面积已减少到 780 万公顷，森林覆盖率则下降至 23.6%。《越南概况：1996—1997》的统计数据显示，1997 年越南有天然林 908.2 万公顷，再造林 104.7 万公顷，分别占全国国土总面积的 26.9% 和 3.1%。50 多年来全国毁林面积已达 1117.5 万公顷。导致森林大面积消失的原因很多，主要是长期的战争破坏、传统的刀耕火种农耕方式、大规模的毁林造田，以及无节制的乱砍滥伐。[①] 20 世纪 80—90 年代，平均每年消失的林地面积达到 10 万公顷。90 年代初期，每年因垦荒、木材与薪柴采伐以及森林火灾被毁掉的森林面积达 16 万至 20 万公顷。[②]（见表 6-2）

表 6-2 1945—2012 年越南森林面积表

	1945	1976	1985	1995	2005	2009	2011	2012
总面积（百万公顷）	14.3	11.2	9.9	9.3	12.7	13.2	13.5	13.8
自然林面积（百万公顷）	14.3	11.1	9.3	8.3	10.2	10.3	10.3	10.4
种植林面积（百万公顷）	0	0.1	0.6	1.0	2.5	2.9	3.2	3.4
森林覆盖率（%）	43.0	33.8	30.0	28.2	38	39.1	39.7	40

资料来源：根据越南国家统计局网资料整理。

由此可见，从越南民主共和国成立以来，越南森林总面积经历了下降到恢复的过程。越南农业与农村发展部公布的 2011—2015 年阶段越南森林覆盖率计划为 42%—43%。[③]

3. 林业发展与加工贸易

越南按用途将有林地划分为特用林、防护林和生产林三大林种。特用

---

① 沈静芳：《越南林业的现状与未来》，载《东南亚》，1999 年第 2 期。
② 沈静芳：《越南林业的现状与未来》，载《东南亚》，1999 年第 2 期。
③ 《2013 年越南农业与农村发展部发展计划及 2013—2015 年越南国家财政预算投资计划报告》。

林包括国家公园、自然保护区及有历史、科研、国防价值的林地。

（1）人工造林。20世纪90年代以前，越南人工林发展很慢。90年代后，随着革新开放的不断深入，经济快速发展，人们的环保意识和资源保护意识逐渐提高，政府开始重视发展人工林，并制定了造林计划。2007年越南政府总理签发的《2006—2020年越南林业发展战略》及同步发行的18/2007/QĐ-TTg的决议中指出，至2020年，越南森林覆盖率将达到47%，林业生产总值达到国家GDP总值的2%—3%。1990年，越南集中造林面积为10.03万公顷。2013年，越南集中造林面积达21.32万公顷。

（2）林产品生产、加工与贸易。至2012年，越南全国约有2500个木材加工基地，其中450个企业为出口木材加工基地，420个企业为FDT企业。主要集中在越南海阳省、胡志明市、同奈省和平定省。目前，越南木材及木制品面向全球120个国家进行出口，主要的出口市场为美国、中国、日本、欧盟各国等。

越南已成为亚洲第二大木制品出口国，仅次于中国。近年来，越南出口的林产品数量逐年加大，主要为原木、木制品、竹制品、藤条制品及蒲草制品。进口的林产品主要为纸浆、原木、人造板及藤条制品。1996年，越南林产品出口价值仅为2.39亿美元，2013年已达53.7亿美元。2013年来，世界上许多进口木制品的公司都将目光转向越南，加上美国对中国木制品按不同产品类别和出口企业征收56%—122%的反倾销税以及27%的反补贴税，致使越南木制品出口相比中国快速增长，市场份额逐渐加大。[①]

越南木材加工企业也面临着一些困境：一是加工企业规模小，工艺、设备比较落后。二是原材料方面处于被动。至2012年，越南需要进口80%的木材原料，进口价格以每年10%—20%的速度增长。三是产品款式单一，缺少品牌。四是从业队伍技术人才缺少，致工作效率低及产品质量低。

此外，越南政府十分重视争取林业国际援助，先后同联合国粮农组织（FAO）、联合国开发计划署（UNDP）、世界保护自然基金（WWF）、世

①《2013年越南木制品出口增长势头迅猛》，中国驻越南大使馆经济参赞处网站，2013年10月22日，http://vn.mofcom.gov.cn/article/ztdy/201310/20131000361057.shtml。

界热带木材组织（ITTO）等国际组织建立了合作关系，同时，积极开展双边合作，与日本国际协力事业团、韩国国际协力事业团等建立了双边合作关系，为林业建设争取了大量的国际援助。

（四）越南畜牧业的发展

越南畜牧业与农业同步发展。和农业种植、水产养殖及林业的发展轨迹一样，越南畜牧业也由原来的国营、集体农场体制逐渐向个体经营转变。

越南畜牧业的特点之一是家畜、家禽的种类十分丰富。养殖的品种主要有水牛、黄牛、猪、鸡、鸭等。近年来，其他具有较高经济价值的特色养殖品种如麋鹿、山羊、绵羊、兔子、蛇、鸵鸟和蜜蜂等养殖产业也发展起来。越南畜牧业的发展特点可归纳为以下几点：1.牛由役用逐渐向肉用转变，奶牛养殖逐渐发展；2.生猪肉、鸡肉在肉类生产中占据较大数量；3.养殖规模较小，现代化养殖技术欠缺；4.疫病预防及控制应对能力较差。

1986年以前，由于越南粮食短缺，畜牧业发展缓慢。1989年以来，越南粮食的盈余和粮价的低廉推动了畜牧业的发展。越南政府也制定了一系列措施来促进畜牧业的发展。首先，鼓励外资投资及进行国际合作。针对越南饲料行业不发达的情况，1996年11月23日出台《越南外国投资法》，越南政府鼓励外商投资养殖业和饲料加工业；针对畜牧研究的不足（如基础性研究不足）、实验设备仪器整体落后的现状，越南政府重视发展国际合作项目，分别与中国、泰国等建立合作项目。其次，制定切实可行的发展目标。根据越南政府总理2008年1月16日发布《关于批准至2020年养殖发展战略的决定》显示，至2020年的发展总体目标为：1.至2020年养殖行业基本转为庄园化和工业化养殖，满足国内居民食品的大部分需求，确保销售质量及出口质量。2.农业养殖比重至2020年达42%，其中2010年达约32%，2015年达38%。3.确保疫情安全及食品卫生安全，有效控制养殖中的危险疫病。4.各养殖基地，尤其是庄园化、工业化的养殖基地，屠宰基地、禽肉加工基地应有废水处理系统，减少环境污染。此外，《决定》中还对其他各项发展细则及规划做出了具体规定。

经过数十年的发展，越南肉鸡、猪、牛行业已经成为相对成熟的产业，具备整个从养殖、生产、加工、销售的体系。

三、越南农业发展状况与产业结构

（一）农业用地

至2012年1月1日，越南土地总面积为3309.51万公顷，其中农业用地总面积2628.05万公顷。（见表6-3）

表6-3　越南农业用地情况（单位：万公顷）

项目	总面积❶	其中❷ 交付使用的土地	至2020年的土地使用规划❸
全国	3309.51	2514.77	——
一、农业用地	2628.05	2291.31	2673.2
（一）农业生产用地	1015.11	1003.43	
1.一年生作物种植用地	640.13	635.22	
（1）稻谷种植用地	409.28	407.97	381.2
（2）畜牧业牧草用地	4.55	3.45	——
2.其他一年生作物用地	226.30	223.80	
3.多年生作物种植用地	374.97	368.21	
（二）林业用地	1537.31	1213.43	
1.生产林	740.66	596.77	813.2
2.防护林	582.73	417.41	584.2
3.特用林	213.92	199.24	227.1
（三）水产养殖用地	71.20	70.10	79
（四）盐业用地	1.79	1.75	1.5
（五）其他农业用地	2.65	2.61	
二、非直接农业用地	374.06	175.25	
三、未使用土地	307.40	48.21	——

注：❶❷根据资源与环境部2012年9月10日的1482/QĐ-BTNMT号决定

（至 2012 年 1 月 1 日）。❸根据越南土地规划局 17/2011/QH13 决议[①]。

资料来源：越南国家统计局、越南土地规划局。

（二）农业生产总值

近年来，越南农业生产发展一直保持增长趋势，在构成越南大农业产业中的农业、林业、水产业当中，其中种植业占主要成分，养殖业其次，农业服务业所占比例最小。（见表6-4、表6-5）

表6-4　2007—2013 年越南农业生产总值（亿越盾）

	2007	2008	2010	2011	2012	2013
总产值	2007100	2119980	2338682	2469494	2552273	8012569
一、农业	1471750	1551800	1694357	1785373	1836038	6022959
其中：1.种植业	1147030	1208740	1293257	1358822	1395749	4451680
2.养殖业	291960	309390	364977	389246	401742	1477716
3.农业服务业	32760	33670	36123	37305	38547	93563
二、林业	66030	67480	73650	78091	83050	224130
三、水产业	469320	500700	570675	606029	633185	1765480
其中：1.养殖	304460	332880	375534	402064	418754	1065701
2.捕捞	164860	167820	195141	203965	214431	699779

资料来源：根据越南国家统计局网资料整理。（2007—2012 年按照 1994 年不变价格计算，2013 年按照 2010 年价格计算。）

表6-5　1990—2012 年越南农业生产总值（当年价，单位：亿越盾）

年份	总值	其中					
		种植业	所占比例（%）	养殖业	所占比例（%）	农业服务业	所占比例（%）
1990	206665	163935	79.3	37010	17.9	5720	2.8

---

① 越南土地管理局公布的关于《至 2020 年土地使用规划及 2011—2015 年土地使用计划》。

（续表）

年份	总值	其中					
		种植业	所占比例（%）	养殖业	所占比例（%）	农业服务业	所占比例（%）
1995	855076	667938	78.1	161682	18.9	25456	3.0
2000	1290879	1010437	78.3	249076	19.3	31366	2.4
2005	1832136	1347545	73.6	450968	24.6	33623	1.8
2006	1977007	1458077	73.8	483331	24.4	35599	1.8
2007	2367504	1750070	73.9	576184	24.3	41250	1.7
2008	3772386	2693376	71.4	1022009	27.1	57001	1.5
2009	4302216	3066484	71.3	1165767	27.1	69965	1.6
2010	5401628	3967337	73.4	1351371	25.1	82920	1.5
2011	7871966	5777490	73.4	1991718	25.3	102758	1.3
2012	7493254	5342848	71.3	2008492	26.8	141914	1.9

资料来源：根据越南国家统计局网资料整理。

从上表可看出，自20世纪90年代以来，越南农业生产总值一路攀升，从1990年的206665亿越盾上升到2012年的7493254亿越盾，增加了7286589亿越盾。在构成农业生产总值的三大产业结构中，其中又以种植业为主，养殖业其次，农业服务业所占比例最小。种植业所占比例总体上呈逐年减少趋势，由1990年的79.3%下降到2012年的71.3%。养殖业所占比例由1990年的17.9%上升至2012年的26.8%。农业服务业所占比例不大，2012年为1.9%。

（三）种植业

1. 主要粮食作物

越南的粮食作物主要有水稻、玉米、木薯、红薯等。其中粮食作物又以大米为主。越南大米产区主要分为3块，即北部红河平原、中部沿海地区、九龙江平原。其中红河平原与九龙江平原为越南粮食主产区，被誉为越南的"两个谷仓"。

越南北部和中部常种植两季水稻，南方种植三季水稻。北部红河平原一年可种植早稻（头年10月底或11月初播种，次年5月底收割）和晚稻（5月底播种，11月中旬收割）两季；中部沿海地区根据水土条件可种植3种季节类型的水稻，分别为冬春稻（也叫三月稻，即农历三月收割。10月底播种，次年4月收割）、夏秋稻（也叫八月稻，即农历八月收割。4月底播种，9月底收割）和晚稻（也叫十月稻，即农历十月收割。5月底播种，11月份收割）；九龙江平原一年种植3季，分别为晚稻（5—6月播种，11月份收割）、冬春稻（11—12月播种，次年4月初收割）、秋稻（4月播种，8月中旬收割）。[①]

　　第二次世界大战以前，越南曾是世界第三大大米出口国。越南的西贡与缅甸的仰光和泰国的曼谷是世界上齐名的三大米市，越南年出口大米130万—150多万吨。从1945年到1975年，越南基本处于战争状态，粮食连年歉收。直至越南南北统一后对农业进行改革，越南粮食生产才又恢复。1989年，越南实现粮食自给并首次出口大米，出口量为103万吨，出口额3.1亿美元。2004年，越南出口大米405万吨，出口额9.4亿美元，成为世界第二大大米出口国并保持至今。2013年，越南全年粮食总产量为4927.09万吨，年内稻谷种植面积为789.94万公顷，稻谷产量为4407.61万吨。2013年，越南出口大米达661.8万吨，出口价值29.5亿美元（见表6-6）。

表6-6　越南稻谷生产及出口

年份	稻谷产量（万吨）	稻米出口（万吨）
1990	1922.52[❶]	—
1996	2639.68	323.45
2000	3252.95	347.67
2005	3583.29	525.03
2006	3584.95	464.34
2007	3594.27	458.00
2008	3872.98	474.49

---

　　① "Ngân hàng kiến thức trồng lúa"，水稻知识银行网站，http://www.vaas.org.vn/images/caylua/01/index.htm。

（续表）

年份	稻谷产量（万吨）	稻米出口（万吨）
2009	3889.55	596.90
2010	3998.89	689.30
2011	4232.49	711.63
2012	4366.18	810
2013	20237.5	661.8

注：❶古小松：《越南的经济改革》，南宁：广西人民出版社，1992年版，第71页。

资料来源：根据越南国家统计局网资料整理。

在国际市场上，越南大米生产出口具有生产成本相对低、出口价格较低的优势。但是，越南的水稻种植和出口正面临着一些挑战，主要有：1.部分水稻种植地分散，难以进行机械化生产。农业技术落后，劳动生产率低下。2.稻米生产过程中卫生指标不严密，植保药物使用量呈增长趋势，影响到产品质量。3.国际市场对稻米质量要求日益严格。4.加工工艺落后，出口的品种少、单调，商标知名度低。5.城市化进程加快，水稻种植面积减少。2006—2010年，越南水稻用地面积呈减少趋势，部分转为种植经济效益更高的果树或者进行渔业养殖。至2012年，越南稻谷用地实际总面积为409.28万公顷。

因此，越南大米需建立起从投资、质量评估、保管到运输、品牌销售一系列的同步配套服务，以确保越南大米的生产销售顺利进行。

2. 主要经济作物

越南一年生经济作物主要是甘蔗、花生、大豆、芝麻和烟叶；多年生的经济作物主要是茶叶、咖啡、橡胶、椰子、胡椒和腰果；主要的水果有柑、橘、菠萝、香蕉、芒果、龙眼、荔枝、红毛丹等热带水果。近年来，咖啡豆、橡胶、胡椒和腰果一直是越南主要的出口农产品，出口量和出口价值一直保持着总体上升的趋势。

茶叶：越南共有35个省份产茶，茶叶主要种植在中部和北部山区的太原、山罗、安沛、莱州、奠边府、高平、老街、清化、河静九个省。至

2011 年，茶园面积为 14 万公顷，主要分布在缓坡丘陵地带。加工茶中红茶约占 60%，绿茶占 30%，其他茶占 10%（包括乌龙茶、花茶、黄茶、特种茶等）。近年来，越南茶叶产业发展迅猛，茶叶产量及出口量都位居世界前十。2012 年越南茶叶出口面向的国家和地区主要为巴基斯坦、中国台湾和俄罗斯。2013 年，越南茶叶鲜叶产量为 92.17 万吨，出口茶叶 13.8 万吨，出口价值 2.22 亿美元。越南茶叶出口以粗加工形式为主，故茶叶出口带来的经济效益与茶叶出口量不成正比。

咖啡豆：越南于 1857 年开始引种种植咖啡，生产咖啡的历史长达 150 多年。越南咖啡主要种植在南部西原地区的林同、得农、得乐、昆嵩、同奈等省份。近 30 年来，越南咖啡产业发展迅猛，已连续多年成为世界第二大咖啡出口国。1975 年，越南咖啡种植面积已超过 1.3 万公顷，年产量 5000—6000 吨。20 世纪 80 年代，越南国内掀起咖啡种植热潮，咖啡种植业得到前所未有的发展。1985 年种植面积发展到 4.46 万公顷，年产量 9000 吨；2000 年达 53.3 万公顷。[①] 1990 年，越南咖啡产量仅为 64.937 万吨，出口量为 62.364 万吨。2013 年投产面积为 58.46 公顷，产量 128.95 万吨，出口量 132 万吨，出口创汇 27.5 亿美元。种植品种方面，越南南方种中粒种，占咖啡总面积的 95%；北方种小粒种，占 5%。

橡胶：越南 1897 年开始引种种植橡胶，1913 年法国殖民时期建立了专业的橡胶研究院，指导越南橡胶栽培发展，但因历史原因未得到大发展。越南革新开放以后，橡胶产业发展迅速。至 1986 年，越南植胶面积为 9.2 万公顷，产量 6 万吨。1993 年植胶面积增至 25 万公顷，年产量达 13 万吨。至 2013 年，植胶面积已达 91 万公顷，其中投产面积为 54.56 万公顷，干胶产量达 94.91 万吨。相对于其他经济作物，种植橡胶能取得更快更大的经济收益。因此，近年来越南砍伐森林种植橡胶树造成了一定的毁林现象。2013 年，越南橡胶出口仍然是量增价跌，出口量与创汇额不成正比，橡胶多为初制品、质量不稳定是其主要原因。

胡椒：近年来，由于国际胡椒市场价格偏高，促进了越南胡椒种植加工业的迅猛发展，加上越南政府的鼓励政策，使胡椒种植面积和产量有了

---

① 李文伟、白燕冰、周华：《越南天然橡胶、咖啡产业考察报告》，载《热带农业科技》，2007 年第 1 期。

突破性的发展，越南胡椒种植加工业迅速崛起，已经取代了印度等国家一跃成为世界上最大的胡椒生产和出口国。越南胡椒主要加工成以下三种产品：黑胡椒（80%—85%）、白胡椒（15%—20%）、红胡椒（小规模）。近年来，越南面向世界73个国家和地区出口胡椒，每年出口胡椒逾10万吨，占世界胡椒出口总量的一半。越南胡椒主要种植在南方西原地区各省份。越南胡椒种植面积虽比印度、印尼等主产国种植面积小，但产品质量好。2013年，越南胡椒投产面积为5.11万公顷，产量12.21万吨，出口胡椒13.3万吨，出口价值9.01亿美元。

腰果：腰果为一种热带经济作物，20世纪初进入越南。至1988年越南开始大规模种植和加工腰果，之后产量和出口量一路攀升。主要种植区为南方，其中平福省是越南腰果种植大省。20世纪90年代以来，越南腰果的种植面积不断扩大。至21世纪，腰果成为越南出口的优势农产品，已连续多年出口量位居世界第一。2013年越南腰果投产面积为30.13万公顷，产量27.77万吨，出口量达25.7万吨，创汇16.3亿美元。越南腰果生产同样面临着深加工欠缺及附加价值不高的状况。此外，近年来越南腰果园正在逐渐老化，产量下降，价格不稳定，东南部省份的许多腰果种植户将腰果园改种橡胶树、木薯等其他经济价值更高的作物，越南腰果种植面积正逐渐缩小。因此，近年来越南在老挝和柬埔寨进行腰果种植。

3. 主要水果

水果是多年生经济作物。越南地处热带和亚热带地区，水果种类丰富。其中种植面积较大的水果种类主要有香蕉、椰子、荔枝、龙眼、芒果、菠萝、柑橘、柚子、红毛丹等。

近年来，越南水果种植面积呈现增长趋势（如表6-7）。2000年，越南的水果种植面积为54.07万公顷，2010年为77.63万公顷。其中2000—2005年年平均增长率为7.25%，2000—2010年年平均增长率为3.68%。其中，九龙江平原的水果种植面积及产量最大。2010年越南水果产量为850万吨。

表6-7 2000—2012年全国果树生产情况（单位：万公顷，万吨）

作物种类	项目	2000	2005	2008	2009	2010	2012
	总面积	54.07	76.74	77.53	76.00	77.63	—
1.柑橘	面积	6.92	8.54	8.67	7.34	7.56	6.77
	投产面积	4.83	5.91	6.71	5.82	6.15	5.48
	产量	44.99	60.13	66.00	61.52	72.94	69.03
2.菠萝	面积	3.52	4.72	4.04	3.90	3.99	4.11
	投产面积	3.02	3.62	3.54	3.35	3.38	3.60
	产量	28.97	47.00	51.54	49.01	50.27	57.16
3.香蕉	面积	9.80	10.47	11.14	11.39	11.95	12.36
	投产面积	9.03	9.39	9.94	9.94	10.55	10.90
	产量	129.26	134.42	156.21	162.59	166.08	179.64
4.芒果	面积	4.45	8.01	8.55	8.78	8.75	8.61
	投产面积	2.89	5.16	6.43	6.69	7.11	7.37
	产量	18.26	36.78	50.92	53.76	57.40	77.63
5.龙眼	面积	—	11.49	9.84	9.33	8.95	8.35
	投产面积	—	9.00	8.65	8.49	8.23	7.81
	产量	—	61.25	61.22	60.85	59.06	54.53
6.荔枝，红毛丹	面积	—	11.57	10.99	10.58	10.24	9.80
	投产面积	—	8.90	10.06	9.75	9.59	9.12
	产量	—	39.86	65.98	56.96	53.65	64.93
7.柚子	面积	—	3.10	4.43	4.52	4.64	4.56
	投产面积	—	2.08	3.04	3.39	3.61	3.74
	产量	—	24.15	34.47	38.97	39.41	43.56
8.葡萄	面积	—	0.19	0.13	0.12	0.13	0.08
	投产面积	—	0.18	0.12	0.11	0.12	0.08
	产量	—	2.86	2.40	2.46	2.60	1.52

资料来源：根据越南农业与农村发展部《越南农业全国发展总体规划（至2020年及2030年前瞻）》及越南国家统计局网资料整理。

近年来，越南蔬果出口价值逐年增长。[1]2000年为2.14亿美元，2005年为2.355亿美元，2012年为8.27亿美元，2013年出口总值达10.37亿美元，出口价值增幅较大。越南蔬果的优势出口种类为火龙果、青皮柚子、新鲜蔬菜、盒装蔬菜及冷冻蔬菜。出口面向40多个国家和地区，主要为中国、美国、日本、韩国、欧盟国家等。《越南农业全国发展总体规划（至2020年及2030年前瞻）》显示，至2010—2015年及2016—2020年两个阶段，越南水果每年出口量将分别达40万—50万吨和60万—80万吨。

越南蔬果生产、加工及出口仍然面临着一些困难。据《越南农业全国发展总体规划（至2020年及2030年前瞻）》显示：至2012年，越南蔬果在采摘、选果、保管运输过程中的损失率为20%—25%；全国仅有60个工业化的蔬果加工基地，年加工量为300000TSP。其中国内企业占50%，外国企业占16%，外资企业占34%；产品单一，包装欠精美、成本高，缺少竞争力；保管、冷冻达不到新鲜蔬果出口标准；采用国际ISO、HAACCP标准管理系统的加工基地少，产品质量标准不严格，缺少国际公认的质量鉴定机构。

（四）水产业

越南水产业经过多年的发展，已经成为越南农业经济当中的重要组成部分（见表6-8）。越南把水产养殖作为一项重要产业来抓，美国、中国、欧盟、日本已成为其主要出口市场。

2013年，越南全年水产品总产量达593.8万吨。其中，水产捕捞产量约272.25万吨，同比增长3.6%；水产养殖产量321.3万吨，同比增长了3.3%。远洋捕捞在越南水产业中占据的比例逐年下降，但是仍然占据相当大的比例，从1990年的69.6%降至2013年的42.5%。

水产养殖：越南水产养殖的种类主要是鱼和虾，九龙江平原地区是越南水产品的主要生产基地。水产养殖被视为推动越南农业经济发展的重要产业。但由于自发养殖、零星养殖和缺乏统筹规划等种种原因，一些地方水产养殖密度过高，导致环境污染和供大于求。此外，越南还有许多地方

[1]　由于越南国家统计局将蔬菜、水果合为一列统计，故笔者也将蔬果合起来统计。

仍未充分开发水产养殖潜力，如金瓯、薄辽、宁顺、坚江等省。越南水产养殖中，常缺少抗病能力较强的苗种，故时有病害大面积发生的情况。

2012年，越南农业与农村发展部已协助越南各省份，制定当地水产发展规划，其中包括重视高价值品种的养殖，推动集约式发展，实现水产品多样化，特别是重视未垦地区的开发。

表6-8　1990—2012年水产生产情况

项目	单位	1990	1995	2000	2005	2009	2010	2012
总产量	万吨	101.9	134.4	200.3	343.3	484.6	484.6	573.3
海洋捕捞	万吨	70.9	92.9	128.1	179.9	206.9	242.1	262.2
水产养殖	万吨	23.5	21.0	48.2	143.7	256.9	293.31	311.1
出口价值	亿美元	2.05	5.5	14.79	27.39	42.51	50.16	61.5
渔船数量	只	72723	95700	79768	90880	130000	——	——
养殖面积	万公顷	49.17	58.1	65.2	95.99	104.47	104.80	105.9

资料来源：根据原越南水产部、越南水产总局网站、越南农业与农村发展部、越南国家统计局网资料整理。

水产捕捞：虽然越南的水产业已经取得一定的发展，但是仍然存在一些不利因素影响其发展。越南渔民常采用的捕捞形式为船队捕捞、围网捕捞及拖网捕捞。首先，越南海洋捕捞虽然配备了一定的现代化设备，但是随着科技的发展，相对陈旧和落后的远洋捕捞设备制约了越南远洋捕捞业的发展和对远洋水产资源的开发。其次，越南渔民普遍采用的船队捕捞效率不高。拖网捕鱼尤其是远海拖网捕鱼需消耗过多油料，受制于油价变动。

水产加工：越南水产品加工能力仍然滞后，水产种苗过于依赖于捕捞或进口等原因也影响了越南水产的生产和发展。2013年6月12日，越南水产加工出口协会在胡志明市纪念该协会成立15周年（1998年6月12日—2013年6月12日）之际，指出2013年越南水产业继续面临的困难有：资金、原料缺乏，市场不稳定，各种复杂的壁垒及市场竞争日益激烈等。[①]

（五）林业

自20世纪以来，总体而言，越南森林资源总量上从减少趋于稳定。1943年，越南森林面积为1430万公顷，森林覆盖率为43%。1995年，森林面积减少到912万公顷，森林覆盖率降为28%。2012年，越南森林面积为1390万公顷。近年来，随着人口的增长与经济的发展，木材砍伐量逐年递增长。此外，越南的薪柴砍伐量也占有一定的比例（见表6-9）。

表6-9　木材砍伐与毁林情况

项目	1996	2000	2005	2010	2011	2012
木材砍伐量（万立方米）	—	237.56	299.64	401.26	469.2	525.10
薪柴砍伐量（万立方米）	2882.74	2484.27	2624.05	2570.8	2659.7	2740
毁林面积（公顷）	5530.0	3542.6	—	—	3932	3225
集中造林面积（公顷）	221045	196400	184500	252500	214700	186100

资料来源：根据越南国家统计局网资料整理。

经过20世纪90年代初期森林大面积减少阶段后，21世纪初越南政府大力发展集中造林。但是进入21世纪的第二个十年，越南集中造林面积又出现大幅度的降低。

越南农业与农村发展部《越南农业全国发展总体规划（至2020年及2030年前瞻）》显示，至2020年，越南林地面积将达1630万—1650万公顷，与2010年相比增加66.67万公顷。其中经济林813.2万公顷，防护林584.2万公顷，新种林8万公顷，特用林214.1万公顷。

（六）畜牧养殖业

越南的畜牧养殖业在农业生产中占有重要地位。随着越南经济的不断

[①] "Tạo sức mạnh chung để ngành Thủy sản Việt Nam phát triển"，越南新报网站，2013年6月12日，http://www.baomoi.com/Tao-suc-manh-chung-de-nganh-Thuy-san-Viet-Nam-phat-trien/45/11233688.epi。

发展，人民生活水平不断提高，家畜（禽）业和水产品养殖业随之得到迅速发展（见表6-10）。越南家畜家禽养殖的品种主要有水牛、黄牛、奶牛、猪、鸡等。此外，还有包括麋鹿、山羊、绵羊、兔子、蛇、鸵鸟和蜜蜂等特色养殖品种。在越南养殖业中，猪养殖位居第一，鸡养殖位居第二。

越南的畜牧业、养殖业还处于不发达阶段，对国外先进技术、产品和设备进口依赖性较强，自从越南加入AFTA（东盟自由贸易区）与WTO（世界贸易组织）之后，对于科技的需求与日俱增，特别是家畜（禽）行业急需国际先进科技力量的支持。

越南政府鼓励人民发展庄园养殖，在资金和技术方面给予扶持，包括提供50%的土地拆迁和基础设施建设费用、30%的供水和环保费用等。[①]《越南农业全国发展总体规划（至2020年及2030年前瞻）》显示，越南畜牧业的发展方向如下：第一，鼓励按照工业化、规范化方式发展庄园集中养殖基地及大养殖基地，主要包括猪、水牛、肉黄牛、奶牛、家禽，预计至2020年越南庄园养殖及工业化养殖规模达到总养殖规模的60%。第二，鼓励养殖企业与屠宰加工企业相对接，鼓励发展工业化的屠宰和加工方式。第三，增强疫病管理控制能力，集中对关口、市场进行检疫，确保肉类生物学上的安全及食品安全。建立安全区（在任何疫病情形之时）。第四，发展饲料工业。按照大规模、高质量、低成本的方式发展饲料工业，将工业化畜牧饲料的使用率提升至2015年的67%以上（约1630万吨）及2020年的70%（1920万吨）。第五，发展特色动物养殖。如麋鹿、鳄鱼、蛇、乌龟等，发展药品加工、皮制品加工及旅游业以增加产品价值。

表6-10　2000—2020年来越南全国养殖情况及发展规划

种类	2000	2005	2010	2015	2020
1.水牛（万头）	289.7	292.2	291.3	300	300
生水牛肉（万吨）	4.84	5.98	8.42	8.0	9.5

---

①《越南畜牧业保持稳定发展》，中华人民共和国商务部网站，2011年2月23日，http://www.mofcom.gov.cn/aarticle/i/jyjl/j/201102/20110207415271.html。

（续表）

种类	2000	2005	2010	2015	2020
2. 黄牛（万头）	412.79	554.07	591.62	900	1200
耕牛（万头）	—	162.04	101.0	—	—
Sind 杂交牛（万头）	—	—	220.4	360	600
奶牛（万头）	3.50	10.41	12.86	25	50
生黄牛肉（万吨）	9.38	14.21	27.89	45	65
牛奶（万吨）	—	19.77	30.66	50	80
3. 猪（万头）	2019.38	2743.50	2737.32	3226.64	3447.48
母猪（万头）	278.82	388.23	415.88	482.73	481.36
肉猪（万头）	1740.56	2342.18	2321.43	2743.91	2966.12
生猪肉（万吨）	141.81	228.83	303.63	390	485
4. 家禽（百万只）	196.1	219.9	300.5	311.6	358.7
鸡（百万只）	159.4	159.9	218.2	257.4	306.4
生家禽肉（万吨）	29.29	32.19	62.10	120	250
蛋（百万个）	3823.2	3948.5	6367.1	10939	13839

资料来源：越南农业与农村发展部《越南农业全国发展总体规划（至2020年及2030年前瞻）》。

自《越南奶牛发展政策和措施（2001—2010年）》（167/2001/QĐ-TTg）出台之后，越南奶牛饲养业及乳制品生产正处于快速发展阶段。近年来，越南奶牛养殖业发展迅速，奶牛饲养量逐年增加。2000—2010年，越南的奶牛养殖数量增长速度为13.9%，其中2000—2006年达到了增长高峰值为21.6%。2013年全国共有奶牛18.63万头，同比增长了11.6%。预计2015年奶牛达到25万头，2020年达到50万头。奶产量从2005年的19.77万吨增长到2010年的30.06万吨。至2010年，越南牛奶产量只能满足全国22%的牛奶需求；越南奶牛养殖规模小，分散及多采用手工生产。越南全国95%的奶牛在农户家庭中分散养殖，北方养殖户通常为3—5头/户，南方养殖户通常为5—7头/户。

越南家畜家禽养殖常遭遇产品售价不稳定、资金投入困难、疫情的影响。此外，越南养殖业还面临着如下困境：1.缺少优质种苗；2.养殖基础设施欠佳，养殖分散；3.肉牛繁殖能力差，肉质较低；4.缺少牛养殖用的草场；5.饲料成本高；6.现代养殖技术未能广泛运用于养殖业中。越南养殖业中面临最大的困难为养殖成本过高，越南产猪肉饲料成本已占售价的75%。[①]

四、农产品加工与贸易

近年来，农产品出口加工业已发展成为越南的一个新产业。越南国民经济发展正呈现出一个以农带工、全面发展的良好局面。越南有多种出口量大且具有相对优势的农产品，如大米、咖啡、橡胶、腰果、木材及木制品、茶叶、水产品、蔬果等。但是越南的农产品加工技术落后，商品率低，因此导致了其农业生产效益低下，出口价值不高，农民收入低。近年来，包括海产品加工、大米、腰果、蔬果的加工技术仍未能达到国际市场的严格要求，越南仍需对加工技术及设备进行改进。

（一）出口

1989年以来，越南农业发展迅速，农产品出口量增长较快（见表6-11）。1987年农产品出口额仅为5.42亿美元，1989年猛增至10亿美元，1996年已高达32亿美元，2013年越南农林水产品出口全年累计达274.69亿美元，占越南商品出口总额的20.62%。2011—2013年越南出口额年增长率约为22.3%。

2013年，出口额超过十亿的农产品有大米、咖啡、橡胶、腰果、木材及木制品、水产和木薯及木薯制品、蔬果等。

越南出口的农产品多为初级生产原料，产品附加值较低。近年来，部分农产品更是出现了出口量增价跌的局面，如橡胶。

表6-11　主要多年生农作物出口情况（单位：万吨）

品种	1996	2000	2006	2010	2011	2012	2013
茶叶	2.08	5.566	10.54	13.70	13.50	14.67	13.8

① 《越媒称越南畜牧业必须降低成本》，中国驻胡志明市总领事馆经济商务室网站，2014年2月10日，http://hochiminh.mofcom.gov.cn/article/jmxw/201402/20140200482781.shtml。

（续表）

品种	1996	2000	2006	2010	2011	2012	2013
咖啡豆	28.37	73.394	98.09	121.80	126.00	173.22	132
橡胶	19.45	27.34	70.36	77.90	81.75	102.31	107.8
胡椒	2.533	3.7	11.48	11.70	12.40	11.68	13.3
腰果	1.66	3.42	12.77	19.00	17.80	22.15	25.7
大米	323.45	347.67	464.34	689.30	711.63	810	661.8

资料来源：根据越南国家统计局网资料整理。

（二）进口

越南每年都出口大量农产品，但是却需进口大量农业生产原料以开展农业生产。进口的主要农产品多为越南不适宜种植、生产能力不足及进口加工再出口的农资产品。近年来，越南进口的农林水产品和农业物资主要是：化肥、农药及农药原料、木材及木制品、小麦、玉米、橡胶、水产品、腰果、大豆和饲料及饲料原料。2013年越南农林水产品和农业物资进口累计达184.4亿美元，上述数种主要进口农资产品就占了145.5亿美元。

五、越南农业面临的问题与发展前瞻

（一）面临的问题

1. 农业基础设施薄弱，生产技术落后

20世纪90年代以前，越南粮食增产主要靠风调雨顺、靠扩大栽种面积。越南农业发展的起点低，农村和农业经济结构不尽合理，农产品加工技术落后。如在稻谷加工、储存的过程中，截至2012年2月，越南全国多数农民通常通过自然烘干方法烘干稻谷，全国只有大约10000台烘干机，只能确保不到20%的夏秋稻谷得以机械烘干。其次，越南全国只有大约300万吨的稻谷储存仓库，且此类仓库多修建于计划经济时代，现多数已破旧。再次，稻谷储存过程中的通风、打包、脱壳、运输多由手工完成，现代化技术还未得到广泛应用。

131

此外，越南农产品加工缺乏大规模的现代化大工厂，农业加工多由小规模工厂及家庭户完成。如越南80%的咖啡由家庭户加工完成；2500吨的稻谷由10000个私人小型碾磨厂完成碾磨。

2. 农产品原料生产能力不足

虽然越南农业取得了大的成就，但是越南农业赖以发展的部分生产原料如化肥、农药、饲料等生产却还有待发展。此外，上述农业生产原料多受控于外资企业，受国际市场影响波动较大。

（1）饲料生产能力不足

饲料工业在越南养殖业中占有举足轻重的地位，近年来，越南饲料企业虽有所发展，但是仍不能满足国内生产需求（见表6-12）。近年来，越南养殖业70%的成本用于购买饲料。2013年，饲料及饲料原料仍然是越南农业进口额最大的产品，进口额为30亿美元。

越南饲料企业呈现出如下特点：1.近年来越南饲料工业虽发展较快，但总体规模较小，60%的饲料产量由外国在越南的饲料企业完成；2.产量难以满足国内需求，目前越南全国饲料生产能力只能满足约77.6%的国内需求；3.原料依赖进口，2013年越南饲料生产原料进口达452.9万吨；4.国内市场饲料价格持续上涨，影响养殖业的发展，2011年，越南国内饲料价格较东南亚其他国家同类产品高8%—12%。

表6-12　2000—2010年越南饲料加工企业现状

项目	单位	年份		
		2000	2005	2010
加工工厂、基地总数	个	108	176	225
设计总功率	百万吨	2.89	8.8	12.3
产品总产量	百万吨	2.16	6.6	8.94

资料来源：越南农业与农村发展部《越南农业全国发展总体规划（至2020年及2030年前瞻）》。

（2）农药及原料严重依赖进口

越南农药的生产和研制能力有待加强。2013年越南进口农药及农药原料7.69亿美元，同比增长11.2%，占2013年农产品进口总额的4.08%，主要的进口国家是中国、新加坡和英国。

3. 病虫害及疫情控制能力有待加强

越南的种植业和养殖业每年都会遭受一定的病虫害和疫情。近年来，越南通常遭受的植物病虫害有卷叶螟、虱、黑条矮缩病、稻瘟病、白叶病—细菌性条纹斑点病和钻心虫等。常遭受的动物疫情有禽流感、口蹄疫和蓝耳病。每年的病虫害及疫情给农户带来一定的损失。

4. 农产品出口深加工不足

越南的多种农产品多以原料或者粗加工方式直接出口，常导致出口量增价跌的局面。多年来，越南出口的橡胶、腰果基本上处于初级原料阶段，产品附加值较低。

5. 出口企业管理不规范

主要体现在出口企业竞争无序，大企业缺乏，小企业占多数。出口公司管理不规范，竞相压价，出口竞争无序发展，导致产品出口质量下降。尤其在大米、茶叶、橡胶、腰果及水产品出口方面，由于产品质量不稳定，加之越南的出口企业多为小型企业，在国际定价方面无优势。

（二）发展前景

据越南农业与农村发展部《越南农业全国发展总体规划（至2020年及2030年前瞻）》显示，至2020年，越南农业将建设成为现代化、基础稳固及全面发展的农业；采用新工艺增加生产效率和质量，提高竞争力，确保越南国家当前及长远的粮食安全，满足国内及国际的多样化需求；提高土地、劳动力、资金的使用效率；提升农民的收入及提高农民的生活水平。预计至2020年，越南农业生产总值将取得稳步的增长（见表6-13）。

2011—2015年发展具体目标：

——2015年农业GDP达到全国GDP结构的17%—18%。

——农林水产GDP年平均增长率为3.5%—3.8%。

——农林水产生产总值年增长率为4.6%—5%，其中农业年增长3.5%（种植年增长2.5%，养殖年增长7%），林业年增长2%，水产年增长8.5%。

——养殖业比重占到农业生产总值的38%。

——至2015年森林覆盖率占土地总面积的42%。

——2015年农林水产出口总额达250亿—300亿美元，其中农林产占190亿—240亿美元，水产达60亿美元。

——2015年平均每公顷土地的农业生产总值达到5500万—6000万越盾。

2016—2020年发展目标：

——至2020年，农林水产的结构为：农业64.7%，林业2%，水产33.3%。

——农林水产GDP年平均增长率为3.5%—4%。

——农林水产生产总值年增长率为4.3%—4.7%，其中农业年增长3.2%，林业年增长3.5%，水产年增长7.5%。

——至2020年森林覆盖率达44%—45%。

——2020年农林水产出口总额达400亿美元，其中农业占220亿美元，林业占70亿美元，水产达110亿美元。

——2020年平均每公顷土地的农业生产总值达到7000万越盾。

表6-13　2009—2020年越南农业生产总值增长
情况及预测（单位：亿越盾，%）

指标	2009	2015	2020	平均增长速度	
				2011—2015	2016—2020
1.农林水产生产总值（1994年价）	221378	295473	370016	4.8	4.6
农业	161536	199943	234836	3.5	3.3
林业	7043	7931	9419	2.0	3.5

（续表）

指标	2009	2015	2020	平均增长速度	
				2011—2015	2016—2020
水产	52798	87600	125761	8.5	7.5
2.农林水产生产总值（现行价）	551435	836197	1122272	—	—
农业	410138	583709	726351	—	—
林业	15367	17818	22258	—	—
水产	125930	234670	373662	—	—
3.农林水产生产结构（现行价）	100	100	100	—	—
农业	74.4	69.8	64.7	—	—
林业	2.8	2.1	2.0	—	—
水产	22.8	28.1	33.3	—	—

资料来源：越南农业与农村发展部《越南农业全国发展总体规划（至2020年及2030年前瞻）》

135

此外，良好的国内外环境、一定的发展潜力及相对的国际市场竞争力等有利因素，将促进越南农业取得长足的发展。

1. 良好的国内外环境

越南工业和服务业的发展促进了越南农业生产的发展。越南加入WTO后，农林水产品出口面临更广阔的空间，机遇大于挑战。越南农业产值从2005年占国内总产值的20.97%上升至2012年的24.0%。

近年来，越南政府制定了一系列措施鼓励农户发展农业经济，如优惠贷款、技术支持、积极引进外资、政策扶持等，用以鼓励农户发展经济，扩大农产品出口。上述有利的环境将促使越南农业生产持续发展。预计，在下阶段，随着生产技术、加工储存技术的提高、越南国内农业政策的扶持及国际环境的不断改善，越南农业生产将会不断得以稳固发展，农林水产品生产总值及出口价值将不断提升。

2. 具备相对的农业发展潜力

（1）土地潜力。据越南农业与农村发展部《越南农业全国发展总体规划（至2020年及2030年前瞻）》，至2010年1月1日，越南未使用土地为319万公顷，其中包括25.8万公顷平地、2639公顷山地和29.34万公顷石山无植被地。这些土地都将可利用于农业生产。

（2）优势农产品的竞争潜力。在越南优势的出口农产品——水稻的生产上，越南具有大面积的水稻种植面积。越南的稻谷产量为52.3公担/公顷，产量在世界上及区域内位居前列。

（3）农产品生产成本较低。越南农产品生产成本较低有助于增强其价格竞争力，如稻米生产。和其他稻米生产国相比，越南的稻米生产成本较低，只相当于泰国的65%—85%。此外，在农产品的生产和加工方面，越南正拥有非常年轻的劳动力且劳动成本相对低廉。

（4）农业生产原料能力逐步得以增强。近年来，越南政府正加大步伐，努力提升国内农业生产原料的自产能力，其中化肥生产能力提升明显。越南是粮食出口大国，但化肥一直严重依赖进口。近年来，越南化肥生产能力已逐年增强，现已满足国内80%的化肥需求。目前，越南较大的化肥生产企业有：越南油气集团下属的金瓯氮肥厂，年生产能力80万吨（2012年投产）；越南化工集团下属的宁平化肥厂，年生产能力56万吨（2012年投产）；若上述装置满产，越南氮肥将自给自足，供求趋于稳定并有望成为区域内氮肥出口国；此外，越南化学总公司海防磷酸二铵化肥项目，年设计生产能力为33万吨（2009年投产）；2013年5月28日，越南北部地区首家平田氮磷钾复合肥（NPK）化肥厂在宁平省安庆县庆富工业区正式动工兴建；2014年，年产量为33万吨的老街二号磷酸二铵肥厂将投产生产。越南化肥产业将逐渐实现自主生产并有能力出口。

综上所述，自20世纪以来，越南对农业进行了一系列的改革，越南农业取得了巨大的发展。首先，土地制度改革是促进越南农业发展的基础；其次，调整农业产业，重视发展外向型农业是越南农业取得快速发展的有效途径之一；再次，重视农业科技的推广与应用，增加农民收入是越南农业持续发展的有利保障。总体而言，在得天独厚的有利于农作物生长的自然环境下，在越南农业不断融入国际市场的大环境下，未来，越南农业生产前景看好。

第七章　工业

越南是一个正在从传统农业国向工业化发展的国家。工业化通常被定义为工业特别是其中的制造业，或第二产业的产值或收入在国民生产总值或国民收入中比重不断上升的过程，以及工业就业人数在总就业人数中比重不断上升的过程。工业发展是工业化的显著特征之一，但工业化并不能狭隘地仅仅理解为工业发展。因为工业化是现代化的核心内容，是传统农业社会向现代工业社会转变的过程。在这一过程中，工业发展绝不是孤立进行的，而总是与农业现代化和服务业发展相辅相成的，是以贸易的发展、市场范围的扩大和产权交易制度的完善等为依托的。因而，了解越南的工业发展的历史、现状、特点等，将很有助于对越南整个经济情况的把握。

一、发展历史

越南的工业发展历史可以分为法属殖民地以前、殖民地时期、抗法时期、北南分治时期、北南统一以后，共5个时期。

（一）法属殖民地以前（1885年以前）

从原始社会到封建社会时间漫长，越南先是一个农渔生产很落后的地区，后来逐步发展为一个以封建的农耕经济为主的国家，有一些纺织、制陶等手工业，主要是承传和学习中国的先进技术。

公元10世纪后期以前，今越南地区是中国的一部分。968年今越南地区从中国版图独立出来，最初建立了两个短暂的王朝——丁朝和前黎朝。而从经济社会发展角度看，越南真正的发展是到了第三个朝代——李朝。11世纪的李朝发展水平已大大高于周边的东南亚国家。越南纺织工业已能织出各种花色繁多、图案新颖的布、绸、绵、缎。在陶器方面能制作出白瓷瓦、琉璃砖瓦，以及涂有棕色、白玉色、象牙色的彩釉瓷器。还有炼铁、冶铜、编织、造纸、刻板印刷等工业也发展起来了。

陈朝农村出现了手工专业村，如麻雷村专门生产斗笠，被称为"麻雷笠"。首都升龙作为一个工商业中心，皇城外居民区分成61个"坊"，其中一些是繁华的手工业作坊。

阮朝逐渐有了近代工业，开办了一些官办工厂，如铸钱、造枪、造船以及为数颇多的矿山，并且于1839年试制成功蒸汽船。

不过，一直到19世纪中叶，总的来说，封建时代的越南依然未形成现代工业体系。

（二）殖民地时期

1885年越南被法国人完全占领，成为法国的殖民地，到1945年越南民主共和国成立，包括二战期间日本一度短暂占领，时间长达60年。

法国占领越南后，从第一次世界大战前后，在其占领的印度支那进行了两次大开发，重点是开采矿藏，"法国殖民者投入的资金很少，并主要是集中于开矿。1913—1939年时期，在投资于整个印度支那工业中，投资用于开矿的占了40%，在1924—1930年则占了52%"[①]。除开矿外，法属越南建立了一些纺织、造纸、火柴、制糖、酿酒、碾米、发电等工厂。越南海防和南定纱厂生产的棉纱不仅供给印支地区消费，而且在远东市场上销售。

但总的来说，该时期越南工业还是很少，尚无冶金、机器制造、化工等产业，1930—1943年，越南全国的工厂总数不超过200家，而且规模小，装备落后。工业生产约占整个工农业的10%。"1930—1943年，越南

---

① Tong cuc thong ke: *"Viet Nam: Con So va Su Kien (1945-1989)"*, trang 44, Ha Noi, Nha Xuat Ban Su that, nam 1990. [越南统计总局：《数据与事件（1945—1989）》，越文，河内：越南真理出版社，1990年版，第44页。]

有工人约9万人，其中60%是矿工"。"1930—1945年，拥有大学文化程度的员工仅数百人。在全社会劳动力人数中，工人约占5%"。[①]

表7-1　1930—1945年越南主要工业产品产量

年份	煤炭（万吨）	锌、铅（万吨）	铁、锰矿（万吨）	锑（吨）	黄金（千克）	磷酸盐（万吨）	电（百万千瓦时）	水泥（万吨）	酒（百万升）	香烟（吨）
1930	195.5	3.82	—		9	2.93	65.2	16.8	15.4	200
1935	177.5	1.16	0.22	33	266	0.9	57.8	10.7	26.8	2000
1940	250	1.53	3.31	20	134	26.3	94.8	27.8	47.2	4500
1943	102	1.29	8.2	22	2	2	99.5	12.7	—	5000
1944	53.7	0.34	2.96	50	1	0.7	82.0		—	4000
1945	23.1	0.09	0.91				78.0	0.5		1400

注：该时期1939年越南一些工业产品产量达到最高水平，如煤炭、铁和锰矿、磷酸盐、水泥分别为261.5万吨、13.82万吨、4.58万吨、30.6万吨。锑最高产量是1938年的191吨，香烟产量最高是1941年的5200吨，发电量最多是1942年的107百万千瓦时。

资料来源：Tong cuc thong ke: *"Viet Nam: Con So va Su Kien (1945-1989)"*, trang 45-46, Ha Noi, Nha Xuat Ban Su that, nam 1990.［越南统计总局：《数据与事件（1945—1989）》，越文，河内：越南真理出版社，1990年版，第45—46页。］

（三）1945—1954年抗法时期

二战后法国卷土重来，越南又开始新的抗法时期，工业发展不仅处于停滞状态，甚至遭到了很大的破坏。1954年北方获得真正独立，这段时间约为10年。

1. 北方

1945年越南民主共和国新政权迟迟得不到国际承认，只是到了1949年新中国成立，1950年后才得到中国的承认和援助，越南北方一些地区逐步发展纸、火柴、卷烟、肥皂、皮革、橡胶等轻工业，甚至还建立一些

[①] Tong cuc thong ke: *"Viet Nam: Con So va Su Kien (1945-1989)"*, trang 44-45, Ha Noi, Nha Xuat Ban Su that, nam 1990.［越南统计总局：《数据与事件（1945—1989）》，越文，河内：越南真理出版社，1990年版，第44—45页。］

兵工厂、军需厂、军药厂等。

1950—1954年，越北共生产了44.95万颗地雷、139.89万枚手榴弹、13.94万个爆破装置、1.68万颗火箭弹、280万颗长枪子弹、16.71万颗迫击炮弹。仅1954年就生产了486口SKZ枪、243口榴弹炮、2030口掷弹筒、785口火箭筒、1908口迫击炮、2355口A.T.套管。[①]

2. 南方

1954年以前，南越的工业基本上是被法国资本所垄断，工业大多是食品加工、轻纺工业等，有碾米厂27家，还有酿酒、饮料、制糖、卷烟、制茶、纺织、肥皂、橡胶制品、化工、船舶和机械修理、自行车装配等。这些行业的工厂一般规模都比较小，不少是手工操作。

（四）北南分治时期

从1954年至1975年的20年时间里，越南北部是越南民主共和国，南部是越南共和国，北方得到中国等社会主义国家的援助，南方则得到美国的援助，相互之间战争异常激烈，同时两地的经济包括工业在战争中有破坏，也有发展。这一时期大体可分为两段：1964年以前是恢复和发展阶段，1965年以后是战争破坏时期。

1. 北越

1955—1957年是越南北部医治战争创伤、恢复家园时期。1954年9月，越南劳动党中央政治局会议提出："目前必须恢复并立即建立若干生产人们生活必需品的企业和修理交通运输工具的工厂。这些工厂企业投资少、见效快，又能解决人们的生活需要。"[②]

当时越南北方百废待兴，缺少资金，主要是得到中国的巨大援助，和发展了一些公有制的工业企业。应胡志明主席和越南劳动党中央的要求，1956年4月，中国领导人陈云内部访问了越南，对越南北方工农业生产建

① Tong cuc thong ke: *"Viet Nam: Con So va Su Kien (1945-1989)"*, trang 66, Ha Noi, Nha Xuat Ban Su that, nam 1990. [越南统计总局：《数据与事件（1945—1989）》，越文，河内：越南真理出版社，1990年版，第66页。]

② [越]《越南经济（1945—1960）》，河内：越南真理出版社，1960年版，第176页。

设的重大方向性问题，提出了"先农后工，先轻后重"的重要主张，并被越南劳动党中央所采纳和实施。

在工业企业方面，中国派遣了大批工程技术人员，帮助越南恢复了海防水泥厂、鸿基煤矿、南定纱厂、河内电厂等，使越南的工业生产逐步得到恢复，安排了成千上万的失业工人，解决了部分国计民生的需要。

为了使越南的整个经济能快速地恢复和发展，中国甚至派出专家技术人员，无私地提供设备、技术甚至原材料，帮助越南兴建了一批工业项目。

1957年，越南北方恢复生产的工业企业达到了150家，生产水平超过了战前最好的1939年。

1958—1960年为越南北方的三年计划时期，中越两国政府签订了中国向越南提供援助的议定书，越南工业加快发展。从1958年至1961年，中国提供近十亿元人民币无偿援助，帮助越南兴建了18个工业项目：山西糖厂、义安糖厂、河内卷烟厂、河内针织厂、肥皂牙膏厂、海防搪瓷厂、北江陶瓷厂、文典干电池厂、海防蓄电池厂、越池造纸厂、河内文教用品厂、海防塑料制品厂、越池电解食盐厂、古定铬铁矿、橡胶制品厂、河内铸工车间、越池热电厂等。

到1960年，越南已能生产70多种轻工业产品，初步解决了人民日常生活的需要。

1961—1965年为越南的第一个五年计划经济时期。1960年召开的越南劳动党全国第三次代表大会提出了"初步实现社会主义工业化，初步建立社会主义物质和技术基础"的目标，尽管计划过于激进，但在中国等社会主义国家的援助下，这一时期越南北方工业依然在发展，年均增长率高达13.6%。

经过1955—1965年的10年努力，在中国等国的帮助下，越南北方就建立起了自己初步的工业体系，包括海防（机械、建材、综合工业）、河内（机械、纺织、综合工业）、鸿基（煤炭）、太原（钢铁）、高平（有色金属）、越池（化工、轻工）、南定（纺织）等一批工业基地，以及古定（铬铁矿）、咸龙（炼铁）、老街（磷矿、磷肥）、托巴（水电）、清化（农具、农药、锯木、碾米）、荣市（磷肥、碾米、制糖、榨油）、海阳（农

141

机、瓷器、碾米)、北江(氮肥)、塔求(造纸)、河东(农具、印染、制糖)等一批重要矿区和工业点。[①]

1965—1972年,越南战争异常激烈,美军飞机甚至对越南北方进行了大规模的轰炸,越南北方一些地区的工业影响不大,有所发展,但很多地区的工业都受到了破坏,一些厂甚至要搬进山洞里。这一时期的越南北方工业不能正常发展,1965—1970年,年均增长率仅有1%。1973年"巴黎协定"后,美军逐步停止对越南北方的军事行动,越南北方工业也慢慢得到恢复。

表7-2 1955—1974年北越主要工业产品产量

项目	1955	1960	1965	1970	1973	1974
电力(百万千瓦时)	53	256.1	634	598.2	804	1025
煤炭(万吨)	64.15	260	420	270	229.7	370
水泥(万吨)	0.85	40.8	57.3	52.0	22.9	34.9
化肥(万吨)	0.6	5.7	14.4	18.2	19.4	34.4
棉布(万米)	8.8	76	10	89.4	76	95.8
纸(吨)	800	4600	24000	14200	6000	—
烟(百万包)	3.3	73.4	134	—	220	—
木材(万立方米)	36.2	75.3	108.5	—	69.3	—
糖(万吨)	0.16	1.01	3.1		1.4	—

资料来源:郭明等:《越南经济》,南宁:广西人民出版社,1986年版,第43—46页。

2. 南越

1954年,随着法国人的离去,法国资本家也大量撤出南越,取而代之的是美国资本,南越工商人士开办了一批鱼罐头厂、干电池厂、海绵厂、锯木厂等。

从20世纪60年代至1972年,在美国的扶持下,南越的工业有了新

[①] 郭明等:《越南经济》,南宁:广西人民出版社,1986年版,第39页。

的发展。由于南越工业主要是服务于战争，严重依附美国，产品以卷烟、啤酒等消费品，以及为军事部门服务的渡船、驳船、浮桥、汽油桶、煤气罐等为主。从1973年开始，随着美军的撤出，其工业生产也逐步下降。

1975年，南越工业企业有约4000家，其中雇用100名工人以上的工厂有500家。这些工厂以加工业为主，1966年的统计数有1783家，占工厂总数的45%，如制药、电器、镀锌铁、纺织、塑料制品、渔网、电焊、车辆装配、收音机等。

表7-3　1962—1974年南越主要工业产品产量

	1962	1965	1970	1972	1973	1974
电力（百万千瓦时）	259	496	1134	1483	1627	1345
啤酒（万升）	5984	11292	14867	14318	13616	—
汽水（万升）	3808	6960	12569	11562	9794	—
白酒（万升）	761	882	884	911	949	
白糖（万吨）	6.4	6.4	11.5	22.5	18.1	
棉纱（万吨）	4496	7664	11742	9398	1042	6800
棉布（万米）	2698	5271	5801	6212	7076	7500
卷烟（吨）	4443	7650	9675	11766	9509	—
纸（吨）	6189	17150	42823	46376	44308	—
水泥（万吨）	—	18.93	28.58	24.32	26.53	29.4

资料来源：郭明等：《越南经济》，南宁：广西人民出版社，1986年版，第74页。

（五）北南统一以后

1975年越南北南统一，战争结束了，工业发展有了一个和平的环境。近半个世纪以来，越南的工业发展可以分为两段：改革开放前和改革开放后。

尽管经历了长期的战争破坏，但由于越南北方得到中国、苏联等国的援助，南方则得到美国的扶持，所以到1975年的时候，越南的工业生产已有了一定的基础，重工业有 50 万千瓦的发电、年产 700 万吨的煤炭和 14 万吨钢铁等生产能力，化工业可以生产苏打、硝酸、化肥、除虫剂等，轻纺工业有"三八"纺织厂、南定纺织厂、永富纺织厂等较大规模的纺织厂，食品工业有酿酒、啤酒、香烟、水果罐头等企业，南方的轻工、食品工业尤其发达。

但是，南北统一后，越南在南方推行极"左"的新经济政策，把大量的私有企业，尤其是大批的华人华侨企业国有化，反华排华，迫使大量的华侨华人逃往海外，或到偏远的农村去改造，技术人才逃亡，海外市场丢失，南方的工业遭到了严重的打击。

1976—1980 年，越南的工业发展缓慢，年均增长率只有 0.6%。1981—1985 年，越南对工业发展采取了一些刺激措施，这一时期实现了恢复性的增长，年均增速达到了 9.5%。[①]

1986 年越南共产党举行第六次全国代表大会，越南开始正式的改革开放。越南国家加大了对工业的投入，特别是颁布了外资法，吸引外国资本来办外资工业企业，同时也放开私营工商企业的管制，调动了各方的积极性，使越南工业开始加速发展。1986—1990 年增长率为 6.2%，1991—1995 年加速至年均 13.6%。1996—2000 年期间，虽然受到东南亚金融危机的影响，1998—1999 年发展速度有所放缓，但越南工业这 5 年年均增速仍达 13.5%。

二、发展状况与特点

（一）高速增长近 20 年后回落

从 20 世纪 90 年代至 21 世纪初，越南工业化持续扩张，生产高速增长，增长势头有增无减，2001—2005 年，越南工业生产总值年均增长达到历史纪录的 15.86%，比上一个 5 年提高了 2 个多百分点。2005 年是越南工业增长速度最高的一年，达到 17.2%。2006、2007 年的增长率依然分

---

① ［越］Vien kinh te hoc cua Vien khoa hoc xa hoi Viet Nam: *"45 Nam kinh te Viet Nam (1945–1990)"*, trang 84, Ha Noi, nha xuat ban khoa hoc xa hoi Viet Nam, nam 1990. ［越南社会科学院经济研究所：《越南经济 45 年（1945—1990）》，河内：越南社会科学出版社，1990 年版，第 84 页。］

别高达 17.0%、17.1%。

2008 年华尔街金融危机爆发，受整个大环境的影响，越南工业发展速度开始下降，当年增速下降了 2 个多百分点，为 14.6%，2009 年更是降到了一位数的 7.6%。2010 年增速为 7.0%。

2011 年，第二产业的增速仅为 5.5%，低于同年的整个经济增长速度的 5.8%。2012 年，越南第二产业增速仅为 4.25%，对 GDP 的贡献率仅为 1.89%，其中工业生产指数增长 4.8%，低于 GDP 5.03% 的增速。这是自 1991 年以来越南工业增长速度最低的一年。

为了促进经济的增长，2013 年越南继续推进工业化，工业增长呈现恢复迹象，货物库存量减少，消费指数提升。2013 年越南工业生产指数（IIP）同比增长 5.9%，增速比上年提升了 1.1 个百分点，也快于当年越南经济 5.4% 的增长速度。

表7-4 1977—2014 年越南工业增长指数

年份	增长率（%）	年份	增长率（%）	年份	增长率（%）
		1991	10.4	2011	7.0
		1992	17.1	2012	4.8
		1993	12.7	2013	5.9
		1994	13.7	2014	7.6
		1995	14.5		
		1996	14.2		
1977	10.8	1997	13.8		
1978	8.1	1998	12.5		
1979	−5.0	1999	11.6		
1980	−11.5	2000	15.7		
1981	1.0	2001	14.6		
1982	8.7	2002	14.8		
1983	13.0	2003	16.8		
1984	13.2	2004	16.6		

(续表)

年份	增长率（%）	年份	增长率（%）	年份	增长率（%）
1985	12.1	2005	17.2		
1986	6.2	2006	17.0		
1987	10.0	2007	17.1		
1988	14.3	2008	14.6		
1989	−3.3	2009	7.6		
1990	3.1	2010	7.0		

资料来源：Tong cuc thong ke: *"Viet Nam: Con So va Su Kien (1945-1989)"*, Ha Noi, Nha Xuat Ban Su that, nam 1990 ［越南统计总局：《数据与事件（1945—1989）》，越文，河内：越南真理出版社，1990 年版］；Tong cuc thong ke: *"Nian Giam Thong Ke (1990)"*, Ha Noi, Nha Xuat Ban Thong Ke, nam 1992 ［越南统计总局：《统计年鉴（1990）》，越文，河内：越南统计出版社，1992 年版］；Tong cuc thong ke: *"Nian Giam Thong Ke (2005)"*, Ha Noi, Nha Xuat Ban Thong Ke, nam 2005 ［越南统计总局：《统计年鉴（2005）》，越文，河内：越南统计出版社，2005 年版］；以及其他的越南近年出版的统计年鉴。

146

（二）工业地位提升

由于越南工业的快速发展，越南的经济结构出现了大的转变，第一产业比重下降，以工业为主的第二产业比重上升。从 1996 年至 2005 年，越南的工业生产总值增长了 4 倍，大大快于越南同期 GDP 增长的 2 倍。2005年越南第二产业占 GDP 的比重首次超过了 40%，达到 41.53%。

表 7-5　1991—2011 年越南 GDP 结构

年份	第一产业占比（%）	第二产业占比（%）	第三产业占比（%）
1991	40.5	23.8	35.7
1995	27.5	30.1	42.4
2000	24.3	36.6	39.1
2005	20.97	41.53	37.50
2010	20.58	41.64	37.78
2011	22.02	40.79	37.19

資料来源：越南历年出版的统计年鉴。

（三）结构调整

在发展过程中，越南工业的内部结构也在发生转变，包括工业产业结构和所有制结构。工业产业中加工制造业比重1995年为80.57%，2005年提升至82.8%，2010年更是上升至86.49%；同期采掘工业从1995年的13.45%下降至2000年的11.22%，2010年更是下降至8.45%。

表7-6 2000—2010年越南工业结构

年份	矿产占比（%）	加工制造业占比（%）	电、气、空调生产分配占比（%）	供排水、垃圾处理占比（%）
2000	15.8	78.7	5.5（含供水）	—
2005	11.22	82.80	5.52	0.46
2010	8.45	86.49	4.47	0.49

资料来源：越南历年出版的统计年鉴。

由于近年来越南大力引进外资来发展工业，鼓励发展民营工业企业，因而国有工业比重不断下降。

表7-7 1996—2010年越南工业成分结构

年份	国有工业占比（%）	民营工业占比（%）	外资工业占比（%）
1996	73.5	23.9	26.5
1999	61.5	21.9	38.6
2005	24.9	31.3	43.8
2010	19.1	38.9	42.0

资料来源：越南历年出版的统计年鉴。

三、主要工业产业与产品

越南独立统一后，经过60多年的发展，初步建立了自己的工业体系，包括有能源、机械、化工、建材、电子、轻纺、食品等工业。

(一) 能源工业

1. 电力

越南的电力主要包括水电与热电。2012年，越南电力集团发电总功率1175.9亿千瓦时，完成计划的99.57%，同比增长10.41%。

2012年，东南亚目前最大的水电站——山罗水电站于该年的12月23日建成投入使用，比国会规定的期限提前了3年。

2. 油气工业

近年，越南油气开采发展迅速。2000年以来，越南矿业产值占国内生产总值的10%—11%。矿业对越南国民经济的贡献率位居全国各行业前八，仅石油天然气每年上缴的利税就占全国财政收入的25%。

越南的油气开采很大一部分来自有争议的南海地区。据越南通讯社报道，2012年，越南国家油气集团总营业额达773.7万亿越盾，上缴国家财政187万亿越盾，创下了新的纳税纪录。

3. 煤炭的生产与供应

越南发现有多种煤炭，主要是热值高、含硫低的无烟煤，集中于越南东北部的广宁省，一般是位于地下1000米深处，储量约35亿吨。谅山省煤的储量为1亿吨。越南北部平原地区有360亿吨储量的褐煤，还有一些泥煤，主要集中在湄公河三角洲。

越南的煤炭业已有100多年的历史。经过筛选的煤产量最高年份达到650万吨，土石方挖掘量达3000万立方。越南70%—80%的煤是露天开采，机械化程度比较高。2011年是越南煤炭产量最高的一年，达到4582万吨。

越南煤炭矿产工业集团是越南煤炭的主要生产销售企业。2012年主营产品原煤4406万吨，相当于2011年的91%；无烟煤3960万吨，相当于2011年的89%。全年共销售煤炭3938万吨，相当于2011年的88%。其中出口1438万吨，相当于2011年的85%；国内销售2500万吨，相当于2011年的90%。2013年越南全国生产成品煤4119万吨。越南煤炭矿产工业集团生产成品煤约3950万吨，销售3900万吨煤炭，大致与上年持平。其中，出口1160万吨，国内销售2740万吨。[①]

此外，越南也在筹划发展各种新能源，如风能、太阳能、核能等。

（二）重化工业

1. 钢铁业

越南的钢铁业在不断发展，但生产工艺落后，在相当长的时期内，越南钢铁产业仍将处于贸易逆差的地位。越南钢铁出口还处在起步阶段，但发展迅猛，出口的钢材主要是建筑用钢。

2011年，越南钢铁产量为988万吨，其中粗钢铁235万吨，钢材753万吨。

2013年，越南全国钢铁厂生产功率达到1138万吨，有400多家钢铁企业，其中生产建筑钢材的企业有120家。钢坯产量272.5万吨，同比下降10.9%；轧钢289.5万吨，增长25.5%；钢筋、角钢327.3万吨，增长1.9%。

2. 汽车工业

经过近20年的发展，越南的汽车产业取得了一定的成绩。根据越南工商部的评定估算，越南的汽车业已经有了许多不同经济成分企业部门积极广泛的参与。2010年，越南装配各种汽车11.23万辆。到2012年，全国已经有56个汽车装配企业，其中18家外资企业和38家国内企业。

越南汽车配套工业正初步形成，但其能力还有限。迄今为止只有210家企业参与到这个行业并且主要也只是生产简单的配件，工业技术水平低，企业之间缺乏对接，并且没有形成系统的原料供应商业。国产化比例还较低，乘用车平均约占7%—10%，轻型卡车占35%—40%。生产汽车所用的成本比同地域的其他国家高了约20%。

3. 化肥

随着新的化肥生产企业不断投产，越南化肥生产能力不断增强，逐步

---

① 越南经济时报2014年1月4日报道。

从一个化肥进口国转变为化肥出口国。目前越南全国化肥生产企业有 500家，总产量约 800 万吨，满足全国需求量的 80%。其中，尿素、复合肥（NPK）和磷肥的产量基本满足国内需求。越南较大的化肥生产企业包括：越南油气集团下属的金瓯氮肥厂，年生产能力 80 万吨；越南化工集团下属的宁平化肥厂，年生产能力 56 万吨。越南化肥厂尿素年生产能力已达236 万吨，而据测算越南对尿素的需求量约为 200 万吨。越南化肥生产的一些产品已供过于求。

2011 年，越南化肥产量共为 629 万吨，其中一般化肥 239.6 万吨，复合肥（NPK）289.5 万吨。

（三）建材工业

越南的建材产业包括有砖、瓦、石料、石灰、玻璃、陶瓷、水泥等。其中，以水泥生产最为重要。

越南的水泥生产原料丰富，改革开放以来兴建了一大批水泥厂。2005年越南水产量为 3080 万吨，2010 年增加至 5580 万吨，2011 年更是达到了 5899 万吨。

（四）电子机械

越南劳动力成本较低，在电子产品组装方面具有优势，一些知名国际品牌的电子产品在越南有生产基地。电子产品更新换代快，使用人群不断扩大。2012 年越南全国有机械设备及零部件生产企业约 3100 家，其中，国内企业资产总额约 3.6 亿—3.8 亿美元，外资企业资产总额约 20 亿美元，约一半的企业集中于汽车、摩托车组装及其他消费品生产。越南机械工业整体实力较弱，生产水平比本地区其他国家落后 2—3 代，且企业各自为战，横向合作水平较低。国家缺乏配套措施是影响机械工业发展的重要原因。

电子机械产品种类很多。2012 年，越南以内销为主的电子机械产品情况为：电动发动机 9400 千瓦，同比下降 9.8%；柴油机 5510 台，同比下降 9%；变压器 1.02 万台，同比下降 20.2%；空调 11.51 万台，同比下降

150

9%；冰箱、冰柜 159.19 万台，同比增长 15.6%；洗衣机 89.21 万台，同比增长 24%；电视机 245.07 万台，同比下降 9.9%；摩托车 422.66 万台，同比下降 3.7%。

近年，越南电子产品出口突飞猛进。2012 年越南计算机、电子产品及其零件产品出口 78.82 亿美元，同比增长 69.1%；电话及其零配件出口 126.44 亿美元，同比增长 97.7%；摄像机、录像机及其零配件出口 17.36 亿美元，同比增长 147.2%；机械、设备、器械及其零配件出口额 55.41 亿美元，同比增长 26.9%。

（五）轻纺工业

1. 纺织业

纺织业是劳动密集型产业。近年，越南纺织业在困难中平稳发展，面临原材料和劳动力涨价的双重压力，加上内需不振，越南的纺织业确实面临诸多困难，但 2012 年保持了 8.5% 的增速和越南第一大出口产品的地位。

越南纺织业（纺织原材料、鞋类除外）2012 年出口额 172 亿美元，连续四年保持了第一大出口产品的位置。越南纺织品国内市场比国外市场黯淡。为了提高销售额，纺织企业和销售商使出了各种招数吸引客户：拓宽销售渠道，增开专柜和专卖店，采取多种形式促销等，但仍然无力扭转销售收缩、库存高、购买力不高的局面，国内市场销售额增长比往年减缓，但总体保持了增长态势，即使是 2007 年以来增长最慢的一年。

2. 制鞋与手袋

越南的制鞋及手袋制造业在快速发展，虽然传统出口市场萎缩，但新开拓的出口市场销量大增，整体出口市场总体乐观，国内市场需求疲软，内资企业面临寒冬，外企所占市场份额扩大。2012 年，越南的鞋类出口额 85 亿美元，从第三大出口产品跌到第五位。越南制鞋企业中，外资企业占数量的 1/4 强，但出口贸易额却占了该行业将近 80% 的份额。外资企业在订单方面具有更多优势。

越南内资的鞋类、手提袋生产企业在订单和出口额方面都落后于外资企业，但越南制鞋业的原材料本地化比例不断提高，制鞋业原材料本地化高却使大批上游企业受益。一些跨国公司原来在中国企业使用的高新技术现在也应用于越南企业。

尽管近年来不少制鞋企业转往越南，但越南制鞋企业的工艺和款式总体上仍然比不上中国企业，相比竞争力还有差距。

（六）食品饮料产业

1. 香烟

近年，越南香烟产量增长缓慢，不仅受到经济发展大背景不利因素的影响，随着人们对吸烟危害性宣传的加强，吸烟有害健康观念不断深入人心，香烟制造业的增长减速甚至负增长都是正常的现象。2012年，越南香烟产量为55.05亿包，同比增长0.5%。

2. 啤酒饮料

在越南，朋友聚会、喜庆场合都离不开啤酒，因此，啤酒制造业成为一个重要产业。2012年，越南啤酒产量为28.23亿升，同比增长6.7%。其中，河内啤酒和西贡啤酒是越南啤酒的两大品牌，全年产量分别为4.82亿升和12.44亿升，同比分别增长8.0%和5.5%。

（七）其他产业

造纸业是越南的重要工业产业之一。越南国内纸制品消费能力较低，人年均消费量约30千克。

2012年，越南造纸业产量约为185.36万吨，同比增长1.0%。虽然产量有一定增长，但造纸企业的经营状况不佳，库存同比增高，销售不畅，一些企业不得不减产或停产。此外，越南造纸行业的劳动生产率不高，外国纸业对其造成较大的竞争态势。

（八）主要工业产品

表7-8　越南主要的工业产品产量

	1976	1980	1990	2000	2010	2012
电（百万千瓦时）	3064	3627		26500	91722	
煤炭（百万吨）	5.7	5.2		850	4483.5	
原油（万吨）				1650	1501	
钢铁（百万吨）	6.58	6.36		155	10.34	
化肥（万吨）	43.48	36.03		214		629
水泥（万吨）	74.36	63.29		648	5580	
纸（万吨）	7.5	4.85				185.36
糖（万吨）	7.28	16.69				
啤酒（百万升）	28.4	60.6				2823
服装（百万件）	21.6	15.6				
汽车装配（万辆）				1.5	11.23	
移动电话（万部）					3749	

资料来源：Tong cuc thong ke: "Viet Nam: Con So va Su Kien (1945-1989)", trang 156-157, Ha Noi, Nha Xuat Ban Su that, nam 1990. [越南统计总局：《数据与事件（1945—1989）》，越文，河内：越南真理出版社，1990年版，第156—157页。]

四、工业布局与工业区

越南的工业布局与其采取的工业化战略关系密切。吸引外资，大力开办工业园区是越南推进工业化的重要路径。

（一）主要工业集中地

由于交通、传统及消费市场等因素，越南的工业主要集中在南部东区与红河三角洲。2010年越南工业产值为2963.5万亿越盾，其中南部东区与红河三角洲地区的工业产值就达到2193万亿越盾，占越南全国工业总产值的74%。据统计，2012年越南企业500强主要集中在河内和胡志明

153

市，其中，河内市企业占 46.5%，胡志明市企业占 27.7%。工业发展最薄弱的是西原地区，2010 年工业产值仅为 22.7 万亿越盾，占全国工业总产值的比重不到 1%。

表7-9　越南各区域2005、2010年工业产值

区域	2005 年产值（万亿越盾）	2010 年产值（万亿越盾）
越南全国	998.5	2963.5
南部东区	550	1483
红河三角洲	214	710
湄公河三角洲	87.5	297.8
中部北区	69.2	277
北部中游山区	24.5	85.6
西原	7.2	22.7

资料来源：Tong cuc thong ke: *"Nian Giam Thong Ke (2011)"*, Ha Noi, Nha Xuat Ban Thong Ke, nam 2012［越南统计总局：《统计年鉴（2011）》，越文，河内：越南统计出版社，2012年版。］

越南工业发展比较快的也主要是集中在南部东区与红河三角洲地区，尤其是南部东区胡志明市以及同奈、巴地—头顿、平阳省是越南工业产值最高的4个省市。而分别排在第5、7、8、9、10位的河内、广宁、海防、北宁、永福五省市则位于红河三角洲地区。多年来，海防一直是越南的重要工业城市，经过新的工业化洗礼，现在排在了第8位。芹苴、岘港分别是湄公河三角洲、中部的直辖市，未能进入越南工业产值最高的前十名，其2010年的工业产值仅分别为58.8万亿越盾和23.9万亿越盾。

表7-10　越南2010年工业产值最高的10个省市

排序	省市	2010 年工业产值（万亿越盾）
1	胡志明市	596.2
2	同奈	314
3	巴地—头顿	281.5
4	平阳	258

（续表）

排序	省市	2010年工业产值（万亿越盾）
5	河内	239.2
6	广义	98.5
7	广宁	80.3
8	海防	76.5
9	北宁	76.1
10	永福	74.7

资料来源：Tong cuc thong ke: *"Nian Giam Thong Ke (2011)"*, Ha Noi, Nha Xuat Ban Thong Ke, nam 2012. ［越南统计总局：《统计年鉴（2011）》，越文，河内：越南统计出版社，2012年版。］

出现上述情况的主要原因是改革开放后，外国投资主要集中在越南的南部东区与红河三角洲地区，尤其是胡志明市和河内市的周边地区，这里的交通条件好，人才也比较多。

（二）工业区建设

到2007年9月初，越南共建设工业区148个，规划总面积32120公顷，可出租工业用地2122公顷，出租率55%，已有90个工业区投入运营，58个工业区正在进行基础设施建设。越南各工业区吸收外国直接投资242亿美元。其中，巴地—头顿省、平阳省、同奈省和胡志明市居全国工业区吸收外资前四位，共吸收外资项目213个，协议投资额25.7亿美元。

2012年越南工业区单位面积产值约200万美元/公顷；出口值为127万美元/公顷；上缴财税13.8亿越盾/公顷。每年的工业生产和出口增幅均高于全国平均水平。截至2011年底，越南工业区—出口加工区共创造就业岗位170万个，每公顷工业用地使用77个劳动力。

越南南方重点经济区是越南工业园区最集中的地区，共有90余个工业区和出口加工区，已吸收国内投资项目1700多个、外商投资项目2300多个，园区企业入驻率为55%，比全国平均入驻率高5个百分点，创造直接就业机会100多万个、间接就业机会130万个。在吸收外资方面，截至

2011年底，全区吸收外资有效项目7940个，合同总额近950亿美元，分别占全国外资项目和合同总额的61.5%和47.6%。

到2015年，越南计划新建工业区113个，规划总面积29257公顷；扩建工业区27个，扩建面积6000公顷。

五、挑战与前瞻

越南的工业发展已面临一个瓶颈，问题的原因很多，由于长期战争遗留的影响，缺乏足够的资金投入，也缺少科学人才与技术的支撑，因而越南的工业基础薄弱，没有大的跨国工业企业，也没有世界知名的工业品牌，因而越南工业在国际上竞争力比较弱。竞争力与本区域的泰国、印尼等国相比，还有较大的差距。

（一）存在问题

1. 基础薄弱

越南20世纪70年代中期以后，尤其是改革开放以来一直都在推进工业化建设，并取得了比较大的进展，特别是在加工制造业方面。在国民生产总值中，第二产业已占到40%以上。同时，越南的工业发展也仍然还有很多问题需要解决。由于长期战争遗留的影响，缺乏足够的资金投入，也缺少科学人才与技术的支撑，因而越南的工业基础薄弱，至今没有形成门类齐全的工业体系，没有大的跨国工业企业，也没有世界知名的工业品牌，因而越南工业在国际上竞争力比较弱。

越南工业发展的过程中遇到很多瓶颈无法一时克服，这和本身工业基础薄弱很有关系。机械加工能力还很低劣落后，有一定规模机械厂的数量少得可怜，大部分是私人老板开设的小作坊，加工技术能力低。很多机械厂的主要功能还是修理和简单零件替代，机械生产的原材料都是靠进口。很多行业如食品机械、医具、汽车、火车机车车厢（行驶在越南铁路网上的各类车厢近6000辆在带病运行，好在越南火车在一米轨上行驶，速度很慢）、矿山机械，以及新发展起来的行业，机械加工只能满足修修补补。这些行业的大部分机械设备都要进口，主要原因是机械加工得不到社会的重视，机械加工工人工资低，原材料都靠进口，产品成本过高。

2. 国企改革缓慢

据越南财政部统计，截至2012年4月全国已完成5856家国企全部或部分改革，其中3951家实现股份化，占拟进行股份化企业总数的67.4%。在现有国企中，20%为小企业（资金总额不足100万美元），32%为中等规模企业（资金总额不足500万美元），48%为大型企业（资金总额超过500万美元）。

改革缓慢的障碍主要有：首先是，相关法律法规不健全。大部分国企运营状况不透明，尚无独立的组织或机构对国企进行监管。其次是，利益集团消极应对。部分大企业、经济集团的领导层是利益既得者。一旦企业进行重组，将增加新的投资者，同时减少国家投入，这些人的利益将受到影响，从而消极应对甚至阻碍改革进程。再次是，国企负债累累。据越南国家银行公布的数据，国企贷款总余额达415万亿越盾（约合202亿美元），其中12家大型经济集团和总公司占52.7%。2012年越南国有企业亏损总额达到22.53万亿越盾，其中的10个国有集团、总公司累计亏损额达17.73万亿越盾；国有集团、总公司的母公司共持有外国债务158万亿越盾，占总债务的21.5%，同比增长11%。外债欠债三巨头为越南电力集团、越南航空总公司、越南高速公路发展总公司。

3. 配套工业跟不上是主要的发展瓶颈

改革开放以来，越南通过引进外资，大大促进了加工业的发展。但是，要真正成为一个工业化程度高的国家，还面临许多困难，尤其是配套工业跟不上，这已经成为越南工业发展的瓶颈。对此，越南的有关部门以及国内外的学者纷纷发表许多意见，甚至视之为"对外依附的危机"。

改革开放前，越南是一个农业占很大比重、工业很落后的国家。20世纪80年代下半叶，越南扩大对外开放，吸引了大量的外商进入越南投资办厂。越南科学技术联合会主办的越南土地网2015年5月23日发表题为《越南对外依附的危机警报》文章说，根据越南计划投资部外商投资局的统计，目前，在总共超过18000个仍然有效的外国直接投资项目中，有9800个是加工工业领域的投资项目，这些项目的总注册投资资本达到1438亿美元，占全国外资投资项目总注册投资资本的56%。

随着大量外资的引进，在促进越南工业化的同时，越南工业中外资企业占的比例也越来越大。据统计，改革开放初期，在越南的工业结构中，国有企业占73.5%，民营企业占23.9%，外资企业仅占26.5%，到2010年三者的比例发生了很大的变化，国有企业占的比例仅剩19.1%，民营企业占比达到了38.9%，外资企业占了大头，达到42.0%。

越南《民智报》引自外商投资局的信息说，上述投资结构的方向是正确的，并对越南工业部门的发展是有积极促进作用的，是符合越南的工业化、现代化战略的。不过，吸引外资是否有好的效益？经济能否引进技术和资金？这在很大程度上取决于国内配套工业的发展。因此，配套工业将有助于国内经济附加值的提升。如果做不了这一点，那尽管有很多外国投资，越南获得的增加值是有限的。

"如果不发展国内的配套工业，那对外很大程度的依赖是不可避免的，与此相对应的结果是竞争力的薄弱，并很难使经济得到稳定和持久的发展。"这是越南外国投资局发出的警告。

越南的经济学者认为，发展配套工业并不意味着只是进口组装、加工的原材料，不仅为外国直接投资企业提供装配的原材料，而且是参与了世界生产经营的价值链。这是发展配套工业最关键的问题。越南发展配套工业要面向国内的支柱工业产业、主要吸引外国直接投资的产业，以及对配套工业产品需求量大的产业。此外，配套工业的发展一定要关心并使国内企业得到发展，特别是中小型企业。因为中小型企业得到大力发展了，它不但给国家创造了大的发展动力，创造很多的就业机会，而且参与形成高附加值的链条，为高附加值链条的支柱工业产品生产服务。

越南原材料和零配件供应国产化比例较低。据日本贸易振兴机构（JETRO）提供的资料，2012年越南生产的工业产品使用国内零部件和原材料的价值占其工业产品价值的比重仅为27.8%，2013年增至32.3%，但仍远低于区域内其他国家，如印尼为43%，泰国为53%，中国为61%。因此，越南产品的附加值在工业产品中为15%—30%，包括服装和鞋类等大量出口的产品。

越南提出 2010—2020 年汽车工业本地化的目标为 60%，但目前仅达到 7%—8%。纺织工业 2015 年国产化预定的目标比例为 60%，但目前仍需进口 99% 的棉花、60% 的纺纱和 70% 的布料。

纺织业是越南的支柱性产业，但服装和纺织品产业所需的原料严重依赖进口。《越南经济时报》报道称，2014 年上半年，越南纺织业出口额为 104 亿美元，但原辅料进口额达 77 亿美元。越南纺纱业从原料供应到产品销售都面临挑战和困难。越南年产各种纱线约 100 万吨，但国内棉花产量极低，只能满足其国内生产需求的 1%，几乎完全依赖进口，而产品约七成出口，三成在国内销售。越南服装出口加工业每年需要各种面料 68 亿米，国内产量仅 8 亿米，且以普通面料为主，绝大部分中高档面料仍依赖进口，其中主要来源是中国。

越南的塑料行业也面临类似情况。2013 年，越南进口塑料原辅料 60 亿美元，2014 年上半年进口 30 亿美元。此外，电脑产品的配套工业较薄弱，Intel 产品的国产化比例仅为 10%。

对于配套工业跟不上的问题，越南方面主要从民族主义的角度认为是过于依赖外部，不利于本国经济的安全和发展。其实，这主要是影响了该国工业的可持续发展。据专家分析，很重要的原因是越南至今没有形成门类齐全的工业体系，尤其是配套工业跟不上。如机械加工业落后，很多机械厂的主要功能还是修理和简单零件替代，机械生产的原材料都是靠进口。造成这么一种状况主要是因为机械加工得不到社会的重视，机械加工工人工资低，原材料都靠进口，产品成本过高。《西贡经济时报》报道，越南不少配套工业企业称，因缺乏政策支持，企业发展面临不少困难。

（二）发展前景

对于发展中国家来说，缩短工业化现代化进程，包含以下两个方面内容：一是在一段较长的时间内始终保持比先进国家更高的增长速度，以缩短这些国家与发达国家的差距，即"缩短步骤"；二是跃过传统的自然发展模式，即建设一个与实际物质能力相比发展质量更高的经济体系。越南把前者称为"努力增速以赶超"，把后者称为"选择'非传统'的工业化模式快速实现现代化"。

159

越南确定到2020年实现工业化的目标。越共1996年召开的八大已将"工业化现代化"这一概念规范化。到了2001年召开的越共九大，这一概念得到补充，并进一步强调实现"工业化现代化"，"缩短发展时间"，"既要循序渐进，又要有所突破"。2006年4月召开的越共十大确定2020年实现工业现代化的目标。2011年1月12日上午，越南共产党第十一次全国代表大会在河内国家会议中心开幕。越共中央总书记农德孟在大会上做报告时强调，在新时期，越共要全面推进革新开放事业，为到2020年把越南基本建设成为现代工业化国家奠定基础。届时，工业、服务业占GDP的比重为85%，其中工业产值占GDP的比重为41%—42%，高科技产业产值约占GDP的45%，制造业产值占工业产值的40%，工业增加值年均增长7.8%—8%。

越南工贸部2014年7月7日在河内举行视频会议，正式公布政府总理关于至2025年、展望2035年越南工业产业发展战略的879/QD-TTg号决定和关于越南工业产业发展总体规划的880/QD-TTg号决定。越南工业产业的发展目标为从2020年至2030年工业生产年均增长率为12%。工业和建筑业占GDP的比重到2030年提升至43%—45%。

根据越南工贸部公布的《到2025年展望2035年越南工业发展总体规划》，越南将集中发展加工制造业，包括：机械冶金、化工、电子、信息技术、服装纺织、皮革、农林水产、食品、建材、煤炭、石油、矿产开采等产业以满足国内消费和出口需求，同时提高在世界市场上的竞争力。此外，优先发展辅助工业以积极参与全球生产链。

在十大产业中，越南将优先发展加工制造业、电子通信业、新能源和再生能源等三大工业领域。规划特别强调要发展机械—冶金、电子—信息、纺织—皮革等领域的配套产业。配套产业拟重点分布在河内、永福、北宁、兴安、海防、同奈、巴地—头顿、平阳、西宁和岘港等省市的工业区。[①]

从中国长三角、珠三角发展的经验看，高水平的工业化需要形成产业集群，不能孤军发展，要有雄厚的配套工业，而在这一方面，越南预计还有很长的路要走。

---

① 越南《海关报》2014年7月8日报道。

第八章　旅游业

一、越南的旅游资源

　　旅游资源是一个国家或地区旅游业赖以生存和发展的基本条件。越南的自然地理条件优越，历史悠久，文化多样，是一个自然旅游资源和人文旅游资源都极其丰富的国家。

（一）自然旅游资源

1.地貌景观

　　越南是一个地貌景观资源丰富的国家。越南国家地形复杂，是一个多山的国家，全国3/4的国土面积是山地和丘陵，形成了越南众多的国家森林公园、地质公园和著名的山地风景名胜区。越南山区根据不同的特点，可分为北部山区和中部长山地区两大部分，而自西向东的红河又将北部山区分割为红河以北山区及红河以南山区。由石灰岩构成的"喀斯特"地貌是越南红河以北山区山地旅游资源的突出特点，最著名的有世界地质地貌遗产、被誉为"海上桂林"的下龙湾以及世界地质公园——河江省同文高原岩石地质公园。红河以南山区是越南乃至整个中南半岛地势最高的地区，被称为"越南的屋脊"，其主要的特点是由花岗岩等坚硬的岩石构成的险峻山峰。越南最高峰——海拔高3142米的黄连山山脉的主峰番西邦峰就位于此区域，黄连山连同山下的沙巴小镇也成为越南最著名的避暑胜地。越南中部的长山山脉整个呈"弓"形，最北从越南清化省地区向东南方向纵贯越南整个中部地区，然后再向南及西南方向延伸至越南的西原地区，全长约 1200 千米。长山山脉形成了越南和老挝的天然国界线，向东面向南中国海，又是越南南北气流交融的结合部，形成了独特的高原地貌景观，最为著名的有岘港市附近的云海关以及西原地区的大叻避暑胜地。

2. 水体景观

越南河流众多，海岸线狭长，是一个水体景观资源丰富的国家。越南全国长 10 千米以上的大小河流有 2800 多条，最大的河流有红河、湄公河。越南北方的河流主要发源于中国境内的高原，流程较长，河流上游流经的区域主要是山区，水流落差较高，不太适合航运，在大河道上进行旅游开发也相对困难；越南中部的河流流程较短，由长山山脉直接向东注入大海；越南南方主要是平原，地势平坦，河流的河道宽、水流缓，水道交通便利，适合借助河流开发观光体验旅游。现在越南也开发了许多河道旅游观光线路：北方的河道观光线路最著名的为乘船经燕溪前往香迹寺庙会，中部有顺化的香江以及广平省的沿沙河乘船游览峰牙洞，南方则有多条乘船游览湄公河风光的线路。另外，越南国内湖泊星罗密布，形成了众多湖泊观光胜地，如河内的还剑湖、西湖、竹帛湖，西北山区的三海湖、西原地区大叻市的春香湖及多乐省的乐湖等。越南有 3260 多千米的海岸线，沿着海岸线形成了众多美丽的海湾、海滩、海岛等海洋景观，如下龙湾、芽庄湾、巴地—头顿、富国岛、昆仑岛等等。

3. 气候及生物资源景观

越南全国地处热带，动植物资源丰富，又由于国土地形狭长，形成南北气候差异大，是一个气候、生物景观资源丰富的国家。越南同时受大陆、海洋季风的影响，各地的温度和雨量差别较大。越南北方四季分明，南方则只有旱季和雨季之分。由于地处热带，森林资源丰富，越南不乏珍贵的动植物资源，海洋生物也相当丰富，造就了越南众多的国家森林公园和生物保护区，成为越南自然旅游资源的重要组成部分。

（二）人文旅游资源

越南的历史悠久，国内民族众多，历史上受东西方文化影响巨大，造就了越南丰富而独特的人文旅游资源。为数众多的考古材料表明，远在旧石器时代，越南北部的红河三角洲地区就已有了原始人类的活动。越南北部的东山文化遗址、和平文化遗址、北山文化遗址都是越南古人类活动的印证。公元前214年秦朝设立象郡以前，今越南地区民间有诸多的神话传说，成为越南塑造人文旅游资源的素材。越南有文字记载的信史从中国秦朝平定岭南，在古代越南北方地区设立象郡开始，至今已有2200多年。公元前214年至公元968年，越南北方地区为中国直接统治，是中国的郡县，这段时期被称为越南的"郡县时期"（或称"北属时期"），在此期间中国文化在越南传播并与越南北方当地文化相融合，形成了越南北方主体文化的基础和特色。公元968年，古代越南北方地区建立了独立自主的封建国家，进入了900多年的封建王朝时期，先后经历了丁朝、前黎朝、李朝、陈朝、胡朝、后黎朝（含莫朝、南北纷争时期）、西山朝、阮朝等封建王朝，留下了大量的古代建筑、陵墓、文学作品、历史古籍等人文资源；近代越南经历了近百年的抗法、抗美以及统一南北的战争，西方文化与越南本土文化融合，大批的法式建筑、革命活动遗址得以保留。

越南54个民族各有不同的文化传统和民族特色，北方、中部和南部各具特色的民俗、节庆活动、宗教信仰、饮食文化、建筑文化、民间艺术等，共同构成了越南独特的人文旅游资源。

（三）主要旅游资源简介

由于篇幅的限制，越南的旅游资源无法在本章节中尽数列举，只能选取越南国内具有国际影响力的世界遗产及越南国家级旅游规划中将计划重点发展的旅游景区、景点做简单说明。

1. 越南的世界遗产

世界遗产是指被联合国教科文组织和世界遗产委员会确认的人类罕见的、目前无法替代的财富，是全人类公认的具有突出意义和普遍价值的文

163

物古迹及自然景观。被评为世界遗产的地方，便能得到世界的关注与保护，成为世界级的名胜，因此世界遗产在各国的旅游资源开发中备受重视。截至2013年底，越南共有18项自然及文化遗产获得世界教科文组织认定为世界遗产。越南的世界遗产名录具体如下表：

表8-1　越南世界遗产名录

项目	名称	说明	获评年份
世界自然遗产	下龙湾	地貌景观，位于广宁省	1994，2000
	峰牙—己榜国家公园	地貌景观，位于广平省	2003
世界文化遗产	顺化古建筑群	古建筑遗迹，位于顺化市	1993
	会安古镇	古建筑遗迹，位于广南省	1999
	美山圣地	古建筑遗迹，位于广南省	1999
	升龙皇城中心遗址	古建筑遗迹，位于河内市	2010
	胡朝古城	古建筑遗迹，位于清化省	2011
世界非物质文化遗产	顺化宫廷雅乐	音乐艺术，主要盛行于顺化市	2003
	西原铜钲文化	音乐艺术，主要盛行于西原5省	2005
	北宁官贺民歌	音乐艺术，流行于越南北方	2009
	筹歌艺术	音乐艺术，流行于越南全国	2009
	容会（扶董庙会）	庙会祭祀活动，活动中心位于河内市朔山县扶灵乡扶董祠，每年农历正月初六至初八举办	2010
	宣歌艺术	音乐艺术，流行中心在富寿省	2011
	雄王祭祀信仰	庙会祭祀活动，活动中心位于富寿省越池市義岗乡义岭山雄王祠，每年农历三月初十开始举办	2012
	南方才子弹唱艺术	音乐艺术，流行于南方农村	2013
世界历史材料遗产	阮朝雕版（印刷术）	共计34618块阮朝时期的木质印刷雕版，现保存于林同省大叻市国家第四档案中心	2009
	河内进士碑	共计82块载有1442—1779年间（后黎朝及莫朝）进士名录的石碑，现保存于河内市文庙内	2010
	永严寺佛经雕版	34部，共计3000块自陈朝以来用汉、喃文字雕刻的双面木质佛经雕版，存于北江省安勇县置安乡永严寺	2012

资料来源：越南文化遗产局网站整理，http://dch.gov.vn/。

另外，越南还有得到教科文组织公认的 1 个世界地质公园及 8 个世界生物圈保护区：河江省同文岩石高原地质公园；芹惹生物圈保护区、同奈生物圈保护区、吉婆岛生物圈保护区、红河流域生物圈保护区、坚江沿海及海岛生物圈保护区、义安西部生物圈保护区、金瓯角生物圈保护区、古劳占生物圈保护区。

2. 越南特别国家名胜古迹

越南特别国家名胜古迹是由越南政府根据文化、体育与旅游部评选的国家级名胜古迹基础上筛选出的对越南国家最具代表性的历史、文化、艺术、风景等名胜古迹，可以说这些特别名胜古迹代表了越南旅游资源的最高水准。从 2009 年至 2013 年，越南政府共经过了 4 次评选，共评选出了48 项国家特别名胜古迹，具体名录如下表：

表8-2 越南特别国家名胜古迹名录

名称	类型	所属省市
升龙皇城中心区	历史和考古遗迹	河内
胡志明主席府纪念区	历史遗迹	河内
古螺城	历史、建筑和考古遗迹	河内市东英县
文庙—国子监	历史和建筑遗迹	河内
西腾亭	建筑遗迹	河内市巴维县
二征夫人祠	历史遗迹	河内市麋冷县（原属永福省）
喝门祠	历史遗迹	河内市富寿县
玉山祠和还剑湖区域	历史和建筑遗迹	河内市还剑郡
扶董祠	历史和建筑遗迹	河内市嘉林县
下龙湾	风景名胜	广宁省
安子（山）	历史遗迹和风景名胜	广宁省
白藤江战役地	历史遗迹	广宁省
东潮陈朝古迹区	历史遗迹	广宁省东潮县

（续表）

名称	类型	所属省市
吉婆群岛	风景名胜	海防市吉婆县
笔塔寺	历史和建筑遗迹	北宁省顺城县
柔寺（或名延应寺、法云寺）	历史遗迹	北宁省顺城县
昆山—劫泊	历史和建筑艺术古迹	海阳省
告寺（神光寺）	建筑遗迹	太平省
陈祠和普明寺	历史和建筑遗迹	南定省
长安—三谷—碧峒	风景名胜	宁平省
华闾古都	历史和建筑艺术古迹	宁平省
定化安全区	革命历史遗迹	太原省定和县
安世起义发源地	历史遗迹	北江省
雄王祠	历史古迹	富寿省
北坡	历史遗迹	高平省
陈兴道（即陈国俊）林园	历史遗迹	高平省原平县
南部中央革命根据地	革命历史遗迹	西宁省
新潮	历史遗迹	宣光省
巴比湖	风景名胜	北件省
奠边府战场	历史遗迹	奠边省
胡朝古城	历史、建筑和考古遗迹	清化省
篮京（蓝山起义）	历史和建筑遗迹	清化省
峰牙—己榜国家公园	历史遗迹和风景名胜	广平省
独立营	历史和建筑艺术	岘港市
顺化古城建筑群	历史和建筑遗迹	承天—顺化省
会安古镇	建筑艺术遗址	广南省
美山圣地	建筑艺术遗址	广南省
金莲胡志明纪念区	历史遗迹	义安省
广治古城和1972年"81事件"纪念区	历史遗迹	广治省海凌县和肇丰县
边海河贤良桥两岸遗址	历史遗迹	广治省永灵县、由灵县

（续表）

名称	类型	所属省市
昆仑岛监狱	历史遗迹	巴地—头顿省
美和兴孙德胜纪念区	历史遗迹	安江省
章善战役胜利纪念区	历史遗迹	后江省渭清市和隆美县
大诗豪阮攸故地	历史遗迹	河静省宜春县
渥姚—巴栖文化	考古和建筑遗迹	安江省话山县、昏德县
俄塔	历史和考古遗迹	同塔省塔梅县
吉仙国家公园	风景名胜	林同省、同奈省、平福省
长山胡志明小道	历史遗迹	义安、河静、广平、广治、承天—顺化、广南、昆嵩、嘉莱、多乐、多农、平福等11省

资料来源：2009—2013年越南政府关于设立国家特别名胜古迹的决定。

3. 越南国家公园

越南自1966年开始规划和建设以保护自然景观和生物资源为主的国家公园，现在越南全国共计有30个国家公园，总面积约达10350平方千米。这些国家公园在注重保护自然环境的同时，也成为越南发展生态旅游的主要自然旅游资源。具体名录如下表：

表8-3　越南国家公园名录

所在区域	名称	所属省市
红河中游北部地区	三岛山国家公园	永福、太原、宣光
	巴比湖国家公园	北件
	黄连山国家公园	莱州、老街
	拜子龙国家公园	广宁
	春山国家公园	富寿
红河平原和东北部沿海地区	菊方国家公园	宁平、清化、和平
	吉婆岛国家公园	海防
	巴维山国家公园	河内
	春水国家公园	南定

167

（续表）

所在区域	名称	所属省市
北中部地区	白马国家公园	承天—顺化
	边恩国家公园	清化
	布麻国家公园	义安
	峰牙—己榜国家公园	广平
	武光国家公园	河静
南中部沿海地区	琢山国家公园	宁顺
	福平国家公园	宁顺
西原地区	约敦国家公园	多乐
	诸莫蕊国家公园	昆嵩
	诸杨新	多乐
	昆噶京国家公园	嘉莱
	Bidoup 婆山国家公园	林同
东南部地区	吉仙国家公园	同奈、林同、平福
	昆仑岛国家公园	巴地—头顿
	布嘉麽国家公园	平福
	洛果沙麻国家公园	西宁
湄公河平原地区	湛金国家公园	同塔
	富国岛国家公园	坚江
	乌明上国家公园	坚江
	金瓯角国家公园	金瓯
	乌明下国家公园	金瓯

资料来源：越南国家公园网整理，http://vietnamnationalparks.com/。

二、越南旅游区及旅游产品

（一）七大旅游区

1. 红河中游北部地区

红河中游北部地区总面积约95434平方千米，拥有人口1120.8万，包括越南北部 14 个省：和平省、山萝省、莱州省、奠边省、安沛省、富寿省、老街省、宣光省、河江省、北件省、太原省、高平省、谅山省和北江省。该地区与中国有 1240 千米的国界线，与老挝有 610 千米的国境线，边境上有着多个重要的边境口岸，如山罗省巴杭口岸、奠边省西庄口岸、莱州省马路唐口岸、老街省老街口岸、河江省清水口岸、高平省达龙口岸及谅山省友谊关等。区内交通便利，有多条重要公路如第 1、2、3、6、70、279、12 号国道通往河内、中国以及老挝；有连接河内—老街以及河内—同登—中国的 2 条铁路线；有奠边省奠边府国内机场以及山罗省纳产国内机场；水路交通有红河、蓝江、马江、卢江等河流沟通。本地区还是中越"两廊一圈"经济走廊以及大湄公河次区域（GMS）的重要经济合作区。

该地区的特色旅游产品为探索与本地区少数民族文化相关联的文化、生态旅游。旅游资源的特色在于西北地区山林、东北地区溶岩地貌、少数民族（泰族、蒙族、侬族等）文化、边境旅游。著名的旅游资源有：奠边府（奠边省）、沙巴（老街）、雄王庙（富寿）、北坡（高平）、新潮（宣光）、同文（河江），等等。

2. 红河平原和东北部沿海地区

红河平原和东北部沿海地区总面积为 20973 平方千米，拥有人口 1965.5 万，包括 11 个省、直辖市：河内市、海防市、永福省、北宁省、海阳省、兴安省、太平省、河南省、宁平省、南定省、广宁省，是越南北方重点经济区。该地区与中国有 133 千米的边境线，拥有重要的国际口岸——芒街国际口岸。区内交通发达，有多条重要公路如第 1、2、3、5、6、18 号国道通往全国各地；多条重要铁路通往全国及中国：北南铁路、河内—谅山—中国国际铁路线、河内—海防、河内—太原、河内—老街铁路；国际航空港有河内内排机场；红河及太平河可以作为水路交通连接全区各省市。该地区的旅游基础设施相对完善，是国际、国内投资者关心的经济区，有着丰富的劳动力和消费市场。

该地区的特色旅游产品为海洋景观、与北部平原稻作文化以及传统生活文化相关的文化旅游、城市旅游、商务会展旅游（MICE）。旅游资源的

169

特色在于古老的稻作文化传统、丰富的文化遗产古迹、传统庙会活动、传统手工艺村、海洋海岛、东北部中越边境旅游，等等。著名的旅游景点有：河内古城及香山寺、海防涂山和吉婆岛、广宁下龙湾和拜子龙湾、宁平长安—三谷—碧峒文化古迹，等等。

3. 中部北区

中部北区总面积为54334平方千米，拥有人口1079.5万，包括6个省：清化省、义安省、河静省、广平省、广治省、承天—顺化省。该地区西面与老挝接壤，边境线上有着多个重要的口岸。交通方面，区内公路有第1A、7A、8、9号国道通过，铁路有北南铁路经过，另有义安荣市国内机场、广平峒海国内机场、承天—顺化富牌国际机场，河静、义安以及顺化还有多个海港。中部北区是越南十分重要的旅游区，是越南中部通往老挝以及区域其他国家的重要通道。区域内有3个世界遗产、多个国家公园以及海滨度假胜地，这里也是抗美救国战争遗址最多的地区之一。

该旅游区的特色旅游产品为世界文化和自然遗产参观旅游、海洋旅游、生态旅游、历史—文化探秘游。著名的旅游景点有：清化岑山、义安金莲胡志明故居、广平峰牙—己榜国家公园、广治抗美遗址及胡志明小道、承天—顺化的顺化古城和皇家陵墓等。

4. 中部南沿海地区

中部南沿海地区总面积为41561平方千米，总人口为902.5万，包括8个省、直辖市：岘港市、广南省、广义省、平定省、富安省、庆和省、宁顺省、平顺省，是越南中部重要的经济区。该区的交通设施发达，有着较为完善的陆、海、空通道，是越南西原地区的门户。全区有第1A、19、24、25、26、27、28号国道以及北南铁路通过，多个越南重要的出海通道如岘港、归仁、芽庄、藩切等，另外还有岘港国际机场、广义省周莱国内机场、富安绥和国内机场以及庆和金兰国内机场。区域内海洋、海岛旅游资源丰富，有着多个有潜力成为世界级的旅游景点。

该旅游区的特色旅游产品为与海洋考古、海洋文化、海洋饮食相关的海洋休闲旅游。著名的旅游地有岘港、广南会安古镇和美山圣地、庆和芽庄湾及金兰湾、平顺美奈，等等。

5. 西原地区

西原地区总面积为54640平方千米，总人口为500.5万，包括5个省：昆嵩省、嘉莱省、多乐省、多农省、林同省。西原地区与越南的2个重要邻国——老挝、柬埔寨接壤，被称为"中南三岔口"，非常适合开展三国间的旅游合作开发。区域内有3个重要的通关口岸：昆嵩波依国际口岸、嘉莱丽青国际口岸以及多农波昂国际口岸。公路有第14、14C、19、25、26、27、28、40号国道以及胡志明小道通过该区域，多乐和嘉莱两地有国内航班通往全国各主要城市。西原地区是越南中部高原地区，是越南咖啡、橡胶的重要产地。旅游资源主要以高原地貌、少数民族风情为主。

该旅游区的特色旅游产品为与探索西原地区特色少数民族文化相关的文化旅游、生态旅游。最著名的旅游景点为林同省的大叻市以及林同省Bidoup—婆山和诸杨新、昆嵩省诸莫惹、嘉莱省昆噶京等。

6. 东南部地区

东南部地区总面积为23605平方千米，总人口为1283万，包括6个省、直辖市：胡志明市、同奈省、平阳省、巴地—头顿省、平福省、西宁省，是越南南部重要经济区以及泛亚旅游走廊。该区与柬埔寨接壤，是越南南部的重要门户，有平福华闾、西宁木牌和萨凉3个国际口岸。全区有1A、13、22、22B、51号国道及胡志明小道与西原地区、西南部各省相连；铁路有北南铁路及泛亚铁路与柬埔寨相连；内河航道有同奈河、西贡河等重要河流在区域内沟通；胡志明市的新山一机场是越南全国规模最大的国际机场，西贡港也是越南全国最大的海港。

该旅游区的特色旅游产品为城市旅游、商务会展旅游、历史探秘游、海洋休闲和生态游。著名的旅游资源如胡志明市城市旅游、巴地—头顿海滨度假、昆仑岛监狱历史遗迹、西宁省南部革命中央基地等。

7. 湄公河平原地区

湄公河平原地区总面积为40602平方千米，总人口为1769.5万，包括13个省、直辖市：隆安省、前江省、槟知省、茶荣省、同塔省、安江省、坚江省、金瓯省、薄寮省、朔庄省、永隆省、后江省以及芹苴市。该地区与柬埔寨在海陆两线交界，在坚江、安江、同塔、隆安等省共有5个重要的口岸。全区有第1A、30、80、91、62号国道和胡志明小道连接本地区内部及胡志明市；内河航运极为发达，有后江、前江及九龙河沟通区域各地；另有坚江迪石国内机场、金瓯国内机场以及坚江富国国际机场、芹苴国际机场连接国内外。九龙江平原的旅游资源特点是密布的平原河流风光、热带农家乐以及半岛、海岛风光。

该旅游区的特色旅游产品为与河流以及农家文化相关的生态旅游、文化旅游，海洋、海岛的休闲、生态旅游，商务会展旅游。著名的旅游景点如富国岛、湄公河水上市场、河仙、芹苴等。

（二）主要旅游产品

2013年1月，越南政府颁布了《至2020年，面向2030年越南旅游发展总体规划》，其中明确指出了越南在下一阶段将要大力发展的重要旅游区、旅游景点和旅游城市：根据区域特色划定7个旅游大区；建设46个国家旅游区、41个国家级旅游景点、12个旅游城市和其他一些重要的旅游景点、景区。具体名录如下表：

表8-4　越南国家级旅游区、旅游景点及都市游城市（镇）名录

类型	景区、景点名称	所属省市
一、红河中游北部地区		
国家级旅游区	同文高原石林旅游区	河江省
	板约瀑布旅游区	高平省
	母山旅游区	谅山省
	巴比旅游区	北件省
	新潮旅游区	宣光省
	勾山旅游区	太原省
	沙巴旅游区	老街省
	塔婆旅游区	安沛省

（续表）

类型	景区、景点名称	所属省市
	雄王庙旅游区	富寿省
	木州旅游区	山罗省
	奠边府—巴匡旅游区	奠边省
	和平湖旅游区	和平省
国家级旅游景点	老街市	老街省
	北坡景区	高平省
	谅山市	谅山省
	梅州景区	和平省
都市游城市（镇）	沙巴镇	老街省

二、红河平原和东北部沿海地区

类型	景区、景点名称	所属省市
国家级旅游区	下龙—吉婆旅游区	广宁、海防市
	云屯旅游区	广宁省
	茶古旅游区	广宁省
	昆山—节薄旅游区	海洋省
	三味—二溪旅游区	河内市
	越南民族文化村旅游区	河内市
	三岛旅游区	永福省
	长安旅游区	宁平省
	三祝旅游区	河南省
国家级旅游景点	升龙皇城景区	河内省
	安紫景区	广宁省、北江省
	北宁市	北宁省
	香迹寺景区	河内省
	菊方景区	宁平省
	云龙景区	宁平省
	献街景区	兴安省
	陈祠—府鞋景区	南定省、太平省

（续表）

类型	景区、景点名称	所属省市
都市游城市（镇）	涂山镇	海防市
	下龙市	广宁省
三、北中部地区		
国家级旅游区	金莲旅游区	义安省
	天琴旅游区	河静省
	峰牙—己榜旅游区	河静省
	陵姑—景阳旅游区	广平省
国家级旅游景点	胡朝古城遗址	清化省
	阮攸纪念景区	河静省
	同禄三盆景区	河静省
	洞海市景区	广平省
	广治市	广治省
	白马景区	承天—顺化省
都市游城市（镇）	岑山市	清化省
	格卢市	义安省
	顺化市	承天—顺化省
四、南中部沿海地区		
国家级旅游区	山茶旅游区	岘港市
	婆那旅游区	岘港市
	古劳占旅游区	广南省
	美溪旅游区	广义省
	方梅旅游区	平定省
	春台湾旅游区	富安省
	北金兰旅游区	庆和省
	宁字旅游区	宁顺省
	内角旅游区	平顺省

（续表）

类型	景区、景点名称	所属省市
国家级旅游景点	五行山景区	岘港省
	美山景区	广南省
	李山景区	广义省
	长绿景区	广义省、平定省
	长沙景区（中国南沙群岛）	庆和省
	富贵景区	平顺省
都市游城市（镇）	岘港市	岘港市
	会安市	广南省
	芽庄市	庆和省
	藩切市	平顺省
五、西原地区		
国家级旅游区	芒黑旅游区	昆嵩省
	泉林旅游区	林同省
	单基亚—黄溪旅游区	林同省
	约克敦旅游区	多乐省
国家级旅游景点	东洋三岔景区	昆嵩省
	雅丽湖景区	嘉莱省
	乐湖景区	多乐省
	嘉义镇	多农省
都市游城市（镇）	大叻市	林同省
六、东南部地区		
国家级旅游区	婆黑山旅游区	西宁省
	芹时旅游区	胡志明市
	龙海—福海旅游区	巴地—头顿省
	昆仑岛旅游区	巴地—头顿省

175

（续表）

类型	景区、景点名称	所属省市
国家级旅游景点	达铁景区	平福省
	南部党中央遗址	西宁省
	吉仙景区	同奈省
	治安湖—大马景区	同奈省
	古芝地道遗址	胡志明市
都市游城市（镇）	头顿市	巴地—头顿省
七、湄公河平原地区		
国家级旅游区	泰山旅游区	前江省、槟椥省
	富国岛旅游区	坚江省
	南甘旅游区	金瓯省
	幸福故乡旅游区	隆安省
国家级旅游景点	琅荷景区	隆安省
	湛金景区	同塔省
	珊山景区	安江省
	古劳翁虎景区	安江省
	芹苴市	芹苴市
	河仙镇	坚江省
	高文娄纪念区	薄辽省

资料来源：《至2020年，面向2030年越南旅游发展总体规划》，越南政府第201/QD-TTg号决定，2013年1月22日。

三、越南旅游业的发展

1945年9月2日，胡志明领导的越南民主共和国在河内宣告诞生。但是自1945年至1959年的近15年间，由于越南处于抗法战争时期，社会经济落后而不稳定，越南民主共和国一直没有专门设立为旅游服务的部门和行业组织。① 直到1960年7月，越南民主共和国政府才成立了由越南外

---

① 越南南方则于1951年6月由法国人支持的保大傀儡政权组织建立了国家旅游处。

贸部直属管理的越南旅游公司，标志着越南旅游业的诞生。

（一）旅游业诞生和起步阶段（1960—1974 年）

1960 年至 1974 年期间，越南国家尚未统一，由于处于战争阶段，没有和平的发展、稳定的环境，也没有旅游业发展所需的基础设施和资金投入，因此越南旅游业虽然已经诞生，但基本上并未能获得真正的发展。

1960 年 7 月 9 日，时任越南民主共和国政府总理的范文同签署了越南政府第 26-CP 号决定，成立了由越南外贸部直属管理的越南旅游公司。越南旅游公司的主要任务是与国外（主要是社会主义国家）的旅游组织设立联系并签署旅游协议，以便使外国旅游者能够进入越南旅游并能使越南游客去国外旅游，同时负责组织和管理越南国内的旅游基础设施。此时的越南旅游公司主要的性质是负责政治接待任务的经营性企业，有独立的财务核算，主要服务于各社会主义国家派往越南的经济、政治、军事专家团和各国使领馆工作人员，同时也为越南国内少量的国家干部、军人和人民群众的参观活动服务。[1] 1963 年 3 月 16 日，越南外贸部颁布了第 164-BNT-TCCB 号决定，进一步明确了越南旅游公司的职能、权限以及组织结构。越南旅游公司成立了旅游服务处、旅游计划处、旅游运输处、财务室、行政人事处。[2] 到 1969 年，越南旅游公司从越南外贸部直属转由总理府主管，之后又转入了公安部直属。越南北方的一些地方旅游机构在这一时期得到了缓慢的发展，河内、海防、广宁、三岛、和平、清化、义安等省市的地方旅游机构得以逐渐建立起来。[3]

（二）旅游业缓慢发展阶段（1975—1989 年）

1975 年，越南南北统一战争结束，越南全国获得了真正意义上的独立和统一。越南旅游业本应在国家统一的历史新阶段下获得快速发展的契

---

① 越南民主共和国政府总理第 26CP 号决定：《关于即日成立外贸部直属的越南旅游公司的议定》，1960 年 7 月 9 日。

② 越南民主共和国外交部第 164-BNT-TCCB 号决定：《有关越南旅游公司组织机构、职权和任务的规定》，1963 年 3 月 16 日。

③ 越南民主共和国总理第 145CP 号决定：《关于将越南旅游公司转交由总理府管理的决定》，1969 年 8 月 18 日。

机，但是，越南国际、国内环境的恶化，又极大地拖延了旅游业的正常发展。刚刚获得国家统一的越南，国内遭受了长期战争的破坏，国家经济社会发展面临巨大的困难，而统一后越南错误的经济政策，导致国内经济长时间没能获得恢复和稳定，使旅游业丧失了赖以生存和发展的经济基础；同时，越南错误的对外政策，导致了越南与邻国以及国际社会关系的紧张，先是越南出兵柬埔寨，继而又爆发了中越边境战争，美国等西方国家对越南实行了经济包围和禁运的制裁。1986年底，越南开始实行革新开放政策，随着越南经济改革的不断深入，越南经济在90年代初终于逐渐摆脱经济发展的困境，越南旅游业又获得了新的发展契机。在此阶段，越南国家相关部门对旅游行业的管理工作一直坚持不断地探索，为90年代以后越南旅游业的迅速发展积累了丰富的经验。

1978年6月，越南政府直属的旅游总局正式成立，表明越南国家对旅游业发展及旅游管理工作有了新的认识，成为越南旅游业阶段性发展的标志。[①]越南国家旅游总局成为越南政府进行旅游事业管理的行政部门，开始了完善旅游组织机构、培养旅游人才、发展旅游设施、研究旅游市场、进行旅游宣传和组织旅游规划等行政职能工作。越南的旅游发展活动开始扩大到全国范围内，顺化、岘港、平定、芽庄、林同、胡志明市、头顿、芹苴等省市开始建立由越南旅游总局和各级人民政府领导下的旅游部门及国有旅游企业。[②]但是，在90年代以前，越南国家对于旅游业的管理机构一直未能真正地稳定下来。1979年1月，越南政府出台文件，规范了越南旅游总局职能、权限和组织机构。1981年，越南加入了世界旅游组织。1983年，越南政府解散了原来的越南旅游公司，将旅游经营活动由越南旅游总局兼管。1984年4月，越南颁布《保护和使用文化名胜古迹法》，越南《人民报》刊登一系列振兴旅游业的文章，开始旅游宣传活动。1985年，越南出席在莫斯科召开的第21次社会主义国家旅游组织会议。1986年底，越南开始实行全面的革新开放改革，旅游业被看作是对外开放的重

---

① 越南国会常务委员会第262NQ/QHK6号决定：《关于成立直属政府的越南旅游总局的决定》，1978年6月27日。

② 越南政府第32-CP号议定：《关于规定越南旅游总局组织机构、职权和任务的议定》，1979年1月23日。

要方面，开始受到越南政府的重视，继而陆续出台针对旅游行业和旅游活动管理的决定和政策。1987年3月，越南越侨中央委员会、外交部、内务部和旅游总局联合颁布了对于外国人到越南及海外越侨回国进行旅游、探亲的暂行管理条例。1987年4月，越南部长会议出台了推动旅游活动和整顿旅游管理机构的决议①，要求越南政府各部级单位要在旅游工作中相互配合，全力发展越南旅游业，这份决议可以说是越南实行革新开放后对旅游业发展进行发展和规划的首份重要文件。决议中特别强调要形成10个（对外）旅游中心，即河内、下龙、海防、顺化、岘港、芽庄、大叻、头顿—昆仑岛、芹苴和胡志明市，并成立越南旅游总局直属的越南（对外）旅游总公司，对外国人进入越南旅游的活动进行统一的管理。1987年8月，旅游总局成为越南部长会议的直属部门，并重新规定了越南旅游总局的职能、权限和组织机构设置。越南旅游总局的机构设置下形成了国家旅游管理行政单位、旅游研究事业单位和旅游经营单位。

（三）旅游业迅速发展阶段（1990—1999年）

1990年以前，越南国内经济社会发展长期困难，国际环境不稳定，旅游基础设施建设落后，旅游业发展较为缓慢，国际、国内游客数量有限。

表8-5　1960—1989年越南国际游客数量统计表

年份	人数	年份	人数	年份	人数
1960	6130	1970	18160	1985	50830
1961	7630	1971	12080	1986	54350
1962	8070	1972	15980	1987	73283
1963	8790	1973	19320	1988	110390
1964	10780	1974	26820	1989	187573
1965	11850	1975	36910		

数据来源：阮明贤：《越南入境旅游市场研究》，转引自越南优秀硕士论文。

① 越南部长联合会议第63-HDBT号决议：《关于推动旅游活动和整顿旅游管理机构的决议》，1987年4月11日。

以 1990 年定为越南旅游年为契机及标志，越南旅游业进入了迅速发展的阶段。[①]越南政府对旅游管理体制的进一步革新、越南旅游法规的出台、多种经济成分积极参与旅游行业、交通条件的逐渐改善、旅游设施的不断增加、越南国内经济及国际形势的基本改善等，推动了越南旅游业的快速发展。1990 年至 1999 年，越南的国内、国际游客数量以及旅游收入都有了较大程度的增长。

国内游客方面：1990、1991、1992、1993、1994、1996、1997 年分别为 100 万、150 万、200 万、250 万、320 万、700 多万、850 万人次。

国际游客方面：1990 年 4 月，越南政府在河内成立了越南旅游总公司，公司冠以企业法人形式，具有独立的银行账务，使得越南的国际旅游接待行业有了产业化的发展。1990 年，越南的国际游客数量才 25 万人，到 1999 年，越南的国际游客数量已达 178 万人次，十年间增加了 6 倍。

表 8-6　1990—1999 年越南国际游客接待数量统计表

年份	人数（人次）	增长率（%）	年份	人数（人次）	增长率（%）
1990	250000	33.3	1995	1351296	32.7
1991	300000	20.0	1996	1607155	18.9
1992	440000	46.7	1997	1715637	6.7
1993	669862	52.2	1998	1520128	−11.4
1994	1018244	52.0	1999	1781754	17.2

资料来源：越南旅游总局网站整理，http://vietnamtourism.gov.vn。

1999 年 2 月，越南国会通过了《旅游法规》，以法规的形式对从事旅游经营活动的单位和个人的权利与义务、旅游者的合法权益等做出了具体的规定，使越南旅游业的发展有了政策法规的规范。

（四）旅游业成熟发展阶段（2000—2010 年）

进入 21 世纪以后，越南政府更加重视旅游业的发展，不断完善旅游政策法规、旅游管理体系，加大了旅游基础设施建设和旅游人才的培养。

---

① 刘稚等编著：《当代越南经济》，昆明：云南大学出版社，2000 年版。

2002年7月9日，越南政府批准了《2001—2010年阶段越南旅游发展战略》，对2001年至2010年阶段旅游业的发展提出了总体的目标和发展战略。《发展战略》中提出了越南旅游发展的总体目标：将旅游业发展成为越南经济行业中的支柱产业；到2010年将越南建设成区域内具有发达旅游业国家。具体目标：2001年至2010年阶段，越南旅游业GDP年平均增长速度要达到11%—11.5%；到2010年，越南国际游客接待人数要达到550万—600万人次，国内游客接待人数要达到2500万—2600万人次，旅游收入要达到40亿—45亿美元。《发展战略》将越南全国划分为3大旅游区：北部旅游区、北中部旅游区、南中部和南部旅游区，并划定了7个旅游重点区域。

为达成上述发展目标，越南政府先后制定了2002—2005年阶段以及2006—2010年阶段的越南旅游国家行动计划。为进一步规范和促进越南旅游行业的发展，2005年6月14日，越南国会通过了在1999年《越南旅游法令》基础上修订的《越南旅游法》，从此越南旅游业发展进入了真正的法制时代。

从2001—2010年阶段越南旅游业发展的实际数据来看：2010年，越南国际游客接待数量为505万人次，2001—2010年阶段年均增长约为8.9%；国内游客方面，2010年达到2800万人次，2001—2010年阶段年均增长约为10.2%。旅游总收入方面，2010年完成96万亿越盾，约合48亿美元，2001—2010年阶段年均增长达18.7%。2001—2010年阶段，越南全国旅游业GDP年均增长达到了15.8%，超出了《发展战略》所提出的年均增长11%—11.5%的目标。具体数据见下表：

表8-7　2000—2010年越南国际游客接待数量统计表

年份	人数（万人次）	增长率（%）	年份	人数（万人次）	增长率（%）
2000	214.0	—	2006	358.4	3.0
2001	233.1	8.9	2007	422.9	18.0
2002	262.8	12.7	2008	423.6	0.2
2003	243.0	−7.5	2009	377.2	−11.0
2004	292.8	20.5	2010	505.0	33.9

181

（续表）

年份	人数（万人次）	增长率（%）	年份	人数（万人次）	增长率（%）
2005	347.8	18.9			

资料来源：越南旅游总局网站整理，http://vietnamtourism.gov.vn。

2003年以及2009年越南国际游客数量下滑主要是由于SARS（非典）疫情以及世界金融风暴的影响。2001—2010年阶段，越南最重要的国际旅游客源国和地区为中国内地、韩国、日本、美国及中国台湾；中国内地成为越南最重要的国际旅游客源市场，占越南国际游客总数的18%；其次是韩国，占10%；日本和美国各占9%；中国台湾占7%。

表8-8　2000—2010年越南国内游客数量统计表

年份	人数（万人次）	增长率（%）	年份	人数（万人次）	增长率（%）
2000	1120	—	2006	1750	8.7
2001	1170	4.5	2007	1920	9.7
2002	1300	11.1	2008	2050	6.8
2003	1350	3.8	2009	2500	22.0
2004	1450	7.4	2010	2800	12.0
2005	1610	11.0			

资料来源：越南旅游总局网站整理，http://vietnamtourism.gov.vn。

表8-9　2000—2010年越南旅游总收入统计表

年份	总收入（万亿越盾）	增长率（%）	年份	总收入（万亿越盾）	增长率（%）
2000	17.4	—	2006	51.0	70
2001	20.5	17.8	2007	56.0	9.8
2002	23.0	12.2	2008	60.0	7.1
2003	22.0	−4.3	2009	68.0	13.3
2004	26.0	18.2	2010	96.0	41.2
2005	30.0	15.4			

资料来源：越南旅游总局网站整理，http://vietnamtourism.gov.vn。

表8-10　2010年越南国内游客接待设施统计表

接待设施类型	设施数量	床位数量
5星级饭店	43	10756
4星级饭店	110	13943
3星级饭店	235	16353
1星级、2星级饭店以及未评级接待设施	11612	194948
总数	12000	236000

资料来源：越南旅游总局网站整理，http://vietnamtourism.gov.vn。

（五）旅游业稳定发展阶段（2011年以来）

继圆满完成2001—2010年的旅游发展战略目标之后，越南提出了新一轮的旅游发展战略。2011年底，越南政府批准了《至2020年，面向2030年的越南旅游发展战略》，明确了越南今后十年的旅游发展总体目标。为完成发展计划，2013年，越南政府连续批准出台多项全国性的旅游发展规划和国家行动计划。经过3年的努力，越南旅游业经受住了国内经济增速放缓和国际金融风暴的后续影响，国内和国际游客数量、旅游收入连续稳定增长。在越南国内经济连续受挫的形势下，旅游业的表现无疑使之成了越南国内最具潜力的经济行业。据越南旅游总局最新的数据显示，2012年，越南持有导游证的专业导游员共11840人，全国共有13500家不同档次的旅游接待设施，共计床位28.5万张；2013年，越南的国际旅游接待总人数达757万人次；国内旅游接待总人数为3500万人次；旅游总收入约为200万亿越盾。全国共有各类国际旅行社1305家。

表8-11　2011—2013年越南国内和国际游客数量、旅游收入统计表

年份	国内游客（万人次）	较上年增长（%）	国际游客（万人次）	较上年增长（%）	旅游收入（万亿越盾）	较上年增长（%）
2011	3000	7.1	601.4	19.1	130.0	35.4
2012	3250	8.3	684.8	11.3	160.0	23.0

（续表）

年份	国内游客 （万人次）	较上年增长 （%）	国际游客 （万人次）	较上年增长 （%）	旅游收入 （万亿越盾）	较上年增长 （%）
2013	3500	7.7	757.0	10.6	200.0	25.0

资料来源：越南旅游总局网站整理，http://vietnamtourism.gov.vn。

四、越南的旅游发展规划与发展前瞻

（一）旅游发展规划

2011年以后，越南旅游业又进入了重新规划的十年。为保障旅游业健康、有序地发展，越南政府连续批准出台多项全国性的旅游发展战略、规划以及国家行动计划。2011年12月30日，越南政府批准了《至2020年，面向2030年的越南旅游发展战略》；2013年1月22日，越南政府批准了《至2020年，面向2030年越南旅游发展总体规划》；2013年2月18日，越南政府批准了《2013—2020年阶段越南旅游国家行动计划》。

根据《至2020年，面向2030年越南旅游发展总体规划》，至2015年，越南要吸引国际游客750万人次，服务国内游客3700万人次；国际游客每年增加8.4%，国内游客每年增加5.7%；实现旅游总收入207万亿越盾，相当于103亿美元；旅游业占全国GDP的6%。至2020年，国际游客接待目标为1050万人次，国内游客接待目标为4750万人次；国际游客每年增长7%，国内游客每年增长5.1%；实现旅游总收入372万亿越盾，相当于185亿美元；旅游业占全国GDP的7%。至2025年，接待国际游客1400万人次，服务国内游客5800万人次；国际游客每年增长6%，国内游客每年增长4.3%；实现旅游总收入523万亿越盾，相当于260亿美元；旅游业占全国GDP的7.2%。至2030年，吸引国际游客1800万人次，服务国内游客7100万人次；国际游客每年增长5.2%，国内游客每年增长4.1%；实现旅游总收入708万亿越盾，相当于352亿美元；旅游业占全国GDP的7.5%。

《2013—2020年阶段越南旅游国家行动计划》提出：至2015年，政府计划开发、建设和移交约20个具有代表性、地方特色、高质量水平的旅游产品给各地方；至2020年，开发、建设和移交约50个有代表性、地方

特色、高质量水平的旅游产品给各地方；平均每年建设至少5—6个符合越南国际旅游市场需求的代表性旅游产品，3—4个符合国内旅游市场需求的高质量旅游产品。其中，优先发展的旅游产品有：海岛旅游、文化旅游、大众旅游、生态旅游等，同时要特别关心、重视发展少数民族地区的旅游发展。至2015年，建设和运行至少5项旅游质量管理工程，如：旅游住宿服务质量管理；旅行社服务质量管理；旅游景点、景区服务质量管理；游客交通运输服务质量管理；其他旅游服务质量管理等。至2015年，计划提高全国各旅游景点、景区30%的旅游产品质量；至2020年，提高全国旅游景点景区70%的旅游产品质量。以旅游企业联合开发旅游产品、联合开拓国际旅游客源市场，或者在与航空企业、服务供应商、购物中心结合的基础上联合共同开展旅游促销活动的形式，帮助30%的国际旅行社企业开拓和发展旅游产品。至2020年，帮助全国100%的国家级旅游区、国家级旅游景点、重点旅游省市开展提高旅游环境质量工程以提高旅游服务质量。至2015年，建立3—4个区域级的旅游品牌并组织各类旅游品牌发展活动；至2020年，完成全国7个旅游大区的旅游品牌建设工作，实现旅游品牌的发展。至2020年，帮助建立30个与地方、企业特色相关联的旅游品牌。至2015年，实现对90%的国家级旅游工作管理干部进行旅游管理业务的培训，补充旅游管理的新知识，提高外语、高新科技应用水平；实现50%的旅游相关部门干部，如海关、公安、边防等，得到旅游相关业务培训。至2020年，实现对全国所有地方相关旅游管理工作的干部进行旅游业务的培训。

（二）旅游发展前瞻

从越南旅游业发展的历程来看，越南旅游行业现今已步入成熟、稳定发展时期。越南政府对旅游业的发展也极为重视，旅游政策环境、投资力度、基础设施建设、旅游企业发展、旅游人才培养等方面都在逐步改善和提高，越南旅游业发展的潜力还在逐步释放。越南在国际旅游市场上也不断获得好评：伦敦国际旅游展销会上，越南在世界旅游发展潜力评估中位列亚洲第二；美国旅游批发商协会（USTOA）公布的预测报告表明，在国际游客评选的2013年世界新兴理想旅游目的地排行榜上，越南居第二

185

位（第一位是缅甸，第三位是印度）；英国最大的旅游网站 iWantSun 调查显示，越南被评为 2013 年世界最具吸引力的 10 大旅游目的地之一；全球最大的旅游网站 TripAdvisor（中国官网：到到网）公布的"2013 年亚洲地区最受欢迎旅游目的地"评选活动中，亚洲共有 25 个入围名单，仅越南就有 4 处旅游地——首都河内、胡志明市、会安和下龙市获得大奖；同时，TripAdvisor 还将越南河内评选为世界 10 大发展最快的旅游目的地之一；下龙湾被美国最著名的旅游电子报《Huffingtonpost》评选为世界 10 大最美丽的海湾之一；会安被美国著名的《Condé Nast Traveler》旅游杂志评为亚洲 10 大最著名的旅游城市之一，位列第二，仅次于日本东京。越南正在成为世界国际游客的热门旅游目的地。

越南中央及地方政府为积极推动旅游业的发展，也不断推出新的区域性和地方性发展规划文件，越南红河平原及东北部沿海地区、越南北中部地区、越南中原地区以及越南一些地方省市的旅游发展规划都已出台。如果越南国家的旅游环境不受国际、国内重大突发事件的影响，越南旅游业在未来十年中将获得更大的发展空间。

五、中越旅游合作

（一）中越旅游合作优势

中越两国国情相近，政治体制大同小异，都是社会主义国家，都在建设社会主义市场经济，在社会经济发展中都肯定和重视旅游行业的作用。两国陆海相连，有着 1347 千米的陆地边境线，双方的公路、铁路、海路和航空交通线众多，相互往来便利。两国间有着两千多年悠久的深厚历史情谊，社会文化习俗相近，两国政府和人民相互间的政治、经济、文化领域友好往来十分密切。中越两国的旅游资源都相当丰富，旅游资源互补性极强，中国目前是越南最大的国际旅游客源市场，而越南也是中国重要的海外旅游目的地和旅游客源市场。中越两国旅游业在区域旅游合作、边境旅游产品、共同开发旅游客源市场、旅游人才的培养、旅游企业合作方面有独特的优势。

（二）中越旅游合作的历程

中越两国间的旅游合作始于20世纪90年代中越关系正常化以后。1994年4月8日，越南政府与中国政府在河内签署了《中越旅游合作协定》，这是两国政府签订的第一份双边旅游合作协定，标志着中越两国政府间进行旅游合作的开端。《协定》的主要内容有三项：鼓励两国间的旅游发展与合作，支持两国的旅游企业设立和发展业务关系；双方鼓励各旅游企业依照两国的投资法律进行投资和旅游合作；双方支持本国的旅游公司组织本国和第三国游客到对方国家旅游。1998年7月，越南允许中国游客使用中国发放的通行证进入越南旅游。1999年4月6日，中越双方旅游局签订了《1999—2000年旅游合作计划》。《计划》中增加了多项主要内容：双方定期经常进行信息互换；每年组织一次国家级的旅游代表团进行交流；加强生态旅游和酒店管理的合作；在本国为对方国家进行旅游宣传；鼓励两国企业参加对方组织的旅游研讨会与其他展会。1999年底，中国允许中国公民持护照到越南旅游，越南也成为中国公民出境旅游目的地（ADS国家）。自1996年至今，中国一直是越南最大的国际旅游客源国。

表8-12　2004—2013年中国赴越旅游人数统计表（单位：万人）

年份	2013	2012	2011	2010	2009	2008	2007	2006	2005	2004
游客人数	190.8	142.9	141.7	90.5	52.8	65.0	55.9	51.6	75.3	77.8

资料来源：越南旅游总局网站整理，http://vietnamtourism.gov.vn。

（三）中越旅游交通

目前，中越之间的旅游交通实现了海路、陆路、航空的全方位立体交通模式。中越海路客运线主要由中国广西防城港、北海以及东兴开往越南广宁下龙湾的国际客轮；中越公路客运线有从广西凭祥至越南河内、广西龙州至越南高平、广西防城港至越南下龙市、云南河口至越南河内、云南麻栗坡至越南河江市、云南金平和江城至越南莱州市；中越铁路客运线有广西南宁至越南河内、云南昆明经河口至越南河内、北京经南宁至越南河

内；中越直航航空线有中国北京、上海、广州、成都、重庆、香港至越南
河内以及胡志明市的多条国际航线。

第九章　财政金融

一、越南财政

国家财政是指国家为了维持其存在和实现其社会管理职能，凭借政权的力量参与国民收入分配的活动。国家财政收支包括财政收入和财政支出两个方面。

越南国会于 1996 年 3 月 20 日通过《预算法》，它是预算和财政管理领域首部法律性文件，对进一步规范政府间的收支关系起到重要作用，其主要内容有：确定了四级预算体制，明确了财政收支平衡原则，在一般情况下，中央政府所取得的财政收入（包括税收和收费收入）应超过经常性支出，若发生预算赤字，其数额应低于投资性支出。并且，各级政府都不能够以弥补财政赤字为目的的发行债券；明确划分了各级政府及国家权力部门在预算管理中所拥有的权利和应承担的责任；明确了中央与省级政府间财权和事权的划分，确立了中央政府在国家预算分配体系中的主体地位。四级政府按财政分权原则履行职能，中央政府负责全国性公共事务，地方政府承担地方性公共事务责任，税收分为中央税、地方税和共享税，关税、消费税及部分企业利润税（电力、邮政和通信等企业）归中央政府，其他企业利润税和营业税为中央和省级政府的共享税，地方政府拥有特权使用税、土地转让税等具有地域局限性的税收。为了深化财政分权改革，越南于 1998 年 5 月对《预算法》进行了修订，并在 1999 年起实行《增值税》和《公司所得税法》。

越南现行的财政分配体制基本延续了 1996 年《预算法》的框架，经过 1998 年和 2002 年两次小范围的修订。

（一）财政政策

越南国家的财政政策，旨在鼓励社会经济发展的所有资源的合理分配和有效利用，更加公平的利益分配。要进一步完善政策和税收制度、价格管理机制；对竞争和垄断控制的企业，实行保护消费者权益、收入和工资的政策、法律。做出积极的预算平衡，保证一个合理的开发投资积累率，努力降低预算赤字。持续创新机制，改革国有企业的财政政策。严格管理借贷和偿还外债，保持国家的债务和政府安全。国会和各级人民议会加强预算监督的作用。

（二）预算主体的级次及其关系

越南政府分为四个级次：中央政府、省级政府、行政区政府和社区政府。根据越南宪法，每级政权都有独立的预算以保证该级政权履行职能与任务。国家预算由中央预算和地方预算组成，地方预算包括：省级和中央直辖市预算（统称为省级预算）；县、郡、省辖市级预算（统称为行政区预算）；乡、坊、市镇级预算（统称为公社预算）。各级政府的预算采用垂直管理的方式，责权关系划分明确。地方政府接受上级政府的领导，同时还必须向同级人民议会负责。本级预算不但要经由本级人民议会审议，还必须上报上级政府并获批准后才能够实施，此外，各级地方预算整合后编入国家预算，最终须经国会审议并通过。2002 年对《预算法》进行修订后，越南强化了省级政府在编制和执行预算中的自主权利，如改革了过去的分级报告制度及双重负责制，省级政府负责向下级地方政府转移资金及监督其预算执行情况，而地方人民议会会拥有足够的权力去评估和制定本级预算。

（三）各级政府事权划分

越南按照财政联邦主义对事权进行划分，其中，中央政府主要负责一些全国性的事务，如国防与安全、维持社会经济发展、调节社会分配等，其具体支出项目包括九个部分：投资性支出，主要用于基础设施建设、补充国库储备资金、国家发展计划投资、对国有企业的投资以及其他经权力机关批准的支出；经常性支出，包括教科文卫支出，国防安全、非商业性活动、行政支出（包括中央各部委行政经费和越南共产党经费），以及政策性价格补贴、社会保险基金支出等；利息支出；对外援助支出；中央预算贷款；中央向省及直辖市支付的建设项目补贴；补足国库账户支出；向下转移支付；结转下年支出等。地方政府负责地方性公共品的供给，如维护地方社会经济发展的稳定、维持地方安全和社会秩序、提供地方性公共基础设施等。具体支出项目包括：地方性投资支出，主要用于调节本地区经济结构，支持省级国有制企业、事业和社会团体，地方发展建设投资；经常性支出，包括地方性的科教文卫支出、支持地方公益团体和公益事业支出、维护地方安全和社会秩序支出、地方行政支出（包括地方政府各职能部门、各合法政党及社会团体等单位）、促进地方社会发展及维持地方经济稳定的支出等；补足省级国库账户；向下转移支付等，其中投资性支出、维持稳定支出及国库账户补充属于省级政府的支出责任，省以下各级政府只承担其他项目支出。

191

（四）各级政府间财权的划分

越南税收分权制度沿袭了过去的行政分级体制，采用按税种来划分政府间税收收入方式的同时，还采纳了共享税的税收分配方式。所有税种被划分为中央固定税、地方固定税和共享税，但税收立法权完全由中央掌握，地方税的税基和税率由中央决定，国内税收的征管由国家税务局（General Departmentof Taxation）负责，而关税由海关负责征收。中央政府固定收入包括：关税、对进口商品征收的增值税及消费税、对具有完整会计账目公司征收的公司所得税、原油税，政府租赁收益和资本收益税、捐助收入、收费收入、历年财政盈余等其他财政收入。

（五）财政收支

2012 年越南财政收入为 740.5 万亿越盾，加上历年结余财政收入达 742.38 亿越盾，完成年度预算收入的 100.3%，其中，国内财政收入459.48 万亿越盾，完成年度预算收入的 92.9%；原油收入 144.4 万亿越盾，完成年度预算的 166%；进出口顺差 131.5 万亿越盾；接受援助 7 万亿越盾，完成年度预算的 140%。2012 年国家财政支出为 903.1 万亿越盾，加上历年财政赤字则达 905.25 万亿越盾，完成财政预算支出的 100.2%。其中，社会发展投资支出 191.791 万亿越盾，完成年度预算支出的 106.6%；偿还债务和援助支出 100 万亿越盾，完成预算支出的 100%。社会经济发展事业、国防、行政管理（包括增加工资）支出 613.35 万亿越盾，完成预算支出的 102%。

（六）财政管理

根据越南政府 2013 年 1 月 7 日颁布的《关于落实 2013 年经济社会发展计划及国家财政预算计划的指导措施》第 01/NQ–CP 号决议，越南财政部 2013 年主要执行好以下管理工作：

1. 采取针对性措施，确保胜利完成国会所批准的国家财政收支任务。缩减财政支出，增加财政收入，力争将财政赤字控制在 GDP 的 4.8% 以内。

2. 加强防范，防止财政收入的流失，加大对违规避税的防范，追缴欠税款，强化税收征管，特别加强对漏税、偷税发生率高的领域的监控。拟定完善税务资料库。加强税收法律实施，加强对社区有关税收法律法规的宣传咨询。对发挥利用来自土地资源、财产、公共财产的资本，特别是土地资源政策进行总结及评估并提出措施，2013 年第二季度向政府总理递呈情况报告。

3. 加大国家财政支出的监督和管理力度，展开严格、有效实施防范财政流失、浪费现象、贪污腐败行为的各项措施。指导认真实施政府总理关于加强勤俭节约，反对铺张浪费的 30/CT–TTg 号批示。严格控制日常性费用支出，指导实行压缩公用经费，包括购置公车、举办会议、研讨会、总结会议、相关签订、动工、授予称号等仪式，节约公用电费、水费、电话费、办公经费以及其他费用。

4.制订实施国家财政预算计划，必须将国家各阶段发展战略和发展方向结合起来，确保国家财政预算的可持续发展，国家财政预算要根据优先排序安排各个行业、领域的投入。

5.财政部根据国家发展目标，配合各部委、有关单位和各地政府拟定并发布有关财政支出、政策和机制。

6.严格遵守各项财经、国家预算纪律，加强国家财政预算利用的检察、监督。加大对保持国家预算平衡的财政支出、国家预算范围内的财政支出，政府担保贷款、国际贷款并向国内贷款，国家基金的支出，控制国家财政预算范围的支出，加强对金融组织的监管，实现货币、外汇和黄金市场信息公开、透明。严格监督政府债款及外债，注重财政及债务安全保障。加大对公共债款、政府债款及国家债款的风险的监督管理力度，推进对其结构重组，调动资金用于贷款风险防范，如期偿还外债，不能让过期欠债情况发生。

193

二、金融

越共八大政治报告中指出，要大力转变货币政策思路和银行活动方式，使之符合市场机制，致力于稳定越盾的购买力，把通货膨胀控制在低水平，有效地筹集资金和发放贷款。伴随着中央计划体制向市场导向经济转移，越南金融部门进行了相应的改革，其最终目的是分散金融垄断，控制金融系统风险。之后，越南在金融深化改革方面取得了积极的成效，并一跃成为一个经济增长快速、市场活跃的地区。但是越南的市场规模无论是从宽度还是广度上来说都难以与其经济发展的需要相匹配，同时所凸显的问题也是较为明显的：以国有商业银行和国有企业为借贷主体的越南金融市场效率低下，不利于越南金融市场形成一个较为合理的利率水平，虽然越南有着多家民营以及外资商业银行等金融机构，但是越南国有商业银行在整个金融体系所占比重过高，其不良资产率占比也居高不下，因此作为金融中介的商业银行在金融市场上的资源配置功能得不到充分的发挥，并更进一步制约了越南的市场改革。

2012年3月越南政府批准了《2011—2015年金融体系改革提案》，提案的主要目的是通过全面改革越南金融体系从而将越南金融业发展成为多功能的金融产业。该提案明确指出要提高越南国有商业银行的作用和地位，充分发挥其市场主导力量，大力推动国有商业银行的股份化进程。同时将现有的金融机构按照财政、运作和管理现状进行分类，对经营能力强的金融机构拟订合适的解决方案，较差的则在其自愿的基础上进行兼并或者收购，否则越南国家银行将会采取强制措施来兼并或收购。建立一个由政策性银行、商业银行、外资（合资）银行以及证券、保险、产权交易市场等非银行金融机构组成的金融服务组织体系，以适应越南经济发展的要求。

（一）金融监管

1. 金融监管组织体系

越南对金融的监管实行分业监管体制，其组织体系主要包括越南国家银行、越南财政部和越南国家证券委员会。越南国家银行与财政部脱钩后，于1990年分立出外贸、建设投资、工业贸易和农业开发等专业银行。国家银行作为中央银行具有货币发行权，其主要职能是制定货币政策、保证货币稳定、防止通货膨胀、管理外汇等。另外，国家银行设立管理委员会，由行长任主席，从银行、经济、财政专员中选举委员进行日常的管理活动。

越南财政部主要履行国家对保险业的行政管理职责，负责颁布相关的法规、检查和监控保险活动以及处罚违规操作者。财政部还管理信用机构的财务，参与越南财政系统的规划和财政政策的制定等。

越南国家证券委员会作为一个政府机构，履行国家对证券市场的行政管理职能，主要包括签发证券公司上市许可证，监管证券公司的经营活动，监管证券交易与证券服务，处罚违规经营的证券公司等。

2. 金融监管内容

金融监管的主要内容包括市场准入的监管、市场运作过程的监管和市场退出的监管等。

信用机构的准入。根据越南信用机构法的规定，信用机构包括银行的和非银行业的信用机构，如融资公司和金融租赁公司。该法规定了信用机构最少的法定资金额度，变更法定资金额度需向国家银行报告，并且规定非信用机构仅可凭越南国家银行签发的许可证提供有限的银行业服务。

证券公司的准入。证券公司（股票经纪人）、保险投资基金和基金管理公司的经营许可证由越南国家证券委员会签发。国家证券委员会规定，信用机构必须设立独立的证券公司才能经营证券业务，外商只允许成立合资的证券公司，且所占比例最大不超过法定资金的30%。

保险公司的准入。保险公司和经纪人经营许可证由越南财政部签发。财政部规定，信用机构必须成立独立的保险公司才能经营保险业务，允许成立外国金融机构的代表处，但禁止从事经营活动。

市场运作过程的监管，越南国家银行对信用机构实行严格的监管，规定信用机构的最小自有资金比（为8%）、最小流动比（为1）以及中长期贷款的最大比例（为短期资金的25%）等，如果某一客户的贷款总量达到或超过资产总值的5%，需告知越南国家银行。

对外国银行支行和合资银行实行更为严格的监督，不仅检查它们的定期统计数据和经营报告，还规定在越外资银行须在每财政年度结束后90天内将年度财务审计报告呈交越南国家银行，同时，需在财政年度结束后180天内将外资银行总行的年度财务报告呈交越南国家银行。外资银行必须实行越南国内的会计制度，如要实行国外的会计制度则必须获得越南国家银行的审批。如认为有必要，越南国家银行可检查该外资银行的经营状况，并采取措施防止或处理任何违规的银行金融活动。

3. 金融监管手段

有效的金融监管手段主要有法律手段、技术手段、行政手段和经济手段，市场体制健全的国家主要采用法律手段，但越南的市场体制尚不发达，所以更多地使用行政手段。

法律手段。越南在金融监管方面的法律体系正在逐步健全，自1997年12月21日越南国家银行颁布的信用机构法以来，法律体系不断完善，

2010年又颁布了《越南国家银行法》、《信用组织法》等10部法律。由此可见，金融监管的立法范围不断扩大。

技术手段。在金融监管的具体执行过程中，越南以现场检查为主，与发达国家采用的非现场检查和聘用外部注册会计师检查差距很大。越南还未实现运用电子计算机和先进的通信系统的全系统联网，在技术手段上还有一大步要走。

行政手段。越南的金融监管以行政手段为主，主要利用利率管制和贷款管制，而且监管的重点在事前，即主要以预防性监管为主，事后监管制度则相对比较欠缺。行政处罚措施是金融监管常用的方式，最轻的是对非故意违规行为进行警告，继而是处以罚金，直至收回相关许可证件。另外，对于违规、不法行为所得款项予以全部没收。

经济手段。越南金融监管当局也采用了一些经济手段。如国家银行在对商业银行进行监管时，其最后贷款人的地位以及对最小自由资金比的规定等就是非常典型的经济手段。在证券市场监管中，金融信贷手段和税收政策都是重要的经济手段。

（二）银行

越南实施革新开放以前，其银行系统主要由越南国家银行（它既是中央银行，也是最重要的商业银行）、外贸银行和建设投资银行组成。1988年7月，越南对银行系统进行调整，进一步加强国家银行的宏观调控能力使之过渡为中央银行，同时把商业银行的功能主要划分给两个新成立的银行，即农业银行和越南工商银行。

1990年10月，越南颁布两个越南银行条例，进一步规范银行业发展。第一项条例下放了国有商业银行更多的自主权，允许它们之间实行自由竞争，鼓励它们从国家以外的其他途径筹资；第二项条例则旨在加强国家银行对银行系统的控制，包括开放市场操作、储备需求和利率降低幅度等。其中，规定了成立信用合作社要由越南国家银行批准和签发营业执照，而不再是由当地人民委员会签发营业执照。

1990年，越南的四家专业银行（工商银行、农业银行、投资银行、外贸银行）的经营效益都很好，都能够独立担当经营损益，有较强的内部控制以及风险防范能力。1991年起，越南开放了私人开办股份制金融机构的大门，私人被允许开办股份制金融机构。1993年，越南股份制的私人银行已经有10家成立。同年，越南各专业银行获批允许外商入股，最多可持有其百分之三十的股权。至1995年年末，越南成立的合股银行达到52家。1997年12月，越南颁布了《越南国家银行法》，并于2003年进行修改。

1. 越南银行改革

2012年3月越南政府批准的《2011—2015年金融体系改革提案》指出，为了促进越南市场经济体制改革的不断深化，构建一个具有完备功能的银行业体系是发展经济的基础。越南拥有一个较为独立的中央银行来执行货币政策与宏观调控，因此需要大力发展政策性银行，以将政策性金融与商业性金融相分离，同时需要构建一个以国有商业银行为主体、多个中小商业银行并存，并以外资与越资合资的商业银行作为必要补充的统一开发、竞争有序、严格监管的银行业体系。银行改革的主要内容如下：

（1）转变越南政府职能，为商业银行竞争创造外部条件

商业银行健康发展以及制度改革的主要障碍在很大程度上是来自货币当局和政府的过多行政干预，越南商业银行竞争良好的外部环境需要通过转变越南货币当局和政府的职能来创造，越南政府和央行作为制度变迁主体须进一步转变其职能，同时放松约束条件，改善调控方式和调控手段，在调控过程中并不干预市场机制的内在作用以及微观经济体的行为，通过完善以间接调控为主、直接调控为辅的宏观调控体系来为越南商业银行的良性发展与竞争创造外部条件。

（2）建立良好的银企关系

越南的国有商业银行在银行业体系中占比过大，其国有独资的产权结构更加需要良好的外部发展环境来保证越南银行业体系的健康发展，因此越南需要加速建立起现代企业制度，在公平与效率的基础上重新建立起国有银行与国有企业的关系，这也是越南六家国有独资商业银行能够保证健康发展的需要。而越南其余的30多家大中小型股份制商业银行则完全可

以利用其机制灵活，主攻个人存户及小型企业融资，或者把发展重心转移至国有商业银行、外资与合资银行较少涉足的地区，利用自身信息优势与当地中小企业建立起稳定的银企关系。

（3）建立现代商业银行制度

越南以国有商业银行为其银行体系改革的重点，进一步完善商业银行经营管理体制改革，争取在商业银行的资产质量、产权结构、服务效益以及约束和激励机制等方面达到国际银行业的要求。

2. 主要银行

（1）越南国家银行

越南国家银行是政府的一个部级的组织，而该银行行长是内阁的成员之一（职位相当于内阁的部长）。该银行行长由政府总理提名并由国会批准，副行长则由行长推荐，并由总理任命，行长及副行长的任期均为5年。该银行的主要职责包括：促进货币稳定并制定货币政策；监管金融机构；向政府提出有关经济政策的建议；为金融机构提供银行设施；管理国家外汇储备；印刷及发行钞票；监督所有越南商业活动及向商业银行做出借贷；发行政府债券及组织债券拍卖；其他有关货币管理及外汇交易事宜。

（2）越南商业银行

越南商业银行发展迅速。统计到2011年12月31日止，越南国有控股银行有5家，即越南对外贸易股份制商业银行、越南工商银行、越南投资发展银行、越南农业银行、九龙江房屋发展银行，它们的注册资本金分别是17587亿越盾、16858亿越盾、14600亿越盾、20708亿越盾、3055亿越盾，这5家国有控股银行注册资本金总额为72808亿越盾；有35家股份商业银行，注册资本金总额为158025亿越盾；有外国银行分行50家，注册资本金总额为23亿7558万美元；合资银行有4家，注册资本总额4亿5700万美元；有外国独资银行5家，注册资本金总额19547.1亿越盾；有财务公司18家，注册年资本金总额为34619亿越盾；有租赁公司

12家，注册资本金总额为3710亿越盾；有外资银行代表处共51个。

（3）越南合作社银行

2013年6月4日，越国家银行行长根据中央人民信用基金的建议批准成立合作社银行，并同意将27个中央人民信用基金分支机构更名为27个合作社银行分行。越南合作社银行7月9日正式投入运营，总部坐落于河内市纸桥郡中和坊阮氏定15T大厦，其法定资金为3万亿越盾，运营时间为99年，英文交易名称：Co-op Bank。越南合作社银行原为越南中央人民信用基金，与商业银行不同，合作社银行是在成员自愿参与、资源融资和按照法律规定运营的基础上成立的。目前，合作社银行在相互支持、相互帮助等原则的基础上，满足农村地区的资本需求，进而满足城市地区的部分资本需求。其目的是有效利用各成员的资本，推动生产经营活动，改善农民生活条件等。

越南合作社银行其活动范围覆盖全部越南领土，同时在越南国家银行的批准下可以在国内外成立分行。关于活动的内容和范围，越南合作社银行可以向人民信用基金会股东开立存款账户。根据越南合作社银行董事会批准的调控资金规定，向人民信用基金会股东提供调控资金的存款、贷款服务，并公告于所有人民信用基金会。获得国家银行的批准之后，在人民信用基金会股东的活动中建设、发展以及应用各种新产品和服务，以满足人民信用基金会股东的要求以及为发展公共利益而服务。对于人民信用基金会以外的客户，越南合作社银行可以接受活期存款、定期存款、储蓄账户，以及组织和个人的其他存款类型。按照国家银行的规定，在满足人民信用基金会股东的调控资金需求时，可以向人民信用基金会以外的客户提供贷款，并维持其债务余额比率。

此外，越南合作社银行可以发行存款证、期票、信票、债票和其他有价值的证书，以筹集国内外资金，按照央行规定和有关法律规定，进行委托和接受委托的服务，在规定的注资和其他贷款形式上向央行贷款，实现折扣、再贴现、抵押商票和其他有价值的证书等工作，银行担保，发行信用卡等服务。

（三）货币政策

1. 货币政策目标

2011年1月召开的越共十一大制定《2011—2020年经济社会发展战略》中，提出越南的货币政策目标为：控制通货膨胀，稳定币值，采取积极和灵活的货币政策，促进可持续增长。建立银行业务的法律框架。扩展通过银行支付和非现金支付的形式。根据市场原则制定灵活的汇率和利率政策。进行外汇管理政策创新，逐步扩大资本交易的范围，消除在越南领土上使用外国货币作为支付的手段。加强国家银行制定和执行货币政策的作用，从紧的货币政策与财政政策相组合。加强金融和货币活动的检查和监督。

2. 从紧和灵活的货币政策

越南政府2013年初分析越南经济形势认为，越南通胀压力仍很大、宏观经济运行中的不稳定因素仍存在，货币市场仍未恢复正常，贷款利率水平虽有所下降但仍处于高位，不良债款趋于增加，生产经营活动还有很多困难特别是融资领域，库存量大，社会总需求减少，房地产低迷，证券市场交易成本进一步下降，人民生活尤其是享受优惠政策对象、贫困户、低收入群体的生活仍很困难。为此，越南政府《关于落实2013年经济社会发展计划及国家财政预算计划的中央政府指导措施的第01/NQ-CP号决议》，提出了2013年要着力抑制通胀，稳定宏观经济，实施从紧、慎重和灵活的货币政策。

越南国家银行方面，一是主动和灵活地运用货币政策工具，货币政策与财政政策要配合使用以实现抑制通胀的目标，加强稳定宏观经济和注重合理控制经济增速。二是根据宏观经济运行走势、经济增长支持适度以便抑制通胀目标和协调利率水平，保证金融体系流动性合理充裕，信用体系和国家经济稳定。三是根据市场价格走势进一步做好物价稳定工作，强化越盾货币价值，加紧完善稳定黄金市场的管理机制，逐步缩小国内与国际金价，采取同步措施改善国际流动性状况和增加政府外汇储备。四是为了促进通过银行而不用现金结算发展，继续展开有效落实政府总理于2011

年12月27日颁发的第2453号关于从2011年至2015年在越南促进不用现金结算的提案之决定书。五是基本完成各实力薄弱的财政、信用组织的结构重组工作。坚决查处违法违规的财政、银行运作行为，支持证券市场健康发展。

3. 采取措施化解不良贷款

越南政府2013年1月7日颁布第02/NQ-CP号决议，做出《关于解决生产经营中的困难、扶持市场、化解不良贷款各项措施的决议》，决议就资金贷款提出以下要求：

（1）越南国家银行一是继续实施紧缩、慎重的财政政策，主动灵活使用货币政策工具，保持信贷增长速度，确保银行体系流动性充裕，为实现抑制通胀的目标提供有利条件；二是根据通胀率下降情况下调贷款利率；三是采取措施简化贷款手续，简化对农业、农村领域、中小型企业、出口商品生产企业、辅助工业企业融资手续流程；四是将信用组织、外国银行驻越南分行向出口企业提供的外汇短期贷款的期限延长到2013年12月31日。

（2）商业银行方面，决议提出推进商业银行体系重组，依法采取适当措施坚决整顿活动效果差的银行，力争确保银行体系稳定和维护存款、使用银行服务的个人、组织的合法权益。决议要求越南国家银行指导各家国有商业银行安排（至少其贷款总额的3%）的资金，以低利率方式向租赁、购买保障性房屋或租赁、收购面积小于70平方米、房价低于每平方米1500万越盾的低收入者、公务员、武装人员，以及向保障性住房建设企业、将建设投资项目转化为保障性住房项目的投资者，提供信贷支持和还债时间符合贷款的期限和客户还债能力的优惠贷款。与建设部配合于2013年第一季度颁发有关指导落实上述内容的法律文件，旨在确保上述的贷款有效、有目地利用。

国家银行通过利率合理、期限最长10年的再融资渠道向商业银行提供20万亿—40万亿越盾，以供上述对象贷款之用。指导各信用组织核查并加快经济效益好、资金回收率高的生产、经营项目的贷款审批流程，与此同时主动审议并向授权审批有关对国家重点项目、服务于社会经济发展需求的项目提供超过既定贷款数额的贷款的机关汇报。

（3）财政部配合其他部门和各地政府加强政府性债务管理和风险控制，确保债务偿还能力和国家债务处于安全线之下。财政部通过越南开发银行系统及各地信用担保基金，建立完善的中小企业信用担保体系，其中重点实施以下措施：一是从支持企业发展基金提举 2500 亿越盾并纳入越南开发银行信用担保基金，对越南开发银行信用担保能力进行评估，确定其资金需求，投资与计划部根据下一阶段开发投资要求，为越南开发银行信用担保基金安排资金。二是通过各地未上缴中央国库的股份化收入和为增加地方信用担保基金注册金的地方预算支出等筹资渠道，增强地方信用担保基金的融资能力。三是各省政府及中央直辖市政府加强对当地信用担保活动的监督，并及时采取措施，化解困难，引导各相关机构依法办事。根据市场利率，下调投资和出口信贷利率。

（4）越南开发银行方面，按照政府出口信贷机制，为供出口用的水产品养殖业给予信贷支持。考虑将电力、供水、水泥、钢铁生产、环保等大规模基础设施建设项目的贷款期限从 12 年延长至 15 年。考虑将蔬果和水产品出口信贷期限从 12 个月延长至 36 个月。向农村交通、水利工程和水产养殖基础设施建设项目的信贷支持计划提供不超过 10 万亿越盾的追加金。同时将农村公路、桥梁水泥化改建项目列入信贷支持范围。

（5）交通运输部、财政部、计划投资部按照国会 14 号决议精神和公共债务管理法律规定，制定发行政府担保债券的方案，筹资扩建 1A 国道和 14 号国道。

三、证券市场

1986 年越共六大确立革新开放路线，随着经济的发展，越南对资本的需求进一步扩大，1993 年越南国家银行行长签署第 207/QĐ-TCCB 号决定，成立建立和发展资本市场研究委员会，主要任务就是研究提出合适的方案，为建立证券市场做准备。1996 年 11 月 28 日根据政府第 75/CP 号决议，越南成立国家证券委员会，负责管理证券和证券市场。越南是在还没有证券市场的情况下，政府先行成立证券市场管理机关，这为 3 年后越南开办证券市场做了充分准备。1998年7月11日越南颁布第127/1998/QĐ-TTg号关于成立胡志明市证券交易中心的决定，但由于1997年亚洲金融危机的影响，直到2000年7月20日胡志明市证券交易中心才正式开始运作，2000年7月28日以两家挂牌上市公司开始执行第一盘证券交易。这两家上市公司为机电工程股份公司（REE）和远通无私股份公司（SACOM）。为加强对证券市场的有效管理，2004年2月19日根据66/2004/NĐ-CP号决议，越南国家证券管理委员会交由越南财政部管理。2005年3月8日，越南另一家证券交易所河内证券交易所（OTC）开业。2006年越南国会通过了《证券法》，并于2007年1月1日正式开始生效。

（一）越南证券市场发展快

越南证券市场发展起步晚，发展相对稳定，就是在越南国内外环境十分困难的情况下，仍基本保持安全运营。与成立之初相比，越南证券市场规模已扩大50倍；成立第一年市值仅为GDP的1%，2011年扩大至GDP的27%；上市公司数量从最初10余家增加到目前近800家，交易量增长40余倍；12年来共筹资350亿美元，仅2007年就筹资62亿美元；投资账户数量从3000余个增加到目前120万个。

越南证券市场的交易品种主要有股票、债券、基金，其中的股票又包括国有企业股票和私企股票，债券则包括国债和企业债券，基金则是证券投资基金。越南证券市场的交易产品主要以股票和债券为主，基金的数量较少，其中债券的数量占比最高，但是股票数量的增速很快。从股票的流通性看，越南证券市场中的股票可以全流通，股东持有的小部分的库存股虽然没有上市交易，但也是具有流通性的，可以随时进入市场交易，很多股东为了公司的控股权而不愿意入市交易。2006年的数据显示，越南的股票和债券品种分别为106种和367种，此外，还有两个上市总额为7.2万亿越盾的基金。债券市值占比较高，股票市值占比次之，基金市值占比很小。

2007年以前，越南经济飞速发展，证券市场处于黄金阶段，业界普遍看好发展前景，投资者趋之若鹜，市场规模迅速膨胀。2008年中，证券市场开始显露下行轨迹，然而投资者仍相信市场能很快恢复，投资热情不减，证券交易额达到顶峰。2009年，受国际金融危机和国内经济衰退双重影响，投资者开始恐慌并撤资逃离，证券市场急转直下，飘红（下跌）一度成为主旋律。2011年，越南综指全年下跌27.5%，相当于133点；河内综指下跌48.6%，相当于55.5点，投资者信心严重受挫。2012年11月6日交易日越南更出现了历史新低，河内综合指数（HNX-INDEX）收盘时仅为50.7点。河内市证券市场出现股值为5000越盾的股票，有的甚至低到1000越盾。胡志明市股市的越南股市指数（VN-Index）2012年1月3日开盘时为350点，到1月12日收盘时股指下跌至348.11点。经过5个月的涨涨落落，5月8日收盘时涨到488.07点。8月21日到11月2日经过两次大幅下跌，但到年底胡志明市股市还是超过400点。根据越南国家证券委员会统计，截至2012年9月底，全国704只股票中，有431只股票的价格跌破原始价，证券市场股票总市值减至723万亿越盾（约合344亿美元），其中河内证券交易所股票市值仅余39亿美元。

从2012年来看，越南还是世界上股市保持上涨的40个国家和地区之一。与2011年底相比，越南股票指数中VN-Index指数上涨17.7%，HN-Index指数上涨2%。股市资本约为750万亿越盾，与2011年底相比增加190万亿越盾，占GDP的28%。证券市场困难大，但期货市场交易活跃，当延长交易时限和实施市场令后，交易规模每期都达到1.946万亿越盾，与2011年相比增长40%。2012年越南证券市场的上市公司效益欠佳，国内经济发展低迷。建筑材料、电子、电力设备、电力、油气、建筑、不动产、批发和零售业等亏本严重，股市募集资金困难，股票发行和股份化募集到的资金只为10万亿越盾，与2011年相比下降42%。国外间接投资为1.93亿美元，与2011年相比下降35%。但通过证券市场发行的国债突破历史纪录，达到160万亿越盾，与2011年相比翻了一番。投资者投资贷款达到1200万亿越盾，2012年年底越南证券市场趋于稳定。

（二）建立并执行严格的证券市场发展政策

2006年8月23日，越南国会通过《证券法》，于2007年1月1日开始生效。该法规范了有关向公众发行证券、公司上市、股票交易以及证券相关服务等一系列领域的活动。同时，该法很多条款要求上市公司增加透明度以及保护投资者合法权益，相对应地，大大降低了上市公司利用信息不对称进行暗箱操作侵害投资者，尤其是中小投资者利益的可能性。另外，《证券法》还规定了证券投资公司成立运营采用股份公司的组织形式。《证券法》的颁布使得整个国家证券市场的活动真正做到了有法可依。

（三）越南国家证券委员会加强管理

越南国家证券委员会主要是完善法律、政策机制，进行证券市场重组，及时处理账户，帮助证券公司渡过难关。国家证券委员会把2012年定为证券市场重组年，其内容涉及重组金融中介机构、交易市场、投资来源、证券公司等四大领域。证券市场存在许多不足和问题，其中包括信息发布问题。保障证券市场的公开和透明，信息发布及时。面对证券市场的不断下滑，从年初到4月，国家证券委加强检查监督财政实力不足的证券公司，要求审计公司向证券委汇报存在问题的证券公司状况，迫使这些公司查找原因并采取解决措施。通过出售兼并、重组、缩小经营范围等方式，重组证券市场。制定了《到2020年证券市场发展战略》，颁布《间接投资方案》、《证券市场和保险企业重组方案》、政府总理关于促进证券市场管理的指示、《证券公司重组方案》。财政部提出《证券法》修改和实施具体意见，发布股票发行、上市公司信息公开、证券公司经营管理等规定。

（四）不断进行证券公司重组

证券市场主要有主板市场和中小企业板市场两个层次，分属于胡志明市证券交易所和河内市证券交易所。胡志明市证券交易所是主板市场，上市的资本门槛要求高，主要满足规模较大企业的上市融资与交易；河内市证券交易所是中小企业板市场和场外市场，上市的资本门槛较低，主要服务于较小规模企业的上市融资与交易，也服务未上市企业的场外股票交易。这两个交易所具有明确的分工，也形成了越南证券市场的主体层次结构。越南通过证券公司重组方案，提高上市公司的质量，组成新的投资基金，成立两家开放基金，完善交易机制，使用新的股票指数，即越南股

205

指和河内股指（VN-Index 30，HNX-Index 30）。2012年2月6日，胡志明市证券交易所开始使用越南30股票指数（Vn30-Index）。7月9日，河内证券交易所开始使用河内30股票指数（HNX30-Index）。延长交易时间，实施市场令，削减最低持有股票的时间，扩大股票交易区间，开始发展网上交割拍卖系统。同时为了吸引更多投资者，为了提高股票市场的交投量和活跃度，越南还进一步放宽证券交易规则、加快推进吸引国有企业上市、拓宽企业IPO上市通道，等等。越财政部部长签署第226/2010/TT-BTC号通告，批准了证券公司重组方案。2012年按财政部226号通知进行第一阶段工作，重点是集中处理弱小的证券公司。具体是：从年初起至2012年4月1日，可用资金（VKD——可在90天内变现的自有资金）与风险资金（TRR）之比小于120%的证券公司须执行每日报告制度，VKD/TRR之比小于150%须执行每周报告制度。如有证券公司尚未分割投资者资产则必须在2个月内完成。如有证券公司连续出现无钱结算、滥用客户存款的违法行为将撤销其证券中介业务。自2012年4月1日起，接受监管的证券公司（VKD/TRR之比小于150%和累计亏损达30%—50%法定资金的证券公司）和接受特殊监管的公司（VKD/TRR之比小于120%和累计亏损达50%以上法定资金的证券公司），将根据226号通知采取行政和经济手段。按规定对证券公司进行为时6个月的特别监管，加上这些年累积亏损额，则许多证券公司都要停业整顿。全国105家证券公司中，有71家亏损经营，其中40家缺乏偿还能力，已有4家申请中止中介业务，撤出证券市场。

（五）存在问题与发展前景

越南证券市场也存在不少问题，2012年越南国家证券委员会认为，证券市场不景气的主要原因，一是大部分上市公司财务报告不透明，证券价格为少数公司操纵；二是国内经济不景气，许多上市公司陷入困境，负债累累；三是2012年8月20日亚洲商业股份银行（ACB）原董事会副主席阮德坚和ACB原行长李春海相继被捕，给证券市场造成较大冲击。

根据越南政府批准的证券市场发展规划，到2020年，越南将集中推动商品、投资者、证券公司和证券交易所等四个方面的改革重组，逐步规范证券市场发展。越南证券市场的发展前景大部分投资者还是看好的。2013年越南强化公共投资活动的效益，有效使用官方发展援助资金，大力吸引外国直接投资资金，集中发展国内债券市场，推动证券市场结构重组，成立开发开放基金、证券投资公司及房地产投资基金会等新型机构，进一步处理坏账、解决库存量和融化正在冻结的信贷市场。2013年越南股市有所回升，股市指数有一定程度上涨。

四、保险

1998年以前越南只有一家越南保险公司，简称越保。越南保险公司于1965年1月15日成立，当初越保公司只经营进出口货物、远洋运输等保险业务。1998年越南允许私人经济参与经营保险业，同年6月成立邮电保险股份公司，1999年批准成立2家合资保险公司和4家外资独资保险公司，2家合资公司分别为越澳保险合资公司（BIDV-QBE）和保明人寿保险公司（CGM），4家外资公司分别为Allianz/AGP保险公司、Chinfon-Manulife保险公司、Prudential人寿保险公司和美国国际人寿保险公司。2005年至2006年期间，越南进一步开放保险业，先后批准成立BIC、AAA、TOAN CAU、BAO NONG、BAO TIN等国内保险公司，和AIG、QBE、ACE、LIBERTY、ACE LIFE、PREVOIR、NEW YORK LIFE等外资保险公司。近年，越南保险业发展迅速，统计到2012年12月31日，越南的保险市场从当初只有一家经营非人寿保险业务的国营保险公司，发展到57家公司，其中，经营人寿保险14家、非人寿保险29家、再保险2家和保险经纪12家。

（一）越南保险业增长迅速

2012年越南保险市场营业收入约为40.858万亿越盾，与2011年相比增长11.7%。其中，非人寿保险收入约为22.942万亿越盾，增长11.5%；人寿保险收入约为17.926万亿越盾，与2011年相比增长12%。2012年投资回报额为90.591万亿越盾，与2011年相比增长9%。其中，人寿保险企业收入约为66.361万亿越盾，与2011年同期相比增长10.4%；非人寿保险企业收入约为 24.23 万亿越盾，与 2011 年同期相比增长 5.6%。全年赔付和保险回报额约为 15.856 亿越盾，人寿保险赔付约 6.679 万亿越盾，非人寿保险赔付约为 9.177 万亿越盾。通过中介获得的保险收入约为 5.094 万亿越盾，与 2011 年相比增长 12.7%。保险中介获利约为 3980 亿越盾，通过中介获得的利润占非保险收入的 7.8%，与 2011 年相比增长 15.8%。

（二）进一步健全保险法律制度

2012 年越南进一步完善保险业的法律制度，满足市场经济发展要求，符合国际准则，为保险业的发展提供法律制度保障。2012 年 7 月 30 日，越南财政部颁布 124/2012/TT-BTC 号通知，具体规定执行政府 2007 年 3 月 27 日公布的第 124/2012/TT-BTC 号决议、《保险法》和政府 2011 年 12 月 28 日颁布的第 123/2011/NĐ-CP 号决议，对《保险法》修改条款进行具体实施。2012 年 9 月 18 日，财政部颁布第 2330/QĐ-BTC 号决定，制定 2011—2015 年越南保险市场发展规划。

（三）加强对保险市场的管理监督

2012 年越南保险监督管理局加强对保险业的检查监督。通过清查检查，保险管理局发现并及时处理出现的问题，收缴国库的经费达 4 万亿越盾，在市场检查过程中，保险管理局接受并处理对保险业的投诉，保证保险市场稳定发展。

为了防止保险业中的洗钱行为，2012 年保险监督管理局及时监督，告诫从事保险业务的企业严禁帮助洗钱，接受 2 起异常交易的报告，并进行法律查处。进行农业保险的试点，到 2012 年 10 月 30 日止，为 18 万户农民进行价值 2.97 万亿越盾的果树、家畜、水产品保险，保险额为 1951 亿越盾。加强对出口、宣传和培训的信用保险。到 2012 年 9 月，保险企业为 30 份价值 5.32 万亿越盾、保费为 158 亿越盾的合同提供保险。在保险中，企业赔付了 96 亿越盾。

（四）越南保险市场存在的问题

第一，保险产品方式单一。越南目前只有 800 种保险产品，保险企业间的产品差别不大。对医疗保险、职业保险重视不够。第二，保险业中介发展慢，保险中介人员培训少，在保险推广宣传中作用发挥不明显。国内保险产品推广还主要依靠关系，中介还不能起到联系客户与企业的桥梁作用。保险代理还没有成为一种职业。第三，保险业的发展满足不了社会经济发展需要。保险收缴费以手工为主，网上经营业务少。保险业务量增加，保险的网点少，保险人员流动大，经营混乱。企业内部监管不严，规章制度流于形式。非人寿保险业内存在不良竞争。第四，国家对保险业的监督管理还存在漏洞，对保险业的管理不专业，对保险业的信息化管理投资不足。管理干部的水平欠缺，实践经验不足，管理机关吸引人才的机制不健全。

（五）越南保险市场潜力巨大

越南保险市场还面临很多困难，2013年保险管理监督司根据职责，对保险行业风险进行预报评估；根据标准对保险企业进行分类，按分类进行管理监督。

第一类保险企业，继续巩固保持正常经营，扩大活动范围；加强企业内部检查监督；检查经营网络和组织机构。第二类保险企业，提高企业财政和管理能力；在投资和保险经营中保证效益和安全；制定企业经营方案，集中力量经营优势市场；减少市场开拓和管理的费用；24个月没有利润，保险管理机关将缩小保险企业的经营范围。第三类保险企业，制定并实施结算恢复能力；增长资本，提高财政能力；制定再保险方案；增加效益，增加保险投资、经营的安全；提高管理能力。对该类保险企业，制定并实施结算恢复能力；改组组织活动机构；转交保险合同。第四类涉及濒临破产的、受到国家特别控制的保险公司。这些公司如果不能解决资不抵债的问题，将被大公司兼并，或者进入破产程序。

越南保险业发展机遇良多。2012年9月18日，财政部部长签署第2330/QĐ-BTC号决议，批准2011—2015年越南保险业发展规划，为保证保险业市场稳定发展，达到增长指标，管理机关将继续制定措施，加强监督管理，进一步推动保险试点，特别是农业和出口产品的保险。

第十章 交通及基础设施

基础设施包括交通、通信、能源、市政建设等。本章重点谈越南的交通、电力、水利设施等，通信将在另一章专门评述。

一、交通运输

越南国土面积狭长，东西窄南北长；地形复杂多变，全境面积的3/4为山地、丘陵和高原，平原地区沿河沿海分布，且面积不大。这样的地理特点对交通的发展产生了深刻的影响：公路、铁路多分布在沿河沿海平原，河运主要在红河部分河段和九龙江及其支流，沿海大小港口密布，海运发达，航空运输以河内市和胡志明市为主要枢纽。

（一）越南交通运输概况

交通基础设施建设是拉动经济发展的引擎，完善的基础设施可以最大化吸引外资，促进本地资源开发，实现人、物空间位移，实现财富快速周转和积累。交通的发展伴随着历史的每一阶段，甚至每一种新的交通工具的发明和运用标志着那个时代的发展水平。从封建时代，到近代殖民统治，再到抗美和革新开放，越南交通发生了巨变，这种变化体现在新式交通工具的引进和交通方式的日益革新发展。

具体来说，在航海技术落后的封建时代，交通以陆路为主。到七八世纪，当时的郡县时期已形成了一个发达的水陆交通网，各县治与州治以及各个州与宋平（今河内）之间都有道路相通，各居民点的联络以路面较差的公路为主[①]；河运仅仅在大河平原地区保持较小范围；海路仅仅是较小规模，以通商贸易为主。

近代殖民时期铁路和火车的引进逐渐取代传统的徒步或水路，成为长距离运输的首选，近现代公路级别和里程日益提高，海洋运输逐渐发展。

法属时期，殖民统治者为了殖民主义开发和掠夺，大力发展交通，最为显著的是铁路的建设。从1896年至1912年，印支殖民当局5次向法国政府借贷共4.99亿法郎来建立它的基础设施，其中铁路建设为4.21亿；公路、桥梁为1500万；水利为2160万；城市交通为830万；港口为820万；军事与民用设施为580万；海灯、浮标为150万，电讯为60万[②]。到1939年为止，铁路长度为2569千米，公路长达21000千米；除西贡、海防等老的港口得到扩建外，鸿基、锦普、边水、岘港等港口也兴建起来；内河航运也有发展[③]。

抗法抗美时期，受长时间战争环境的影响，越南北方交通运输设施八成以上国营化，以加强交通的管理和支援战争。但交通发展较为滞后：铁路、河运由于不易隐蔽，易遭袭击而较少使用；南北大动脉的1号公路、河内至西贡铁路由于南北隔离而中断。这间接促进了边远地区交通的发展，陆上、海上胡志明小道的开辟便是明证。总之，这一时期的交通线由于战争多受破坏，新开辟的交通线也旨在服务民族解放战争。南方由于美国的援助，交通运输得到一定发展。1957—1960年，美国援助的侧重点转向经济发展，公路、桥梁、铁路和运河得到恢复[④]。

1975年，越南实现南北统一，南北交通恢复运行，"二五"期间（1976—1980年），越南恢复和新建铁路近1500千米，桥梁4万米，港口

---

① 越南社会科学院编著：《越南历史》（第一集），北京大学东语系译，北京：北京人民出版社，1977年版，第124页。

② [越]陶文集主编：《越南经济45年（1945—1990）》，许文生等译，南宁：广西人民出版社，1992年版，第111页。

③ 梁志明主编：《殖民主义史：东南亚卷》，北京：北京大学出版社，1999年版，第330页。

④ [美]约翰·F.卡迪：《战后东南亚史》，姚楠等译，上海：上海译文出版社，1984年版，第299—230页。

码头 4000 多米，增加机车 70 台，海轮 20 万吨，内河驳船 14 万吨[①]。但是交通发展受制于侵柬战争而资金匮乏，这种状况一直持续到革新开放之初。

1986 年越南实行革新开放，各项事业开始逐步改善，交通建设逐渐加快发展。1995 年，公路总长 177300 千米，河运总长 40900 千米，铁路总长 3218 千米，大型港口 7 个，主要机场有 3 个国际机场和 13 个国内机场[②]。交通运输的建设和发展对经济发展起到了很大的促进作用。

表 10-1　1995—2012 年越南五种运输方式货运统计（单位：千吨）

年份	合计	铁路	公路	河运	海运	航空运输
1995	140709.9	4515.0	91202.3	37653.7	7306.9	32.0
1998	189184.0	4977.6	121716.4	50632.4	11793.0	64.6
2001	252146.0	6456.7	164013.7	64793.5	16815.8	66.8
2004	403002.2	8873.6	264761.6	97936.8	31332.0	98.2
2008	653235.3	8481.1	455898.4	133027.9	55696.5	131.4
2009	715522.4	8247.5	513629.9	137714.5	55790.9	139.6
2010	800886.0	7861.5	587014.2	144227.0	61593.2	190.1
2011	885681.5	7285.1	654127.1	160164.5	63904.5	200.3
2012（初步）	959307.7	7003.5	722156.4	168493.0	61476.1	178.7

数据来源：越南统计总局，http://www.gso.gov.vn/default.aspx?tabid=394&idmid=3&ItemID=13896。

目前，越南交通已形成了以首都河内和最大城市胡志明市为中心的陆水航空网络。主要交通运输走廊有：

1. 南北沿海交通走廊

连接越南三大重要经济区的纽带，具有特别重要的意义。由于地形的特点，运输方式有公路、铁路、航海和航空运输，但以公路为主。该走廊沿着 1 号国道和统一铁路，连接着越南南北两大战略核心区。日货运量达

213

[①]　郭明等：《越南经济》，南宁：广西人民出版社，1986 年版，第 207 页。

[②]　Văn Thái: Địa lý kinh tế Việt Nam, Hà Nội: Nhà xuất bản Thống Kê, 1997, tr. 235.

109543 吨，日客运量达 74722 人次（2011 年数据）。

2. 北部重点经济区交通走廊

首都河内连接北部主要省市海防和广宁省有三种交通运输方式：公路、河运和铁路。公路有 5 号和 18 号国道；河运有红河河运；铁路以河内—海防为干线。日货运量达 241317 吨，日客运量达 101798 人次（2011 年数据），货运以河运为主，客运以公路为主。

3. 河内至老街交通走廊

中越合作特别重要的走廊，有三种交通运输方式：公路、铁路和河运（主要是红河河内至越池段）。公路有河内至老街的高速公路；铁路有河内至老街线。日货运量达 35703 吨，日客运量达 39289 人次（2011 年数据），货运以铁路和公路为主，客运以公路为主。

4. 河内至谅山交通走廊

这也是中越合作特别重要的走廊，有两种交通运输方式：公路和铁路。公路有 1 号公路；铁路以河内至同登为主。日货运量达 12215 吨，日客运量达 16016 人次（2011 年数据），以公路运输为主。

5. 南部重点经济区交通走廊

连接胡志明市和金瓯市，有两种交通运输方式：公路和河运。河运以胡志明市为主的九龙江干支流。日货运量达 50643 吨，日客运量达 81964 人次（2011 年数据），以公路运输为主。

（二）公路运输

1. 发展简况

越南公路运输受地形地貌和天气影响较大，在生产力发展落后的古代，地理对公路的影响更加突出。一般来说，平原地区公路较早较好发展，而山地地区公路发展较为落后。

古代，限于技术落后、人力匮乏，越南道路发展极为落后。在当时的条件下，道路多为泥路，天气对道路的影响很大，交通工具多为人力、牛或马力等。"（山）横当大路，居人于山半掘开，可通车马，两岸壁立如甬道云"①，突出说明了当时的公路发展状况，但开山辟路的情况在当时是鲜有的。

越南现代公路网络形成于1912年，当时法国殖民者决定建立贯通整个印支半岛的公路网络，公路全长3万多千米。其中1.3万千米为碎石路，1万千米的路可以过汽车，7000千米的路面很窄，只有在旱季才通行车辆②。

八月革命后，越南临时政府成立，临时政府的"交通部"称为"交通公政部"③，公路是最重要的运输领域。长期以来，交通发展服务于民族独立的革命，这主要是指公路：从北方运往南方的源源物资由于铁路、水路的阻塞，只有选择偏远地区的公路，胡志明小道的开辟便是其中的辉煌篇章。"胡志明小道"于20世纪50年代末开辟，抗美时期是支援南方的物资运输"生命线"，其大体沿越老边界和长山山脉。以河内为起点，纵贯南下，延伸至越柬边境入越南南方。

1975年，越南实现南北统一，完成民族独立的历史使命。公路功能逐步由服务民族革命转向服务经济社会发展，公路建设沿着运输快速、安全的方向发展。公路开始走向层级化、网络化和专业化。从级别看，全国公路分为县道、省道、国道；从道路材料看，有普通公路和高等级公路。

表 10-2　越南公路里程一览表（2008—2010 年）

公路类型	年份	国路	省路	县路	合计
水泥路 (Nhựa và bê tông nhựa)	2008	14430	23704	41974	80108
	2009	14768	25950	47323	88041
	2010	15085	27976	50474	93535

---

① 戴可来、杨保筠校点：《岭南摭怪等史料三种》，郑州：中州古籍出版社，1991年版，第91页。

② 余富兆编著：《越南经济社会地理》，广州：世界图书广东公司，2010年版，第169页。

③ 临时政府的"交通公政部"后更名为"交通邮政部"，20世纪70年代始称"交通运输部"至今。

（续表）

公路类型	年份	国路	省路	县路	合计
石路 （Đá）	2008	—	422	7903	8325
	2009	—	2655	6243	8898
	2010	—	1830	5213	7043
砂石路（Cấp phối）	2008	181	4756	32419	37356
	2009	297	4429	32334	37060
	2010	285	4175	30419	34879
土路 （Đường đất）	2008	—	3237	42367	45604
	2009	—	3291	43359	46650
	2010	—	2609	50678	53287

数据来源：根据越南统计总局网站数据整理，http://www.gso.gov.vn/default.aspx?tabid=394&idmid=3&ItemID=12746。

近年来，随着经济社会发展需要，对公路的运输效率提出了更高的要求。越南政府不断加强对公路的改造和升级，其中最为重要的是对南北公路大动脉1号国道的升级。

目前，越南公路总里程达到258200千米，其中国道和高等级公路达到18744千米，占公路总里程的7.26%；省道23520千米，占9.11%；县道49823千米，占19.30%；乡道151187千米，占58.55%；市道[1]8492千米，占3.29%；专用公路6434千米，占2.49%[2]。

2. 主要公路网

红河平原和九龙江平原位于一北一南，分别以河内市和胡志明市为中心，形成了较为密集的公路交通运输网，沟通南北的广大中部地区公路沿沿海平原延伸。因此，越南公路网有其鲜明特点：以河内市和胡志明市为中心的团状密集分布，中部沿海公路是连接南北两大地区的重要纽带。

河内市及周边公路网。作为首都的河内是全国交通中心：通向河内的

---

[1] 根据2011年越南颁布的《公路法》规定，市路是指分布在城市的道路，也即街道等。

[2] 越南交通运输部发展战略院网站：《〈至2020年展望2030年越南交通运输发展战略〉调整报告》。该报告于2013年2月25日由越南总理阮晋勇签署。

公路主要有：1号、2号、5号、6号和32号国道，此外多条公路经过河内；环城线有正在建设或规划中的二环（全长约43.6千米）、三环（全长约55千米）、四环（全长约125千米）和五环（全长约320千米）。未来将建设多条高速公路，实现北部地区更加密切的连线①。

胡志明市及周边公路网。以胡志明市为中心的九龙江平原地区交通发达，公路网较为密集。主要国路有：1号、50号、51号、55号、22号、22B号、13号、20号、1K号、30号、60号和62号国道等；以胡志明市为中心建设三环（89.3千米）、四环（197.6千米）②。

中部公路网。越南中部狭长，省份多，南北交通联系必须经过中部省份。主要公路有：1号国道和胡志明公路中部路段，贯通南北及沿海各省市之间的公路。

根据2001年颁布的《公路法》规定，越南的公路分为六大类，分别是国道、省道、县级公路、乡级公路、市道和专用路。此外，《公路法》对公路的命名办法做了明确规定：

①公路名可以以名人、对国家有功的人或遗迹名、历史事件、文化、地名或习惯命名；公路编号须以顺序和大写字母结合；市道和国道的结合处应使用市道和国道编号。

②公路名和编号纳入地区公路网，国际公路应依越南与相关国家的协议进行。公路连接地区公路网，则国际公路应使用国内公路和地区公路的全名和编号。

目前，越南拥有国道104条，以及全长167千米的5条高速公路路段③。越南重要的公路有：

①　根据2011年1月24日，越南总理阮晋勇批准的《至2020年定向至2030年北部重点经济区交通运输发展规划》。

②　胡志明市三环、四环建设方案于2011年已经批准，总投资达到15万亿多越盾，按照规划，分别将于2017年和2025年完成。

③　越南交通运输部发展战略院网站：《〈至2020年展望2030年越南交通运输发展战略〉调整报告》。另据2013年2月批准的《至2020年定向至2030年越南公路交通运输发展规划》，这5条高速公路路段分别是：①胡志明市—忠良高速公路，全长40千米，4车道；②惹桥—宁平高速公路，全长50千米，4车道；③莲姜—大吶高速公路，全长19千米，4车道；④河内三环（福东桥至梅毅段），28千米，4车道；⑤升龙大道，全长30千米，6车道。

217

1号国道或称南北公路，编号为"1A"。以友谊关为起点，经29省市终点到金瓯省南根（Năm Căn）县，全长2300千米，有大小桥梁874座，除约476千米的4车道外全线均为2车道。目前，1号国道分成37段进行拓宽建设，预计总投资58万亿越盾，拓宽后的1号国道将为4车道，这将大大提高其运输能力。

胡志明公路。起点为高平省北坡，终点为金瓯省德美（Đất Mũi），经30个省市，全长3167千米（其中主线2667千米，西支线500千米）。该路分阶段完成改造升级：第一阶段（2000—2007年），加固河内市和乐至昆嵩省新景乡段；第二阶段（2007—2010年），全线贯通；第三阶段（2010—2020年），完成全线建设并达到各段技术指标。

279号国道。东起广宁省，西至奠边府，1979年建成，全长980千米，途经谅山、北件、宣光、河江、老街、莱州、山罗和奠边。此线把越南东北和西北连成一片，是东西方向最长的公路线，具有重要的国防意义。

（三）铁路运输

1. 发展简况

铁路运输是法属时期为满足殖民统治需要由法国殖民者引进的。1881年，全长71千米的西贡至美荻段铁路兴建，4年后的1885年7月20日越南第一列火车运行，这是越南铁路运输发展的起点。之后，随着殖民统治和掠夺的逐步深入，铁路逐渐发展。

从1896年至1912年，印支殖民当局5次向法国政府借贷共4.99亿法郎来建立它的基础设施，其中铁路建设为4.21亿[1]，到一战前越南铁路总长1300千米[2]。这一时期越南铁路建设在法国殖民政府的主持下快速发展，这大大配合了殖民主义对印支地区的殖民开发[3]。

① ［越］陶文集主编：《越南经济45年（1945—1990）》，许文生等译，南宁：广西人民出版社，1992年版，第111页。

② Nguyễn Văn Khánh: Cơ cấu kinh tế - xã hội Việt Nam thời thuộc địa 1858-1945, Hà Nội: Nhà xuất bản Đại học Quốc gia Hà Nội, 2004, tr.45.

③ 19世纪末20世纪初，资本主义进入帝国主义阶段，法国在印度支那殖民地先后两次掀起了殖民经济开发的狂潮。第一次大致发生于1897年至一战爆发的1914年，第二次发生于

河内至同登线。1902 年,河内至同登线正式投入使用,该线全长 163
千米,耗资 4100 万法郎,这是越南北部地区第一条铁路线。同年,河内
至海防线完成建设,全长 102 千米,耗资 2000 万法郎[①]。

河内至老街线。1901 年启动建设,到 1903 年完成河内至越池段,到
1904 年完成越池到安沛段,到 1906 年完成安沛至老街段。全长 162 千米,
耗资 5600 万法郎[②]。

河内至西贡铁路线是法属时期和目前越南最长的铁路线,经过 30 余
年的建设才完成。1889—1905 年,全长 312 千米的河内至荣市线建成;
1901—1908 年,顺化至东河线、顺化至岘港线相继建成;1922—1927 年,
荣市至东河线建成;1931—1936 年,岘港至芽庄铁路建成,贯通南部的
铁路线基本完成全线建设。

抗法抗美时期,南北铁路由于政治上的分裂而中断运行。在北方,铁
路及其沿线仓库、车站是美国飞机袭击的主要目标之一,经常遭到狂轰
滥炸,破坏严重[③],因此货物运输尽量避免铁路运输方式。南方铁道全长
1470 千米,抗法战争时期受到严重破坏,只有个别路段通车:东河至岘
港 171 千米,西贡至宁和 737 千米。

南北实现统一后,铁路运行相继恢复。铁路运输对经济发展,尤其
是长距离货物运输具有举足轻重的意义。目前,越南铁路总长 3143 千米,
主干线长 2531 千米。轨距规格方面,米轨占铁路总里程的 85%,准轨占
6%,套轨占 9%[④]。虽然越南铁路发展历史较早,但长期以来受到战争环
境的影响,缺少铁路升级所需资金,因此铁路设备陈旧,运输效率低下,
远不能满足客运、货运需求。

一战后初期。

① Nguyễn Văn Khánh: *Cơ cấu kinh tế - xã hội Việt Nam thời thuộc địa 1858-1945*, Hà Nội: Nhà xuất bản Đại học Quốc gia Hà Nội, 2004, tr.44.

② 同上,tr.45。原文载全长为 296 千米,但这里由笔者自行更为官方数据。

③ 郭明等:《越南经济》,南宁:广西人民出版社,1986 年版,第 208 页。

④ 《〈至 2020 年展望 2030 年越南交通运输发展战略〉调整报告》,越南交通运输部发展战略院网站。

表 10-3　越南铁路线轨距规格及里程

主要干线、支线	2600 千米
其中：	
米轨（轨距 1 米）	2169 千米
准轨（轨距 1.435 米）	178 千米
套轨	253 千米
避难线、支线	506 千米
合计	3160 千米

数据来源：越南铁路局网站，http://www.vr.com.vn/tin-tuc/ha-tang-duong-sat.html。

2. 主要铁路干线、枢纽

目前，越南铁路网主要有七条铁路线路，连接着 35 个省市：

（1）河内市至胡志明市线。也即统一铁路，经过 21 个省市。轨距 1 米，全长 1726 千米[①]，分段逐年建成，始建于 19 世纪末，1936 年全线建成。

（2）河内至老街线。是河内连接西北地区的重要通道。轨距 1 米，全长 263 千米。

（3）河内至海防线。准轨（轨距 1 米），全长 102 千米。

（4）河内至馆潮线。套轨（即轨距 1 米和 1.435 米混合轨），全长 76 千米。

（5）河内至同登线。套轨（即轨距 1 米和 1.435 米混合轨），全长 163 千米。

（6）盖普（Kép）—汪必—下龙线。轨距 1.435 米，全长 106 千米。

（7）刘舍至盖普线。轨距 1.435 米，全长 57 千米。

此外还有通向中国南宁、昆明的国际联运铁路线。

主要铁路枢纽：

---

① 七条铁路线长度说法不一，部分数据与国内部分专著的数据有冲突，本部分七条铁路线数据采用越南铁路局网站。

河内市：以河内为中心，向西北有通向老街的铁路线；向东北有通向同登、太原（馆源）的铁路线，向东可通海防市。胡志明市：以胡志明市为中心，可通向美寿、边和等地。

高铁是应社会经济发展需要而提上日程的，高铁建设备受世界各国推崇，即使在东南亚国家，高铁也受到大力发展。越南高铁建设还是一片空白，现还在规划阶段。

对于高铁建设，较为一致的意见是集中在统一铁路上，但分歧是未来的高铁是在此基础上升级还是建设新的高铁线[①]。越南举行专门研讨会，日本国际协力组织（JICA）[②]驻越办事处还协力进行实地考察，研究高铁可行性。JICA 曾于 2010 年提出投资 560 亿美元，建设河内至胡志明市高铁，但被越南国会否决[③]；两年后的 2012 年，又提出投资 214 亿美元建设河内至荣市、胡志明市至芽庄两段高铁，再次被否决[④]；2013 年 10 月，又提出高铁建设的 4 个方案，耗资 180 亿美元。高铁难产主要是由于耗资巨大，同时也说明目前的经济社会水平尚未到十分需要高铁的地步。

城市轨道建设。随着城市的快速发展，轨道建设应运而起，尤其是在胡志明市、河内市、岘港市。城市轨道耗资巨大，实际上只有胡志明市、河内市真正把轨道建设付诸实践，其他城市均处于构想阶段。

胡志明市轨道建设。按照 2013 年 4 月签署的《胡志明市至 2020 年展望 2030 年交通运输发展规划》[⑤]，胡志明市规划建设 8 条轨道线，分别是：①1 号线，起点槟城，终点仙泉，全长 19.7 千米；②2 号线，起点胡志明市古芝县，终点首添居民区，全长 48 千米；③3a 号线，起点槟城，终点新坚，全长 19.8 千米；④3b 号线，起点共和路口，终点平福协，全

221

---

① 《南北高速铁路：必需但不急》，越南通讯社新闻网，2011 年 12 月 9 日。
② 日本国际协力组织（Japan International Cooperation Agency，简称 JICA）是日本对外援助的专门机构。长期以来，日本一直是越南官方发展援助（ODA）的最大来源国，其中日本援越的主要领域之一便是交通领域。
③ BBC 越文网 2010 年 6 月 23 日报道。
④ BBC 越文网 2012 年 9 月 18 日报道。
⑤ 胡志明市地铁规划起于 21 世纪初，后规划经过了多次调整，由 2007 年颁布的《至2020 年及展望 2020 年后胡志明市交通发展规划》规划的 6 条增加到目前的 8 条，部分线路也做了调整。目前，1 号线和 2 号线正建设当中，据悉计划分别于 2016 年和 2017 年建成。

长12.1千米；⑤4号线，起点盛春，终点协福区，全长36.2千米；⑥4b号线，起点嘉定公园站，终点大父陵站（Ga Lăng Cha Cả），全长5.2千米；⑦5号线，起点芹约新车站（Bến xe Cần Giuộc mới），终点西贡桥，全长26千米；⑧5号线，起点巴拐（Bà Quẹo），终点富林（Vòng xoay Phú Lâm），全长5.6千米。

（四）航空运输

1. 发展简况

飞机的诞生是20世纪人类的重大发明之一，但是早期飞机一直主要服务于战争。直到二战结束，航运才作为一种交通运输方式大规模应用到民用领域。相比其他运输方式，越南航空运输起步较晚，但发展较快。

法国统治时期，越南航空运输开始发展。1930年，法国建设新山一机场，1933年，实现由法国至新山一的首架飞机飞行。1938年，法国成立民用航空局。越南战争期间，南方机场有岘港机场、朱莱机场、金兰湾机场和新山一机场等，但均成为美军和南越伪政权军用机场。

1956年1月，越南民主共和国时任总理范文同签署666/TTg号议定，成立越南民用航空局，这是越南民用航空业的起步，当时仅有5架小型飞机。随后近20年的战争使航空业发展举步维艰，一方面受于技术限制，另一方面由于美国空中军事打击，航空运输发展较为有限。但南方机场为美军机械化部队所用，得到了较好的发展。

1976年2月，越南民用航空局更名为越南民用航空总局，同时全国机场管理按照北、中、南部三部分分开管理，这是北部航空港公司、中部航空港公司和南部航空港公司的雏形。1980年4月，越南加入国际民用航空组织（ICAO）。1989年8月，越南民用航空总局从国防部中分离，成为部长会议（即今中央政府）管理的国营企业。

20世纪90年代初开始，越南航空业飞速发展。1991—1995年间，越南航空业年均增长速度达到35%，远远高于同期5%的世界水平和8%的地区水平[①]。

[①] Văn Thái: *Địa lý kinh tế Việt Nam*, Hà Nội: Nhà xuất bản Thống Kê, 1997, tr. 241.

　　2008年1月，越南交通运输部颁布168/QĐ-BGTVT号决定，南部航空港总公司正式挂牌成立，下辖富国、莲姜、邦美蜀、芹苴、迪石、金瓯、昆岛和绥和八个机场，驻地新山一机场。2008年6月，交通运输部颁布1788/QĐ-BGTVT号决定，北部航空港总公司正式挂牌，下辖管理广平、荣市、吉婆、纳伞（Nà Sản）、奠边四个机场，驻地内排机场。2010年6月，交通运输部颁布1750/QĐ-BGTVT号决定，中部航空港总公司正式挂牌成立，下辖管理岘港、富排、金兰湾和朱莱四个国际机场及富吉、波来古两个国内机场，驻地岘港。2012年2月，北、中、南部航空港公司合并为越南航空港总公司，其总部在胡志明市。

　　越南国家航空公司（越文 Hãng hàng không quốc gia Việt Nam，英文 Vietnam Airlines）是航空运输业的最重要的运输主体。其最早可追溯到越南民用航空局成立之时的1956年，之后发展缓慢。1993年4月，越南国家航空公司正式组建，成为全国最大的航空运输国营单位，直属于民用航空总局。1995年5月，20多个航空运输单位组建越南航空总公司（越文 Tổng Công ty Hàng không Việt Nam，英文 Vietnam Airlines Corporation），并以国家航空公司为核心。越南国家航空公司不断发展壮大，航线不断密集。

　　此外，还有越星太平洋航空公司[1]（英文 Công ty Hàng không Cổ phần Jetstar Pacific Airlines，英文 Jetstar Pacific Airlines Joint Stock Aviation Compan，简称Jetstar Pacific），越南航空服务公司[2]（越文 Công ty bay dịch vụ hàng không，英文 Vietnam Air Services Company，简称VASCO），越捷航空公司[3]（越文 Công ty Cổ phần Hàng không VietJet，英文 Vietjet Aviation Joint Stock Company，简称VietJet Air）等。

　　2. 主要航空港

　　经过多年建设和发展，越南主要航空港有[4]：

---

　　① 越星太平洋航空公司于1991年成立，越南第二大航空公司。
　　② 越南航空服务公司于1987年成立，航线主要是胡志明市至南部各城市及海岛地区。
　　③ 越捷航空公司于2007年成立，越南首家私人航空公司。
　　④ 各国际航空港主要信息来源于越南民用航空总局官方网站（http://vietnamairport.vn/），以及各航空港官网和越南官方报道。

河内内排国际航空港。位于河内市朔山县，国际民用航空组织（ICAO）4E级机场，是越南三大民用机场之一。1977年2月28日，民用航空总局决定成立该国际机场。2001年，历时5年建设的1号航站楼建成。2011年12月，2号航站楼开始建设。有两个停机坪，长度分别为3200米和3800米，宽均为45米。目前有飞往中国（北京、广州及港台）、俄罗斯、韩国、日本、泰国、老挝等国国际航线。

胡志明市新山一国际航空港。位于胡志明市新平郡，国际民用航空组织4E级机场，越南最大的民用机场。适合停各大型商务飞机，有两条并行跑道，长度分别为3800米和3048米，宽均为45.72米。目前有飞往中国（北京、上海、广州、深圳及港台）、俄罗斯、法国、韩国、日本及东盟各国等的国际航线。

富国国际航空港。该机场于2008年11月开始建设，2012年12月竣工并投入使用，耗资3万亿越盾。达到国际民用航空组织4D级标准，可停波音777、波音747-400等类似机型，有8个停机坪，年均发送游客265万人次。富国机场的建成和使用将大大加强富国岛与全国的联系，国防意义重大。

金兰湾国际航空港。国际民用航空组织4D级机场。1975年至2004年一直作为军用机场，目前以民用为主。正在使用的跑道有1条，长3048米，宽45.72米，2012年累计发送旅客100万人次。2007年8月，政府决定将该机场和顺化富排机场同时升格为国际机场。

岘港国际航空港。建于1940年，抗美时期为美军和南越伪政权的空军基地，是当时最为繁忙的航空港之一。有两条并行跑道，长度分别为3500米和3048米，宽均为45米。2012年累计发送旅客360万人次，目前有飞往中国（昆明、北京、广州、深圳、上海及港台）、泰国、老挝等国国际航线。

芹苴国际航空港。国际民用航空组织4E级机场。1961年建成，时为平水（Bình Thủy）空军基地，或称茶瑞（Trà Nóc）基地。越南战争期间，服务于美军和南越伪政权在九龙江地区的物资运输。1978年，由于效益低下而停止使用，但侵柬期间，为越南人民军飞机的起飞地。1993年，重新投入使用。2001年，更名为芹苴机场。2011年，升格为国际机场。

顺化富排国际航空港。原为国内机场，经过6个月的改造，于2013年9月改造完成并投入使用。改造后的富排国际机场跑道长2700米，宽45米，达到国际民用航空组织4D级标准，可停A321等中型机型。机场占地面积达6500平方米，年均发送游客150万人次[1]。

三圻朱莱国际航空港。越南面积最大的机场（3000公顷），位于广南省首府山城县，国际民用航空组织4C级机场。越战时期为美军和南越伪政权的空军基地，是B52轰炸机经常降落的机场，南北统一后一直废弃[2]。根据广南省2004年制订的经济社会发展规划，该机场将成为国际中转站。

大叻莲姜国际航空港。位于林同省德重县。建于1933年，时称（Liên Khàng）机场，跑道仅700米，当时服务于军事。1956年，更名为莲姜机场并经过改造。1997年经过改造，达到国际民用航空组织4C级标准。2002年和2009年再次改造后，达到国际民用航空组织4D级标准。

225

（五）海运及内河运输

越南河流密布，海岸线漫长，发展海运及河运条件便利。地处热带和亚热带气候的越南，河流虽不受水位的影响，但却受河流淤积的影响；而在技术并不成熟的时期里，海运是长距离大宗运输最重要的选择之一。水路运输早在古代就已得到发展，但今天越南内河运输并不很发达。

1. 海上运输

海上运输方式早在古代就已发展。古代，海洋被人们利用主要有两个用途：一是军事的，"11世纪期间，越南朝廷在扩展疆域和验证其海上实力的过程中，两度派兵从海上攻陷和洗劫占婆都城"[3]。二是发展海上对外贸易，如越南、日本之间出现朱印船，即持有将军朱印执照而从事海上

---

① 越南通讯社新闻网2013年9月22日报道。

② 《朱莱机场将迎来首架飞机》，载《西贡解放报》，2005年2月15日。

③ ［新西兰］尼古拉斯·塔林主编：《剑桥东南亚史》（第1卷），贺圣达等译，昆明：云南人民出版社，2003年版，第128页。

贸易的船①，中部城市会安是在繁华的海上贸易基础上发展起来的。

海洋航海技术不断发展，从利用洋流和季风变化到依靠引进中国造船技术。殖民主义时代，中国人、印度人和欧洲人长途贸易支配地位的提高，并未激发东南亚人进一步改造自己的运输船，而是继续更多地依靠他们用于商贸或战争的亚洲帆船，越南人经常为这些目的而雇用中国式帆船②。

越南近代海防力量薄弱，西方列强打开越南国门均从海上开始。1858年，法国、西班牙联合舰队经过越南中部港口（今岘港），后攻克嘉定、定祥等南方重镇，西方列强远赴东方进行殖民活动，并进行贸易活动都是靠海洋运输完成的。

法国殖民时期，海洋运输继续得到发展。1911年底，越南一代领袖国父胡志明远赴法国，探索救国道路，其选择的便是法国"拉杜什·特雷维尔"号商船，从西贡港出发，经印度洋、大西洋到达法国。

抗法抗美时期，海上胡志明小道开辟。海上胡志明小道主要运输武器、物资到南方，为保障运输畅通，1961年10月23日还专门成立负责海上胡志明小道运输保障的759团（今海军125团）。但总体而言，这一时期海洋运输严重受阻。南方港口如西贡、岘港、归仁、金兰湾等大型港口，全由美军控制。

南北统一之初的1975年，越南全国共有8艘远海货轮，总吨位约30000吨，1981年远洋货轮增加到30艘，总吨位达30万吨，从1976年到1981年期间，运货436万吨，盈利近2亿越盾。1983年，越南远洋船队增加到55艘船只，总吨位为358399吨，油轮8艘，滚装式集装箱2艘，小型散装货船2艘和一般性货船37艘，平均船龄20年以上③。

革新开放后，海洋运输快速发展。一方面，稳定资金投入，为此于1991年7月成立了越南航海商业股份银行，并且加强行业与市场的对接，

---

① 杨黔云：《冷战时期日越关系发展研究》，昆明：云南大学出版社，2010年版，第44页。

② ［新西兰］尼古拉斯·塔林主编：《剑桥东南亚史》（第1卷），贺圣达等译，昆明：云南人民出版社，2003年版，第310、311页。

③ 越南《人民报》1981年12月18日和1981年3月12日报道，转引自郭明等：《越南经济》，南宁：广西人民出版社，1986年版，第212页。

加强市场化经营，于1995年4月成立了越南航海总公司。另一方面，加强行业管理。现在的越南航海局于1992年6月成立，是越南海洋运输的管理机构。其前身最早可溯至1956年4月成立的国营海河运运输部（Quốc doanh vận tải đường sông và đường bể），1956年8月更名为水路运输局（Cục Vận tải thủy），1965年，河运和海运分开管理，分别成立了海路运输局和河运运输局，1970年越南海洋运输公司成立并运营，其当时拥有217艘船，总吨位仅34245吨。1990年5月，越南航海联合会成立，负责管理业内企业。

目前，越南各类海港有49个（不含码头），一类海港17个，二类海港23个，三类海港9个[①]。为了便于管理，对各沿海海港进行分区分群管理，全国有6大海港群[②]，分别是：①北部海港群，包括广宁到宁平各海港；②中部北区海港群，包括清化到河静各海港；③中部海港群，包括广平到广义各海港；④中部南区海港群，包括平定到平顺各海港；⑤东南部海港群，包括昆岛等海港在内；⑥九龙江海港群，包括富国岛和西南各岛海港在内。

主要海港：越南主要港口有头顿港、西贡港、金兰湾港、芽庄港、归仁港、岘港、边水港、海防港等。

西贡港。1860年2月形成，为越南目前吞吐量最大的海港。目前，港区面积570000平方米，有5个停靠泊点（芽龙、庆会、新顺I、新顺II、芹苴）。

金兰湾港。长期以来用作军港，抗美时期，得到美国的大规模建设和维护。美军撤离后，苏联使用该港口。革新以后，开始用于经济建设，为军用、民用两用港。目前，有两个船舶停靠泊点，水深5.5米至13.3米不等，最大停船吨位5万吨。

岘港。越南中部地区最大的海港，包括两个港区：仙沙港和韩江港。

海防港。越南第二大港口，北方最大港口。1876年，即已初步形成。经过百余年的发展，现已成为越南海洋运输的重镇。

---

① 根据越南海事局官网，http://www.vinamarine.gov.vn/Index.aspx?page=port&tab=dscb。

② 1999年规划为8大海港群，这里是根据2009年12月制定的《至2020年海港系统发展规划》。

227

2. 内河运输

河运发展历史较早。在古代，河流运输就已得到较大开发。陈朝陈氏家族来自红河平原的沿海地带，说明了河流运输开放达到了一定水平，因为"他们之所以能在军事上取胜，一个重要的因素就是他们具有航海能力，这使他们能够控制红河平原的各条河道"[1]。

法国在印度支那建立殖民统治后，意欲打开通向中国西南的通道，探索红河、湄公河河道通航。19 世纪 60 年代后期的湄公河探测之后，法国殖民军人安邺发现湄公河上游不宜航行。1873 年，法国殖民者率船队强行通过红河，进入云南，返航时在河内驻扎，要求开放红河[2]。

抗法抗美时期，和海洋运输一样，越南北方内河运输举步维艰，1956年 8 月，成立了水路运输局。在南方，水路运输得到格外重视，1955 年至 1960 年，南方政权挖河泥 1500 万立方，疏通 300 里河道，新挖若干运河（如同进运河），使可用于交通运输的河川、运河总长增加到 1961 年的4763 千米（1955 年为 4630 千米）[3]。

越南革新开放以来，河运发展迅速，但是河流淤积使得河流运输不畅，效益不佳。为了满足不断增长的河运需要，于 2011 年 5 月专门成立了河流航运项目管理委员会[4]，负责全国重要河道建设方案。目前，该委员会已规划或正规划的大型项目有"九龙江平原基础设施发展"方案，总投资预计 31202 万美元；"北部平原地区交通发展"方案，总投资达20150 万美元；"南部水路和芹苴港升级"方案，总投资近 8500 万美元。

健全管理机构，建立河运良好秩序。1993 年 1 月，越南水路运输局和内河运输联合会组成河运局（Cục Đường sông Việt Nam）。2008 年更名为越南内河局（Cục đường thủy nội địa Việt Nam）。

---

① ［新西兰］尼古拉斯·塔林主编：《剑桥东南亚史》（第 1 卷），贺圣达等译，昆明：云南人民出版社，2003 年版，第 122 页。

② 梁志明主编：《殖民主义史：东南亚卷》，北京：北京大学出版社，1999 年版，第305、306 页。

③ ［越］陶文集主编：《越南经济 45 年（1945—1990）》，许文生等译，南宁：广西人民出版社，1992 年版，第 133 页。

④ 其下有北、南部内河航运项目管埋委员会分别于 2008 年 12 月和 2011 年 5 月成立，隶属于水路局，它们分别负责各自区域内河道运输建设和管理。

根据 2009 年 4 月越南交通运输部颁布的《国家级内河航线名录》，可供开发的国家级河段有 190 条（段），其中北部 65 条（段），中部 24 条（段），南部 101 条（段）；总长 6658.6 千米，其中北部 2263.9 千米，中部 808.4 千米，南部 3586.6 千米。次年，越南还对全国部分重要河流进行编码，以便管理。

越南境内的主要河流是红河和九龙江。此外，还有其他重要河流，如马江等，但这些河流相比较小，运输能力较差。

红河。发源于中国云南省，经云南河口入越南。全长 1149 千米，在越南境内只有 500 千米，是越南境内最长的河流。主要支流有沱江和泸江，不便于航行，但水利资源丰富。从越池以下流经平原，因此越池以下的河段才具有实际通航能力。

九龙江。发源于中国青藏高原唐古拉山脉东坡（中国段称澜沧江），经过缅甸、老挝、泰国和柬埔寨（称湄公河）后进入越南南方，入越后分多支，入海时有九河口，故又称九龙江，长 222 千米。

越南主要河港分布在红河、九龙江沿岸。按规划南部河港系统有两大类：东南部河港和西南部河港。主要河港分布在：河内市、海防市、胡志明市。

二、基础设施

基础设施[①]的内容随着社会经济的发展而不断扩大。仅就社会经济在传递方面的基础设施看，可以分成四个层次：第一层是交通运输设施，用以输送人和货物，实现人和货物的位移；第二层是动力和水利设施，包括电力网和供气、供排水系统等，用以传递动能、水源和排涝；第三层是通信设施，包括电报、电话、广播和电视等，用以传送音像信息；第四层是计算机网络，用以把各种各样的数字信息系统连接起来，每一新的层次形

229

① 关于基础设施的内涵，国内外学者做了深入的研究。中国学者唐建新等在国内外学者研究的基础上把其定义为"为直接生产活动以及满足人们基本需要，实现可持续发展提供共同条件和公共服务的设施和机构，一般包括交通运输、动力、通信、给排水、水利、排污等设施，以及教育、医疗保健、公共卫生、环境保护和法律、秩序等系统"。参看唐建新、杨军：《基础设施与经济发展——理论与政策》，武汉：武汉大学出版社，2003 年版，第 29 页。

成并不会导致以前的层次消失。[①]基础设施是生产发展的前提条件，不属于生产性部门，但推动着越南的工业化、现代化。

除上述交通运输设施外，这里主要介绍越南的电力、水利设施、计算机网络等。

（一）电力建设

充足的电力供应可以为生产部门和人民生活提供便利的能源，降低生产成本和提高人民生活。越南山川多，河流多，落差大，水利资源丰富；而且大部分处于热带，日照时间长，热能丰富。越南电力主要是水电、煤电和燃气/燃油电。

越南北方抗法抗美时期，电力、能源行业发展受到格外重视，但其基本目标是为抵抗外侵提高后方能源支持。1955年成立了第一届国会政府，设置了水利建筑部、水利部，当时成立了电力局（隶属工商部）。第二届（1960—1964年）国会政府专门成立了水利电力部，这时电力局历经更名、复名。1964年8月，由苏联援建的安沛省塔婆电站水电站开工建设，经过7年建设于1971年10月投入使用，这是当时越南最大的水电站。第三届政府（1964—1971年）成立了水利部和重工业部，在此期间成立了电力公司（今第一电力公司）。第四届（1971—1975年）国会政府专门成立了水利部、电力煤炭部。

战争环境不可能让电力能源发展取得较大发展，北方绝大部分都是苏联、中国等国援建的小型电站，所以它们在工业中始终不占较大比重：1960年电力、能源占工业比重仅1.2%和5.0%；1975年也仅达到4.3%和5%。人均电量亦很少：1955年、1960年、1965年、1975年发电分别仅53、255、633.6和1340百万度，人均用电3.9度、15.9度、34.7度和55度[②]。在南方，日本将侵越战争的赔偿支付给南越伪政权，一些水利发电站建立起来。

---

① 唐建新、杨军：《基础设施与经济发展——理论与政策》，武汉：武汉大学出版社，2003年版，第31页。

② ［越］陶文集主编：《越南经济45年（1945—1990）》，许文生等译，南宁：广西人民出版社，1992年版，第86、87、88页。

南北统一后，第五届（1975—1976年）、第六届（1976—1981年）国会政府继续保留水利电力部设置，在此期间成立了中部电力公司（今第三电力公司）、南部电力公司（今第二电力公司），并建设由苏联援建的越南最大的水电站和平水电站；第七届、第八届（1981—1987年）成立电力部、能源部。"三五"计划期间（1981—1985年），越南首次完成电力发展计划。80年代，已建成两个10万千瓦以上的中型水电站和300个小水电站。

电力行业发展迅速，发电量不断攀升。1976年全国发电量达到30.89亿度，到革新开放前的1985年，这一数字跃升至53.202亿度；而人均用电由62.8度升至87.2度，1988年更达到109.1度[①]，但是电力供应依然难以满足工业、农业和居民生活的巨大需求。

90年代以来，电力行业发展迅猛，多个电力企业成立，并组成了越南电力集团，管理全国电力行业市场。2005年4月富美电力中心建成，6个发电机组，总功率达3859兆瓦，是和平水电站的两倍。2012年12月，山罗水电站建成，这是东南亚地区最大水电站，为经济社会提供了有力的动力保障。

2012年，越南电力生产达26475兆瓦：水电占47.5%，煤热电占17.8%，外购电占3.5%，燃油电占2%，燃气电占1.7%，铽气电（TB khi）占27.1%[②]。电力传输网不断完善，越南电网按地理位置和负荷划分为北部、中部和南部三大电网，输电线电压有500、220、110千瓦，贯穿南北有一条500千瓦输电线路，长4670千米。

新能源主要有风能、太阳能、核电等，但越南在这些方面发展滞后。越南的核电发展规划值得关注。2010年6月，政府颁布至2030年核发展规划的906/QĐ-TTg决议，未来越南核电站大致分布于中南部沿海地区。

---

① ［越］陶文集主编：《越南经济45年（1945—1990）》，许文生等译，南宁：广西人民出版社，1992年版，第86、87、88页。

② 《国家电力系统中电力来源总观》，越南国家电力系统调度中心官方网站，2013年1月1日。

表10-4　未来越南核电站一览

序号	核电站	功率（兆瓦）	计划运行年份	规划所在地
1	福营核电站1号机组	1000	2020	宁顺省顺安县福营乡永长村
2	福营核电站2号机组	1000	2021	
3	永海核电站1号机组	1000	2021	宁顺省宁海县永海乡泰安村
4	永海核电站2号机组	1000	2022	
5	福营第三核电站	1000	2023	宁顺省顺南县福营乡永长村
6	福营第四核电站	1000	2024	
7	永海核电站3号机组	1000	2024	宁顺省宁海县永海乡泰安村
8	永海核电站4号机组	1000	2025	
9	中部地区第一、二核电站	2×1000	2026	
10	中部地区第三核电站	1300—1500	2027	
11	中部地区第四核电站	1300—1500	2028	
12	中部地区第五核电站	1300—1500	2029	
13	中部地区第六核电站	1300—1500	2030	

（二）城市供排水系统和农业水利基础设施

农业水利设施建设为农业生产提供了便利，有利于提高农业生产效益；而城市供排水系统则可以缓解城市积水和内涝，最小化其对城市居民生活的影响。

城市供排水系统是城市化快速发展过程中必须面对的问题。在越南，城市供水比例较低，只有45%的城市居民得到供水支持；供水系统设备落后，水质不达标。排水系统建设尚不完善，城市内涝现象时有发生。为了更好地适应城市发展，早在2008年8月12日和22日分别制定了《北部、中部、南部重点经济区供水规划》和《北部、中部、南部重点经济区排水规划》，城市供排水和河流排水建设制定了一系列目标和标准。

越南一直是传统农业国，水利基础设施一直得到重视。水利建设长期以来效益不高，且注重灌溉，忽视排涝，制约着农业集约化发展。到20世纪90年代初，越南全国修建的水利系统有总长为3000千米的大河堤、总长为5000千米的小河堤、633个大中型水库、673个大中型水坝、653个大中型水闸。其灌溉系统已能满足190万公顷全年耕地和40万公顷一年一季耕地的用水需求，排水已可满足85万公顷耕地的排水需求，其中45万公顷耕地采用水泵排水[①]。2009年10月，政府总理批准《至2020年越南水利发展战略方向》。

（三）计算机网络

计算机网络的建设和发展是信息化时代崭新的基础设施，它可以大大促进人们相互之间及时、快捷、便利的了解。发展计算机网络是越南融入国际社会这一国策的有效举措，事实证明，这确实加强了越南对外界信息的获取和人们对越南的了解。

越南互联网起步迟至20世纪90年代初，在澳大利亚政府援助下发展起来的，越南是东南亚地区互联网发展最快的国家。90年代初至1997年是越南起步建设阶段，主要是进行信息基础设施，建成了贯穿南北的网络主干线和一批网络系统。1991年开始颁布了一些优先发展互联网的文件，决定大力发展互联网。1994年至1996年，在河内、胡志明市进行互联网国际联网试用，1997年11月19日正式入网全球互联网。

1997年12月1日，越南正式提供互联网服务，此后互联网建设快速发展。1999年已有五家互联网服务供应商ISP（Internet Service Provider），分别是VDC公司、技术投资发展公司FPT、西贡邮政通信业务股份公司和军队通信电子公司。网络内容服务商ICP（Internet Content Provider）有9家，分别是文化通信部、越南交易展览中心、Pacrim Pacific公司、FPT公司、VDC公司、越南通讯社、越南旅游总局、越南《人民报》和邮政通信中心。截至1998年8月底，越南因特网的入网人数为1.1万多人。入网人员的组成情况是：外国公司占48%，私人和私人企业占27%，国家机关和企业占20%，其余为其他成分。每月平均新增入网人数为800人。用户每月的平均上网时间为15小时，其中，越南用户每月的平均上网时间为5小时，外国人每月的平均上网时间为30小时。因特网覆盖了越南国

① 徐绍丽、利国、张训常编著：《越南》，北京：社会科学文献出版社，2009年版，第219页。

内 61 个省、直辖市中的 56 个^①。值得关注的是，1998 年 6 月 21 日，越南共产党机关报《人民报》正式上网，成为越南首家上互联网的越文报纸，后《劳动报》、《经济时报》等相继上网，大大便捷了人们对越南的了解。

2000 年以后互联网发展进入快速发展时期。互联网服务供应商和网络内容服务商队伍继续壮大，2010 年年底互联网服务供应商增加到 48 个。域名被视为互联网使用程度的重要参数，以越南 .vn 注册域名的总数多年保持高位增长态势。互联网不断加强对外联系，国际出口数量和速度不断提升。2012 年 12 月，越南还首次发布《越南因特网白皮书》(*Sách trắng Internet Việt Nam*）。

表 10-5　2003—2010 年越南互联网发展

年度	.vn 域名	.vn 域名同比增长	网民人数	网民人数同比增长	国际出口宽带
2003	5478	151.74%	3098007	3.8%	1036Mbps
2004	9037	64.96%	6345049	7.65%	1892Mbps
2005	14345	68.73%	10710980	12.90%	3615Mbps
2006	34924	143.45%	14683787	16.67%	7076Mbps
2007	60604	73.53%	17718112	21.05%	12580Mbps
2008	92992	53.44%	20834401	24.40%	50064Mbps
2009	133568	43.63%	22779887	26.55%	89619Mbps
2010	180870	35.41%	26784035	31.11%	129877Mbps

资料来源：黄建红、祁广谋：《越南互联网发展状况分析》，载《东南亚纵横》，2011 年第 6 期。

互联网使公众获取信息和发表言论更加快捷，但同时也对社会稳定构成着潜在的威胁。

三、交通及基础设施面临的问题、发展规划与前景

（一）交通发展面临的问题

越南革新开放虽然给社会经济带来了巨大变化，交通领域亦取得了多

---

① 丛国胜：《越南因特网的发展现状》，载《解放军外国语学院学报》，1999 年第 2 期。

方面的成就，但是同时交通问题亦突出，有些交通问题甚至很严重，如交通安全事故频发，这一方面是由于驾驶者的疏忽，但也和交通设施陈旧落后的状态密切相关；再如城市和国路交通拥堵则是路面狭窄和众多的车流量共同导致的结果。

交通设施设备陈旧，影响着运输效率。公路领域，大部分公路是县道、省道，这说明路面不佳，运输速度不快。铁路领域，铁路线轨距规格不一，再加上多年失修，运输速度极慢。航空运输方面，机场基础设施、技术设备、通信设备较差。水路运输吨位不足，航线安全性不高，港口装卸能力有限制约运输周期。

资金不足是制约交通领域发展的关键因素，它不仅影响着交通建设及其进度，而且还影响交通维护和维修。越南交通发展资金相当一部分来自日本ODA援助、世界银行，这本身也是一个问题，因为全球经济的好坏影响着外援数目的增减，况且其获得也不是无偿的。

1. 交通安全

交通安全问题是交通运输部确定的特别迫切的任务，是交通领域必须努力解决的问题，是交通领域最为严重的问题，公路、铁路、河运、海运和航空领域均有存在，但是以公路、铁路最为严重。

2012年交通事故在事故数量、死亡人数、受伤人数三方面都实现大幅降低，超额完成国会要求的减少交通事故的指标，尤其是在公路领域。自2011年11月16日至2012年11月15日，全国共发生交通事故36376起，造成9838人死亡，38060人受伤。与2011年相比，事故发生减少7446起，降低了16.99%，死亡人数减少1614人，降低了14.09%，受伤人数9529人，降低了20.02%[①]。其中：

公路运输领域发生35804起，比2011年减少7330起，降幅16.9%；死亡9509人，比2011年减少1528人，降幅13.8%；受伤37736人，比

---

① 越南交通运输部：《2012年工作总结与2013年任务部署的报告》，2013年1月7日。但是据越南统计局数据，自2011年12月16日至2012年12月15日，越南全国范围内发生交通事故10081起，造成9838人死亡，7624人受伤。与2011年相比，交通事故减少了28.1%，死亡人数减少了14.1%，受伤人数减少了28.2%。2012年，全国平均每天发生28起交通事故，造成27人死亡和21人受伤。

2011年减少9477人，降幅20.07%。特别严重交通事故86起，造成289人死亡，264人受伤。

铁路运输领域发生454起，比2011年减少83起，降幅15.5%；死亡221人，比2011年减少48人，降幅17.8%；受伤312人，比2011年减少39人，降幅52%。特别严重交通事故3起。

内河航运领域发生118起，比2011年减少53起，降幅30.9%；死亡108人，比2011年减少38人，降幅26%；受伤12人，比2011年减少13起，降幅52%。132艘水上交通工具下沉。

航空运输领域没有发生灾难，但是发生了224起与飞机技术相关安全事故及由于客观原因造成的安全事故、8起威胁到航空安全的事故、45起开发航空港和机场的事故。

2. 交通拥堵

越南交通拥堵问题主要体现在两方面：一是城市交通拥堵；二是国道，尤其是1号国道拥堵。

城市交通拥堵主要在首都河内和最大城市胡志明市，这主要是由陈旧的城市规划与快速发展的经济社会不相协调造成的。为此，政府于2008年出台16/2008/NQ-CP决议，综合治理拥堵问题。2008年，河内市交通拥堵点有124处，2012年底仅有57处，减少了67%；2008年，胡志明市交通拥堵点有120处，2012年底仅有76处，减少了36.6%[①]。

一号公路是沟通南北交通的主枢纽，但由于路面窄，路况差，再加上庞大的运输量，这条大动脉通畅度时常受阻。为此，沿线各省加强了对此路的升级改造工作，尤其是2013年，多段已经开始升级。

3. 交警腐败

交警腐败主要是公路方面，是近些年来越南凸显的问题，指的是交警利用自己的职能向驾驶者谋取个人私利的行为。根据2012年11月20日政府监察总署公布的社会考察结果报告显示，交通警察贪污被称为是贪污现象最多的领域[②]。2012年9月21日，清化省人民法院开庭审理交通警

① 越南通讯社新闻网2013年9月11日报道。
② 越南《劳动报》网2012年11月22日报道。

察受贿案，此起交通警察受贿案案起 2011 年 7 月，当年 9 月经媒体曝光后公安部立即展开调查，从案起到审理历时 1 年多，于 2012 年 9 月结案，三名受贿的交通警察被判处 30—36 个月不等的监禁，并处罚款。

（二）基础设施建设面临的问题

除上述交通运输方面的设施不足外，越南的城市建设、水利设施等多方面的基础设施发展还比较缓慢，还适应不了经济社会发展的需要。

在能源方面，电力网络供应不稳定，2013 年 5 月 22 日越南南方电网大面积停电，其原因竟和 10 米长的原木直接相关。新能源由于成本高而开发有限，核电技术尚不能完全自主发展，所以主要是和俄罗斯合作。

在计算机网络方面，互联网管理有待加强。西方国家利用言论自由，把言论自由和人权挂钩，指责越南过分管控互联网，特别是逮捕博主引起了欧美国家的关注和指责。

（三）发展规划与前景

1. 交通运输发展规划

根据存在的问题和不断发展的经济社会水平，越南制定了若干领域至 2020 年发展规划，提出了发展的具体目标。

表 10-6　越南交通领域至 2020 年发展规划

领域	交通发展规划	批准日期	到 2020 年主要发展目标
交通业	《至 2020 年越南交通运输发展战略及展望到 2030 年》	2013 年 2 月 25 日	基本满足社会需求；客运量 62.4 亿人次，货运量 20.9 亿吨；优先完成一号公路扩建项目，力争 2015 年胡志明大道全线通车；升级改造一号公路西原地区路段；提高河内和胡志明市航班航次和中转服务质量，发展辐条式航空航线网络；保养、巩固现有农村交通网，使其达到农村公路建设标准，力争县道沥青路面和水泥混凝土路面比例达 100%，乡路和村路分别达 70%、50%。
公路	《到 2020 年越南公路运输发展规划及到 2030 年发展方向》	2013 年 2 月 25 日	客运量 56 亿人次，货运量 13.1 亿吨；提高国道、省路技术标准，新建扩建国道省道，建设部分高速路；优先发展农村交通。

237

（续表）

领域	交通发展规划	批准日期	到2020年主要发展目标
铁路	《到2020年越南铁路运输发展规划及到2030年发展方向》	2009年9月10日	完成现有铁路升级改造，完成老街—河内—海防新的铁路线；优先发展城市轨道交通建设。
海运	《到2020年越南海洋运输发展规划及到2030年发展方向》	2009年10月15日	
海运	《到2020年越南海港体系发展规划及到2030年发展方向》	2009年12月14日	港口吞吐量达到9亿—11亿吨。
河运	《到2020年越南内河运输发展规划及到2030年发展方向》	2013年4月24日	客运量2.8亿人次，货运量3.56亿吨；主要航线45条，逐步开拓沿海航线；货港129个，客运港37个。
河运	《到2020年南部内河运输港口发展规划及到2030年发展方向》	2013年4月26日	客运量2900万人次，货运量3260万吨。

针对重点地区还制定了地区发展规划，如北部、南部、九龙江地区发展规划；河内市、胡志明市交通发展规划。

表10-7　地区交通发展规划

地区或城市	交通发展规划	批准日期	到2020年主要发展目标
北部	《到2020年北部重点经济区交通运输发展规划及到2030年发展方向》	2011年1月24日	年均增长速度达9%—10%；力争完成500千米高速公路的修建；农村混凝土道路覆盖率达80%；完成修建现有铁路网络以便提级为国家一级铁路；海港系统逐步扩大，满足物流需求以及集中建设一些达国际标准的深水港口等。
中部	《到2020年中部重点经济区交通运输发展规划及到2030年发展方向》	2011年1月25日	海港货物年周转量达到4000万—5000万吨，年均增长15%；规划发展5个交通走廊：沿海走廊、岘港—1A号国道—9号国道—劳保口岸走廊、岘港—14B号国道—14D号国道—南江走廊、岘港—西原地区走廊和归仁—西原地区走廊；货运量1.01亿吨，年均增长8.5%—9.5%，客运量1.85亿人次，年均增长7.5%—8.5%。

（续表）

地区或城市	交通发展规划	批准日期	到2020年主要发展目标
南部	《到2020年南部重点经济区交通运输发展规划及到2030年发展方向》	2011年1月24日	年均增长速度达8%—9%；力争完成580千米高速公路的修建；农村混凝土道路覆盖率达80%；改造升级北南铁路线，建设连接各海港铁路；进行研究投资方案以在适当时间对建设北—南高速铁路线等。
九龙江地区	《到2020年九龙江平原重点经济区交通运输发展规划及到2030年发展方向》	2012年2月10日	客运量达4.5亿—5亿人次、年均增长率为5.1%的目标，其中航空港客运量达1180万人次，货运量1亿—1.1亿吨，其中海港货运量5850万吨；打造5个主要交通走廊：胡志明市—芹苴—金瓯省，胡志明市—龙川—迪石，胡志明市—河仙，芹苴—龙川市—朱笃和河仙—迪石—金瓯省；继续发展农村交通，力争2015年100%的乡通乡村中心道路；在未有跨河桥的沿河乡村均建码头；70%的县道为铺上水泥路或柏油路等。
胡志明市	《到2020年胡志明市交通运输发展规划及展望2030年后》	2013年4月8日	逐步发展公共交通，完成90%以上城市道路改造；建造港口区之间的公路，改造河运；改造升级新山一国际机场。
农村	《至2020年越南农村交通发展战略及展望2030年》	2011年7月8日	100%的村有通向乡中心的公路，100%的县道和至少70%的乡道为水泥路或柏油路；加固农村道路拱桥，拆建所有独木桥。

239

说明：《至2030年首都河内市交通发展规划及展望2050年》尚在制定过程中；由于城市发展水平不一，暂无全国性统一的城市交通发展规划。

2. 基础设施发展规划

2011年7月，政府总理签署《2011—2020阶段国家电力发展规划》。主要目标：至2020年自产及外购电约达3300亿度，至2030年约达6950亿度；逐渐形成和发展竞争力电力市场，实现电力经营和投资方式的多元化，国家只控制电网的所有权以保证国家能源系统安全；至2020年电力行业投资约929.7万亿越盾；2021—2030年阶段约投资1429.3万亿越盾；不断提高再生能源电量比例，将由2010年的3.5%提高到2020年的4.5%，到2030年的6%；优先发展水电项目，水电功率由现在的9200兆瓦提高到2020年的17400兆瓦；第一个核电站预计将于2020年投入运行，2030

年核能发电功率达 10700 兆瓦，电力产量约 705 亿度；至 2020 年各电厂发电总功率达 75000 兆瓦：水电占 23.1%，蓄能电占 2.4%，碳热电占 48%，燃气电占 16.5%，进口电力占 3.1%，核电占 1.3%。

2009 年 10 月，政府颁布《越南水利发展战略》。到 2020 年主要目标：四类、五类城市供水率分别达到 90% 和 70%；提升大城市排水系统效率；积极应对自然灾害，提高水利工程管理。

2012 年 7 月，越南政府出台了《到 2020 年国家通信发展规划》。主要发展指标：到 2015 年，每一百人有 140 台移动电话，互联网宽带用户达到每一百人有 6—8 个，移动宽带用户每一百人有 20—25 个；40%—45% 的家庭有固定电话，15%—20% 的家庭有互联网服务，40%—45% 的人口使用互联网；移动信号覆盖 90% 的人口；90% 的乡镇有互联网连接网点；年均增速为 GDP 增速的 1.5—2 倍，营业额 100 亿—120 亿美元，占 GDP 的 7%—8%。到 2020 年，互联网宽带用户达到每一百人有 15—20 个，移动宽带用户每一百人有 35—40 个；40%—45% 的家庭有固定电话，35%—40% 的家庭有互联网服务，55%—60% 的人口使用互联网；移动信号覆盖 95% 的人口；所有乡镇有互联网连接网点；年均增速为 GDP 增速的 1.2—1.5 倍，营业额 150 亿—170 亿美元，占 GDP 的 6%—7%。

2007 年 5 月，越南信息传媒部举行互联网全国会议，总结互联网十年发展情况，并制定了到 2010 年的发展规划。2010 年 1 月，总结《到 2010 年互联网通信和互联网发展规划》实施情况，制定了《到 2020 年国家数字信息安全发展规划》。为加强互联网管理，越南制定了相关法规，较为突出的有 2008 年 8 月 28 日的 97 号决议和 2013 年 7 月 15 日的 72 号决议。

第十一章　通信与信息产业

一、相关理论概述

（一）通信业的内涵及信息产业的界定

通信即信息的传递。通信有两种形式：一是用实物传递信息，称为邮政通信；二是用光电信号传递信息，称为电信通信。邮政通信是历史上最早产生的通信方式，所以也称传统信息通信方式。由于邮政的实物传递性，导致邮政通信对交通运输业的高度依赖，所以经济部门的划分一般将邮政归属到交通部门。而现代通信往往以电信方式为主，如电报、电话、快信、短信、e-mail 等多种新兴的通信方式。

信息产业是一个新兴的产业部门，它的出现是信息技术和信息资源产业化的结果。信息产业有传统信息产业与现代信息产业之分。传统信息产业如图书馆业、档案馆业、博物馆业、情报业、新闻业、广播电视业、出版业等。现代信息产业出现于 20 世纪 60 年代，是与计算机通信技术（ICP）、网络技术、数字化技术、智能化技术的发展与应用分不开的。一般讲信息产业，常指现代信息产业，是指从事信息技术产品的制造、信息系统的建设、信息内容产品的生产和信息服务提供的产业部门。这是一个庞大的产业群，但其中主要的产业为计算机硬件制造产业、软件产业、电信产业、信息服务产业等。

（二）现代通信业与信息产业相结合的发展趋势

随着科学技术的进步，通信设施日新月异。古代，信息传递主要依靠驿站之间的连续不间断相传，这样速度慢、耗时长、效益低。近代以来，电报和邮政的诞生提高了信息的传递速度，缩短了传递时间。而电话、广播、电视使信息传递接收者足不出户，却"身临其境"。

随着信息化经济时代的到来，为更好地推动通信业的发展，许多通信企业都努力开发多种新兴通信手段和技术，特别是电信通信部门具有开展信息服务的先天有利条件，这决定了电信通信业必然向信息服务业拓展，使得原有的通信业的内涵在拓展，通信业也正逐步走向信息通信业，出现了通信业与信息服务业融合的发展趋势。

二、基础和发展历史

（一）20 世纪 90 年代前越南邮政通信业的艰难发展

法属时期，邮电通讯网络主要接通各大城市，而不通往农村及偏远山区。1945 年之前，越南邮政通信掌握在法国殖民者手中，邮政通信系统主要设置在各大城市，为法国殖民统治者侵略统治和镇压殖民地人民斗争服务。

越南邮政通信业的发展与国家抗战救国事业密切相关，可以说，越南邮政通信业是在国家的抗战救国事业中逐步发展起来的。在反抗法国殖民者的斗争中，越南共产党认识到交通通信系统对取得革命政权的重要性后，领导成立越南革命交通军队，该部门主要负责接送各领导干部，向全国各地方政权传递党中央的各项指示、通知和文件材料。1945 年八月革命取得胜利，整个邮政通信系统交回越南革命政权手中。1945 年 8 月 14—15 日，越南召开印度支那共产党（越南共产党旧称）全国会议，会议提出成立"交通专职部"。自此，8 月 15 日成为越南邮政通信业的传统日。

1945 年至 1954 年的抗法时期，法国殖民卷土重来，越南邮政通信业陷入困难，为实现对远距离战争的有效指导，在部队中首先保障了通讯需要，无线电通讯从 50 年代开始就逐步建立，维持电话、无线电和信函三大通信方式的畅通，其首要任务是服务于越南共产党领导的抗战救国和建国事业。

抗法结束后，1954—1975年，越南南北分裂，北方完全解放，南方仍处于美伪政权的统治下。越南邮政通信业任务繁重，一方面服务于北部的建设和保卫事业，另一方面服务于南方的抗美战争和对老挝、柬埔寨革命的国际援助。随着抗美救国运动的发展，越南邮政通信业也开始步入现代化的进程。北方赢得十年的和平建设时期，邮电通讯事业取得一定发展。1957年末，电话线路共长11285千米，其中，主干线4267千米，各省之间3761千米，各城市市内线3257千米。其中，有载波段电话线1544千米。一批新产品、新设备，如载波机、中央电报室（厅）、自动电话等投入使用。河内自动电话有3000部，电话机总数为5446部，总机为508台。电话网络保证中央至各省及主要城市的通讯，书信投递网络得以恢复和改善（以铁路和公路代替自行车）。国际邮递包括与各社会主义国家及印度、老挝、柬埔寨、法国、中国香港等地的来往得以建立[①]。此后，又稳步实现倍增。北方抗美时期，美军对北方进行了轰炸，邮电通讯基础设施损失严重，而南方在美国的支持下实现了较好发展。

1976年以后，越南完成国家独立、民族解放事业。这个时期的越南邮政通信业又有新的发展，为越南社会主义建设和国家的工业化、现代化做出重大的贡献。但是这个时期越南邮政通信业主要在国家计划体制下运作，该行业直属越南中央人民政府管理，一边负责国家信息管理任务，一边根据党和国家的要求进行生产经营。南北统一后，邮电通信事业逐渐好转。1981年，全国共有电话总机3968部，电话机90254部，其中自动电话总机294台，自动电话44628部；全国共有邮局1655个；有线通信线路为37950千米，微波通信线路为740千米，28个省市设有自动电话，884个乡有转接电话，215个县有载波机。1980年，苏联还援建了一座"莲花"卫星地面接收站，扩大了国际邮电业务。[②]

---

① ［越］陶文集主编：《越南经济45年（1945—1990）》，许文生等译，南宁：广西人民出版社，1992年版，第121页。

② 郭明等：《越南经济》，南宁：广西人民出版社，1986年版，第215页。

243

（二）革新开放后邮政通信业发展的转折点

由于多年战争的影响，越南邮政通信业起步晚，在建国初期又受到计划经济体制的消极影响，因此越南在20世纪90年代以前是一个电信很落后的国家。到90年代初，越南对国外的电话线只有9条，1991年，越南的电话普及率仅为0.18%，1997年仍不足2%。随着1986年越南革新开放政策的实施，越南在邮政通信领域取得长足的发展。

1. 加强国际合作，逐步打破国际禁运

自1986年实行革新开放政策后，越南摆脱了发展邮电通信的困境，特别是当越南政府认识到建设现代化的电信网是促进经济发展和吸引外国投资的关键因素后，从1992年起把电信作为优先发展的部门。

1987年越南与澳大利亚进行了卫星通信的国际合作，打破了当时美国的孤立和禁运政策。此后，法国、德国、韩国、日本等国的知名电信公司，包括取消对越禁运后的一些美国公司都纷纷把自己的产品推向越南市场，这为越南邮政通信行业的发展创造了良好的国际环境。随后的1993年，澳大利亚的Telestra公司与越南签订了建设泰国—越南—中国香港海底光缆的合同。这条海底光缆已取代越南—澳大利亚之间原有的线路，并使越南能够采用多种宽带通信业务，如电视会议、点播电视、ISDN等。截至1998年，越南在通信领域已经建成6家合资生产企业：铜缆生产厂一家、光缆厂两家、交换机生产厂三家。两家光缆厂分别是与德国西门子公司和韩国LG公司的合资企业。

2. 从公司垄断机制转向竞争机制

1992年10月26日，越南政府出台03/CP决定成立越南邮电总局，并于1996年3月11日公布12/CP号决定，确定越南邮电总局是对越南邮政电信和无线电频实施国家管理的政府机关。

为适应邮电通信事业的发展，1995年在重新组织安排邮电总局所属邮政电信各业务、生产、流通、事业单位的基础上成立越南邮政通信总公司（VNPT），这是越南国家进行经营活动的总公司，其主要业务范围是：邮政电信业务运营；邮政电信工程的勘测、设计、施工；邮政电信物资设备的进出口供应；邮政电信工业生产；邮政电信咨询等。VNPT 自成立以来取得可喜的经济效益，1996 年的总营业收入约 6 亿美元。

为适应当时的经济政策和革新要求，1995 年，越南政府批准成立西贡邮政通信业务股份公司和军队通信电子公司，以打破垄断，形成竞争机制。

随着革新开放政策的实施及邮政通信行业竞争机制的逐步形成，20 世纪 90 年代，越南邮政通信每年以 20%—25% 的速度发展，越南的国际通信网络基本上可满足国际通信的需求，建有 Intelsat 和 Intersputnik 卫星通信系统地面站 8 个，与 1996 年 2 月建成的 T－V－H 海底光缆线路一起，可开通国际电路 4285 条，其中光缆电路 1802 条，卫星电路 2483 条，1996 年 7 月建成岘港 AXE-105 国际口交换局并投入使用，使国际交换网络更为完善。

越南国内通信发展迅速，交换机总容量在 160 万线以上。通信网络光缆化战略已经开始实施。河内至胡志明市的 2.5Gbit／s SDH 光缆干线系统正式建成并开始运行。越南整个电话网已于 1996 年 2 月同时实现电话号码升位：河内和胡志明市从 6 位升 7 位，其他省会以上城市从 5 位升 6 位，这标志越南邮电通信跨上了一个新台阶。1996 年全国新装电话约 42 万部，电话普及率从 1995 年的 1.04 部／百人提高到 1996 年的 1.56 部／百人，全越南通电话的乡占 64%。截至 1996 年 8 月 24 日，越南公众电话网用户数达到 100 万。

2002 年 11 月 11 日，越南政府公布第 90/2002/NĐ-CP 项决定，规定越南邮政电信部的职能、任务、权限及组织机构。明确规定邮政通信是国家对邮政、电信、通信技术、电子、互联网、无线电波及国家公共通信基础设施实施管理的执行部门。到 2003 年，越南邮政电信业真正实现从公司垄断机制向所有业务实行竞争机制的转变，这是发展越南邮政通信业重要的转折点。

（三）21 世纪邮电通信业发展迅速

可以说从 20 世纪 90 年代至 21 世纪初，越南成功实现邮政通信行业增速战略并开始转向参与国际合作发展战略，总的来说，越南邮政通信行

245

业是越南最先进行革新开放的行业之一，为了取得更多更好的成绩，行业相关企业和部门采取各项措施。首先，直接引进和采用先进技术，建立现代化的越南邮政通信网络。其次，巧妙处理与国际的交流合作，解除国际禁运和包围垄断，通过选择合作对象多样化来争取资金、技术，以服务于通信系统的建设和人才资源的培养。

1. 从培养人才起步

21世纪初，越南加大了信息产业人才培养的力度。2000年，越南首家国际大学RIUV正式开始运营，这家大学是澳大利亚的公立综合大学RMIT的分校，课程以情报处理和软件开发为中心，还设置了经营、金融、广告、设计、印刷等短期课程。21世纪初，与周边国家相比，越南有低廉以及年轻的劳动力，但是劳动力队伍中熟练工人和技术人员只占20.6%，大学毕业人员占10.9%，因此造成越南雇佣情况恶化，失业率高的现状，为此，越南政府在2001—2005年"关于经济社会开发的下一个5年计划"中将创造雇佣和降低失业率列为社会政策的重要课题，加大对劳动力队伍职业训练的力度。此外，2000年越南政府认可了向大学、专门学校的100%外资出资，表现出鲜明的提高人力资源技能的动态。

2. 不断对外开放市场

越南电信业发展从最初就面临着起点低、政府电信政策约束的阻碍，以及越南政府在电信领域不允许充分的竞争，只允许越南国内企业拥有电话经营权等问题。互联网以及移动通信业务都由国有的越南邮政与电信公司（VNPT）垄断。尽管国内有2家移动通信公司、5家互联网服务供应商，但这些公司都必须通过VNPT的许可，它们的服务也必须通过VNPT的线路传输。而外国投资者也只能通过企业合作方式（BBC）进入越南，澳大利亚、韩国、法国、日本的一些运营商都是通过BBC的方式进入越南通信市场。

为顺应革新开放的发展战略，越南电信市场开始不断对外开放，2002年越南电信业持续27年的垄断被打破，除国有电信公司外，西贡邮政与电信公司也开始涉足电信服务。2004年3月，越南邮政通信部颁布新决定允许外国投资者进入越南电信服务业和其他服务业。此后，越南电信业开放的步伐越来越大，越南电信业因此也取得不少佳绩。

据统计，截至2005年，越南所有的交换设备均已实现数字化，传输通过光纤或数字微波进行，主干网的传输速率为2.5Gbps，地方网传输速率为2Mbps。越南南北主干网上，有三条平行的传输线路分别是：2.5Gbps的光纤线路，沿电力线传输的140Mbps光纤线路和140Mbps的广播微波线路。在国际海缆方面，T－V－H（泰国—越南—香港）的海底光缆系统可以提供22000路包括语音、高速数据和视频业务。该系统于1996年初开始运营，总长为3367千米，容量为560Mbps。此外，越南还有7个卫星地面站。在移动通信市场方面，移动通信服务主要是由Mobifone和Vinaphone这两家公司提供，为在移动通信市场引入全面竞争，2005年DGPT又增发了两张移动业务经营许可证，分别由西贡邮电公司（VNPT）和国防部所属的通信公司——越南军用电子电信公司（Viettel）获得。

进入2006年，越南一些国有电信公司进行重大的结构改革，越南两家最大的手机运营商Vinaphone公司和Mobifone公司进行部分私有化。随后，2004年成立的越南第三大手机运营商Viettel也开始部分私有化。这些公司向私人资本开放，使公司资本多样化，通过募集资本进行竞争，使得越南电信市场进一步开放，吸引了全球各大电信运营商。

247

3. 成为国际投资新焦点

由于越南在电信领域的不断开放和快速的发展势头，再加上越南廉价的劳动力资源，很多国际电信制造商和运营商开始进军越南市场。

2003年，杰科网络（Juniper）率先通过与西门子公司合作，使得越南邮电部选择他们的设备构建首个全国宽带xDSL网络。杰科主要提供E系列路由器设备，他们还负责工程的安装项目。2003年11月底，新加坡电信通过和越南电信下属的数据通信公司合作，向自己的用户提供连接越南的经济可靠的IPVPN服务，新加坡电信是首个在越南提供这种服务的外国运营商。

2005年，诺基亚同越南最大的移动运营商越南电信服务公司（GPC）达成协议，为后者提供GMS核心网络设备，诺基亚成为越南电信服务公司新客户的同时也进入高速增长的越南网络基础设施市场。这成为越南电信服务公司同诺基亚建立长期合作关系的开端。

2006年，英特尔（Intel）公司成功获得越南政府的批准，投资6.05亿美元在胡志明市建立一个芯片及电脑部件生产中心，Intel成为越南高科技领域引进的第一家主要的境外投资商。

从20世纪90年代开始，中国企业如上海贝尔、华为、中兴等相继进入越南市场，但是由于越南方面认为中国电信设备与欧美国家相比技术不够成熟，因而一直没有打开局面。随后几年情况有所好转，特别是2003年5月，河内电信公司邀请中国企业参与河内通信的建设，接下来，和记黄埔电信公司获得了合资在越南推出第一个3G移动网络的资格。而越南邮电部也开始表示，中国电信设备逐渐成熟、性价比较西方有一定优势，越南开始重视选用中国技术先进、质量可靠、价格有竞争力的通信设备。

三、发展现状

近年来，越南政府不断对电信领域进行改革，修改和完善相关的法律政策，逐渐减少对电信市场的管制。制定一系列发展战略目标，在进一步推动移动业务、电子商务和电子政府等业务的发展以建设现代化的国家信息基础设施的同时，优先发展和提高越南信息技术企业的生产力和竞争力，积极创建越南信息技术产业产品和品牌，实现通信领域和信息产业的大幅度增长。

（一）通信业

越南通信基础设施逐步迈向现代化，信息网络基本覆盖全国。2008年4月，越南第一颗人造地球卫星（通信卫星）升空，2012年5月，越南自主研发的第二颗通信卫星"越卫2号"成功发射，"越卫2号"与2008年发射的"越卫1号"共同协作，使信息可以覆盖至国家偏远地区、边界山区和海岛地区。随着通信网络投资大幅增加和大力投资3G移动通信服务业的基础建设，越南实现移动信号接收站和"越卫2号"卫星信号、光纤电缆网络化。全国已拥有BTS站97013个，Nobe-B 3G站44100个；

3G用户2000万，3G覆盖了全国人口和面积的相当部分。

随着邮电通信事业蓬勃发展，越南成立了一些新的邮电通信公司，这些公司朝着经营市场化和商业化，业务综合化、专业化的方向发展。从市场主体看，业务综合化：作为2012年越南500强企业第三强的越南邮政通信集团（VNPost）是邮电通信领域的巨头，主营邮政、通信业务，旗下辖多个子公司；越南军队电信集团（Viettel）是越南最大的通信、信息技术集团，主营邮政、通信、信息技术。业务专业化：越南邮政电信集团（Vinaphone）专营移动通信业务；越南移动通信公司（Mobifone）是越南最早成立的移动业务的企业，专营移动业务，为越南邮政通信集团子公司。

从市场份额看，2011年，越南邮政总公司占固定电话市场份额的68%，越南军队电信集团占额22.3%；越南邮政总公司占有线宽带市场份额的63.21%，FPT电信公司占额22.29%；移动市场，由越南军队电信集团（占市场份额的40.45%）和越南邮政电信集团（占市场份额的30.07%）各占据近半壁江山；3G移动宽带市场，则形成越南移动通信公司（占市场份额的42.11%）、越南邮政电信集团（占市场份额的35.92%）和越南军队电信集团（占市场份额的20.77%）三足鼎立局面。三大电信公司占了90%的市场份额。

目前越南共有10家企业经营固定通信业务，7家企业经营移动通信业务。2009年以前越南是东南亚唯一尚未发放3G手机营业许可证的国家。2009年越南开始向一些企业发放3G手机业务经营许可证，截至2011年已有5家已获得3G经营权。

从2009年开始，信息通信部连续发布《信息传媒与通信科技白皮书》。2011年，越南通信产业产值70亿美元，比2010年减少26%，其中通信产业的大户移动业务产值54亿美元，固定电话营业收入达到3.618亿美元，同比增长70%，因特网营业收入达到4.681亿美元，同比增长20%。固定电话用户超过1000万，每一百人中拥有11.52个用户，每一百户家庭拥有29.80个用户；移动用户1.27亿用户，每一百人中拥有44.19个用户，3G服务覆盖全国63个省市；因特网用户超过3000万，每一百人中拥有35.07个用户；宽带用户约382万。邮政行业产值2.462亿美元，比 2010 年增长 16%。越南邮政总公司继续领头邮政行业,其所占市场份额达到 36.28%;其次是越南邮政 DHL 公司,其占市场份额为 15.43%。^①

至 2011 年 12 月,越南全国范围内登记的电话用户为 1.375 亿,其中移动用户为 1.273 亿,固定用户为 1020 万,因特网用户为 3050 万。移动用户与因特网用户数量不断增加,近 5 年内年平均增长速度分别为 31.3% 和 14.64%。越南互联网中心统计显示,越南在世界互联网使用人数最大的 20 个国家中排在第 18 位,在亚洲地区排名第八位,在东南亚列第三位。

越南手机市场上销售量最大的是诺基亚手机,近年来一些越南品牌的手机也开始出现,如 Hanel、CMC 等。但是越南的品牌手机常被说成是"中国机身越南内容",这是因为世界上各大品牌手机主要选择在中国设厂,不在像越南这样的小国设厂,所以越南手机商主要把精力放在设计和使用程序上,而不是放在机身生产上。

近年来越南移动通信开始走出国门。例如 Viettel 公司计划在国外建设 4000 个手机信号基站,遍及亚洲、非洲和拉丁美洲,涵盖约 1 亿人口。今后 10 年,Viettel 公司将向柬埔寨、老挝、海地、秘鲁等国投资 4 亿美元。该公司预计到 2020 年,其在海外的利润相当于在越南国内利润的 2—3 倍。

另一家电信公司越南 PT 也计划到缅甸投资。该公司发挥自身的优势(如宽带方面),已与缅方达成开发协议,此外还要去委内瑞拉、柬埔寨和德国投资。

VTC 公司则依靠自身的数字化通信服务,打进了全球市场,已经在多个国家成立了子公司,如在韩国、柬埔寨、老挝、印尼、美国、俄罗斯、日本、泰国、马来西亚和中国。

(二)信息产业

越南信息产业近年来发展迅速,营业收入连续多年高位增长,例如,截至 2012 年 11 月,电脑、电子产品及其零部件出口总额达到 69.8 亿美

---

① 越南信息通信部:《2012 年信息技术与传媒白皮书》。

元,同比增长69%。电话零部件出口总额达到113.4亿美元,比2011年翻两番。软件业总收入增长迅猛,2012年全年营业总收入超过10亿美元。2011年,越南在软件加工最具吸引力的世界50个国家中排第8位;在世界软件加工最具吸引力的百大城市中,胡志明市和河内市分别排第16位和第21位。

从2010年开始,越南在信息产业方面主要向"硅谷"、电子商务、云计算机等三大领域投资。且越南加大信息研究力度,努力实现信息技术的应用,在2012年的信息与传媒部会议中,在对信息技术产业各领域落实情况进行总结的基础上,越南国家指出软件产业项目和数字技术项目是最优先集中投资的两个信息技术领域。

越南被称为软件业发展潜力较大的国家之一,因此许多企业为进入国际市场已经或正在制定实施软件出口战略。2012年,越南多种产品出现停滞,但软件产品出口依然增长近30%。

电子政务发展快速,96.6%的政府部门和所有省市政府都开设了网站,83.6%的政令在网上发布。根据联合国发布的《电子政务准备报告》,越南电子政务准备度指数从2010年的第90位上升到2012年的第83位,在东南亚地区排在第四位[1],电子政务发展世界排名第83位,比2010年前进了7位。

(三)通信信息领域的国际交流与合作

越南在通信信息领域的国际交流方面积极实施"引进来"策略。其表现为举办一些通信和电子产品博览会或信息技术与电子政务研讨会等,有效促进了越南企业与国际同行的交流,有助于促进越南企业"走出去"。如2012年越南与西班牙联合举办信息技术与电子政务研讨会、越南与韩国就国家机构信息技术应用政策、电子政务等领域开展合作以及在胡志明市、河内市举办各种通信和电子产品的国际博览会等。

同时,越南还注重"走出去",其中越南军队电信集团走得最远。如越南与莫桑比克成立电信联营公司(Movitel),越南与老挝亚洲电信公司

251

---

[1] 越南之声中文网2012年7月20日报道。

合资成立星空电信公司（Unitel），越南军队电信集团与海地传媒总公司合作等。

此外，越南还注重同韩国、印度、日本、法国等国开展通信信息领域合作交流，在国际电信联盟、湄公河次区域、东盟框架下也开展合作。

越南卫星技术并不发达，但依靠对外合作，仍取得了一定成绩。目前，越南共计发射了五颗卫星[①]，其中2颗为通信卫星，它们均在法属圭亚那库鲁航天发射中心发射，均由越南邮政通信集团投资，分别是2008年4月19日发射的"越卫1号"卫星和2012年6月16日发射的"越卫2号"卫星。据悉，后者信号覆盖东南亚及周边区域，可传输1.3万路电话或150个电视频道信号，设计寿命为15年，将满足2020年前越南对卫星容量的需求，"越卫2号"比"越卫1号"的容量多出20%，两颗卫星共同构成了越南目前信息覆盖网络。

（四）人才培养

在人才培养方面，越南不断扩大信息技术领域的人才培养规模，目前越南国内开设信息通信技术专业的大学和大专院校共290所，招生人数达64796人，开设电子商务专业学校已有77所，其中大学49所，大专学校28所。信息产业人力资源数量和质量稳步提升。目前越南有30万人从事信息技术行业。

四、问题与挑战

在全国经济发展面临困难、市场竞争更加激烈的背景下，相比2007—2009年期间，2010—2013年，越南信息技术国内市场出现衰退，造成许多信息技术企业缩小生产规模，甚至是倒闭。美国的IBM公司也关闭了在越南的信息技术服务提供中心。虽然从整体上看，越南通信信息产业近几年来有取得一定的进展，但是仍然在资金、技术、人才及管理等方面存在不少问题。

[①] 其余三颗为：2012年7月21日在日本发射的nano F-1号卫星；2013年5月7日发射的越南首颗卫星VNREDSat-1号；2013年8月4日在日本发射的Pico Dragon号地球气象卫星。预计2017年将发射VNREDSAT-1号卫星，还有nano F-2号卫星。

（一）技术依赖国外

在产品技术方面，目前越南多数使用进口的产品和设备，如：网站产品、二层交换器、电脑主机、台式电脑、操作系统软件、办公软件以及一些专业软件产品等，从这些方面看，越南在信息技术产品的制造和提供方面缺乏独立性，大部分依赖国外进口。

越南的卫星技术尚不成熟，主要依靠对外合作（主要是法国）才得以成功发射卫星。唯一由越南自主研发的nano F-1号卫星在日本帮助下发射后，却失去信号。

（二）人才培养方面

目前，虽然越南在进一步扩大通信信息产业的人力资源培养规模，越来越多的高等院校也设置了与该领域相关的专业，但是越南仍然存在信息技术人力资源质量较低、培训情况与社会需求不协调、信息技术学生的软件技能和外语水平较低、青年资源尚未得到企业关注等问题。

（三）信息安全方面

在信息安全保障工作日趋复杂的背景下，越南国家机关在加强促进信息技术的应用及加大提供在线服务的同时，也面临着如何维护网络信息安全这一大难题。据越南《2012年信息技术与传媒白皮书》显示，2011年，平均只有16.8%的国家机关能够识别出基本网络病毒攻击，36.2%能够认识出木马病毒，14.4%能识别出降低效能或拒绝服务的病毒攻击，而国家部门采用的应对技术只是一些具备简单防护系统的软件设备，应用信息安全保障措施的平均比例是25.3%。虽然信息安全管理得到加强，但是应用信息安全规章及设置专门负责信息安全部门的机关单位不多。

此外，利用网络散布虚假信息，甚至抹黑国家领导人，攻击越南党和国家政府，造成消极的负面影响的问题也较为严重。因此保障信息安全是越南发展通信信息产业面临的一大难题。

五、规划与前景

越南属于后发展国家，经济处于相对快速、平稳发展的时期，因此越南对通信、信息技术发展具有巨大的需求，加上政府的大力支持，越南未来通信信息产业将继续保持稳定的发展势头。为了更好地推进通信信息领域的发展，针对目前存在的问题，越南信息与传媒部制定了相关的发展规划。

2005年越南批准的《至2010年及面向2020年信息传媒技术发展战略》提出，到2015年，信息传媒业年均增长20%，营业收入达到150亿美元，电话密度达到每100人拥有电话50部，其中每100人拥有固定电话20部，每100人拥有移动电话30部。

2009年越南批准的《至2010年面向2020年邮政通信发展战略》提出今后越南将继续开展革新政策，发挥国内人力资源优势，吸引外资，加强和提高各层次的有效管理和建设，提高资金利用效果，加强国际合作与交流。

2010年1月23日，越南又制定了《至2020年国家电信发展规划》。同年12月23日，信息传媒战略研究所召开会议总结2006—2010年互联网发展，规划未来发展方向与目标。

2012年，越南政府批准了《至2020年国家电信发展规划》。规划提出至2015年，越南全国40%—45%的家庭安装固定电话；互联网用户比例占总人口的40%—45%，至2020年，该数字为55%—60%；越南全国使用移动电话的人占总人口的90%以上，至2020年达95%以上等目标。另外，至2020年，努力实现电信业增幅为GDP增幅的1.2—1.5倍，电信总收入达到150亿—170亿美元，占GDP的6%—7%。

2013年在《信息技术的作用与2020年发展方向》的报告中，越南信息与传媒部制定了2013年至2020年越南信息技术行业发展规划，主要集中在以下五个方面：

1.到2015年，越南企业具备产品设备的生产与制造能力，逐步取代进口各种零部件。加强超微电路的生产研究，自主创建一些越南品牌的硬件设备，以满足国内需求并出口国外。

2.在发展信息技术领域人力资源方面，一是提高各大高等院校信息技术专业毕业生的数量及质量，国家在发展该领域人力资源给予支持。二是为企业单位举办短期课程培训，包括培训企业发展战略规划、品牌创建、知识产权维护、信用财政服务咨询、市场信息、企业结构重组等方面的高级人才队伍。

3.发展信息技术企业，国家通过扶持信息技术企业建立和采用CMMI、ISO 27001、ISO 20000等国际信息技术标准，提高企业的生产运营和竞争力。扶持企业发展建立国内外技术品牌。

4.在信息技术的产品及服务方面，一是根据信息技术法第50条及关于执行信息技术法的政府第71/2007/NĐ-CP协定发展核心信息技术产品，发展包括国家行政管理、银行、财政、税收、海关、航空、国防、交通、城市规划、环境、医疗、教育等领域的信息软件和服务。二是发展移动电话、互联网的数字化产品，发展网络电视服务、移动电视。

5.发展完善信息技术中心区的网络系统，促进引进外资。如建设北宁省国家重点信息技术中心区、扩大胡志明光中软件园规模及全国各信息技术区集中区的网络系统等。

255

第十二章　对外经济

　　20世纪70年代，"亚洲四小龙"趁西方发达国家调整经济之机，大量吸引外资，生产外向型产品，大力开拓国际市场，致使经济迅速崛起。恰在此时，北越的坦克隆隆开进了西贡，号称世界首强的美国佬灰溜溜地离开了越南。对于战后的越南，世界许多国家都愿意提供经济援助，甚至连美国也曾打算赔偿大笔战争赔款[①]，帮助越南人医治战争创伤，恢复家园。如果此时的越南人抓住这个千载难逢的机会，接过美国人在南越经营了20年后留下的比较完善的基础设施，充分利用南越商界与外界的广泛联系，打开国门，吸引外商外资，促进国内经济的恢复和发展，也许今天的越南会是另外一种景象。

　　然而令人遗憾的是，历史并没有这样写。多年习惯于硝烟弥漫的老一辈越南主要决策者们，面对美国佬留下的大量飞机大炮，感到和平是如此的寂寞，禁不住头脑发热起来。1978年12月，在勃列日涅夫的怂恿之下，黎笋挥军20万，一星期就占领了金边。就世界全局来说，黎笋搞的地区霸权主义，属于勃列日涅夫全球战略的一个组成部分。因此它不仅遭到邻国和东南亚国家的反对，同时也被西方国家和世界大多数爱好和平的国家和人民的谴责。越南一边倒向苏联，理所当然受到国际社会的孤立，如同作茧自缚，自己把对外开放的大门紧紧关闭起来。越南出兵柬埔寨之后，世界许多国家纷纷终止对越南的经济援助，对其实行经济制裁。越南长期

---

　　① 1973年2月1日。尼克松致函范文同，曾提出美国将向越南提供32.2亿美元的"重建费用"。

是一个受援国，外援的大幅度减少，对其经济是一个致命的打击。[①]

正当越南人在柬埔寨骑虎难下，国内经济日趋窒息之时，它周围的东盟国家则致力于调整经济，开拓市场，经济一天比一天活跃，实力一天天增强。尤其是跟北边的中国和西边的泰国相比，越南的差距在日益拉大。这使得越南当局不得不焦急起来。1986年7月，越南的铁腕人物黎笋去世。1986年底，越共召开了六大，长期在越南南方工作、对市场经济比较熟悉的阮文灵当选为越共总书记。这给越南的改革和开放带来了一线转机。

一、越南经济中的外经贸及其发展历史

（一）越南是一个对外经济依存度很高的国家

近年来越南实施外向型经济发展战略：包括扩大进出口，大力吸引外资，积极对外投资等，出口和外资投入成了经济发展的重要动力。

多年来，越南对外贸易的增长速度一直快于整个经济的增长速度，常常是经济增速在10%以下，而外贸增速则在20%以上。2012年越南经济总量约为1290亿美元，而其全年进出口总额2287亿美元。相较于2011年越南2012年的外贸进出口大幅度增长29.8%，而同年的经济增长速度仅为5.03%。在全球贸易增长速度明显放缓的情况下，越南对外贸易仍旧保持较高增速，表明越南更加深入地融入国际经济。

表12-1　2008—2012年越南经济对外贸的依存度（%）

年份	2008	2009	2010	2011	2012
出口依存度	71.3	62.4	68.5	86.9	88.8
进口依存度	91.1	76.4	80.3	95.6	88.4
进出口贸易依存度	162.4	138.8	148.8	191	177.2

越南经济的高度外向性，反映了越南经济仍面临着的高度外生风险。2008年华尔街金融海啸爆发后，世界经济发生危机，越南经济受到了较

[①] 据统计，1975—1977年，仅联合国、国际和区域性金融机构、西方国家向越南提供的援助和贷款就达14亿美元。越南的第二个五年计划（1976—1980年）总投资75亿美元，其中设想从中国和西方国家争取资金26亿美元。

大的影响，从过去年增速7%—8%以上，降低为5%—6%左右。

（二）越南对外经济发展时期的划分

从越南的内外政策以及国际环境来看，当代的越南对外经济发展可以分为三个时期：南北统一至20世纪80年代末、20世纪90年代初至21世纪初和世界经济危机爆发以后。

1. 南北统一至20世纪80年代末

越南是一个自然资源和人力资源丰富，但缺少资金、国内市场狭小的国家，要发展就要拓展外部市场，引进外国投资。前越共总书记阮文灵在越共六届六中全会致闭幕词中说："我们已经统一认识，扩大对外经济关系，积极参加国际分工。""我们深刻地认识到，在当今经济生活如此国际化的情况下，一个国家如果闭关自守，自给自足，不与外国进行经济交流，就不可能存在和发展。"[①]

1975年南北统一后，越南很希望能开拓出口市场和吸引外资，但由于越南奉行的是亲苏反华侵柬政策，因而制定的很多计划都落空了。一直到20世纪80年代末才开始有改观的迹象。

那些年越南受到国际制裁，只能主要与苏联东欧国家进行交流合作，一般都是以货易货，不以可兑换货币结算。而且越南出口的多是低价值的农产品和初级产品，进口的则大部分是高价值的重工业产品，进出口不平衡，入超严重，造成外债规模不断扩大。

越南的轻工业和农业本来有一定的基础，但受苏联经济模式和发展战略的影响，片面发展重工业，轻工业和农业得不到应有的发展，这不仅影响了出口商品的增加，也造成国内日用消费品匮缺，影响了人民生活的改善，粮食由出口国变为进口国。自从越南加入经互会后，苏东国家一直是越南的主要伙伴，其中以苏联为主。1985年越对苏的出口和进口分别占其出口和进口总额的49.2%和69.4%。1989年越南对苏东国家的进口和出口分别占其进口和出口总值的73.5%和57%。越南对苏东国家出口的主要商品有天然橡胶、水果、蔬菜、茶叶、咖啡等农产品，以及少量轻工、手

259

---

① 引自越南《共产主义》杂志1989年第4期。

工工艺产品。而越南从苏东国家进口的商品中，大宗的如石油制品、棉花、化肥、钢材等均占越南进口量的90%以上。除此以外，还有大量的机械设备等生产资料和部分食品等消费资料。越南出口到苏东国家的多是低价值的农产品，进口的多是高附加值的工业产品，两者之间的贸易一直处于不平衡状态。越方大大入超，进口是出口的3倍左右。

一直到1988年越南的出口才首次突破10亿卢布和美元大关^①，达到10.4亿卢布和美元，比1987年的8.5亿卢布和美元增加12%。据新华社报道，1990年越南出口总值已达22亿卢布和美元，进口总值为21.5亿卢布和美元，分别比上年同期增长40%和6.8%。此时期，由于西方的制裁及与中国关系的恶化，越南在吸引外资方面几乎没有什么进展。

20世纪80年代末，冷战结束，苏联东欧崩溃了，经互会解体了，原来的"社会主义大家庭"不再分工，迫使越南的对外经贸要另谋出路。偿还外债，需要外汇；引进国外的先进技术设备，需要外汇；购买国外的生产资料和消费品，也要大量的外汇。大力推进出口创汇，成为越南的当务之急。

2. 20 世纪 90 年代初至 21 世纪初

20世纪80年代末，国际经济和政治关系乃至整个世界格局发生了很大的变化。越南当局已意识到，在当前的形势下，机遇和挑战同在，越南既面临"维护和平，迅速发展经济的新机遇"，同时也存在"在经济各方面被各邻国远远甩在后面的巨大危机"。为了摆脱国际社会的孤立，争取西方的资金、技术和市场，越南逐步调整了外交政策，实行对外关系的多元化，尤其是改善了与中国的关系。自此，越南在对外开放、增加出口、吸引外资等方面取得了长足的发展。

首先是中越贸易关系迅速发展。1991年11月5日至10日，应江泽民总书记和李鹏总理的邀请，越南共产党中央总书记杜梅和部长会议主席武文杰率领的越南高级代表团正式访问了中国。双方签订了《中华人民共和国政府和越南社会主义共和国政府贸易协定》和《中华人民共和国政府和

---

① 越南出口到苏联东欧是以卢布结算，出口到市场经济国家和地区则以美元结算。越南方面公布的数字不把卢布换算成美元，而只将两者笼统地合在一起。

越南社会主义共和国政府关于管理两国边境事务的临时协定》。越南高级代表团访问中国，标志着中越两国关系经过 13 个风风雨雨的年头后又恢复了正常。1991 年 11 月 10 日，中越发表了联合声明，双方将在和平共处五项原则的基础上发展睦邻友好关系，并根据四项原则恢复中越两党的正常关系。

还在中越关系正常化前的 1988 年底，中越两国就已在中越边境地区进行公开的边境贸易。由于地理自然条件的关系，中越边境贸易重点是在广西段。据报道，1989 年桂越边贸额为 4.3 亿元人民币，1990 年达到 7.8 亿元，1991 年猛增至 20 多亿元。

在边贸结构方面，中国一般是输出工业制成品，有日用消费品、机电产品、建筑材料、生产资料等。越方输往中国的则主要是农产品、矿产品以及转口商品。

越南邻近香港，也在利用这有利条件不断挤占香港市场。越南销往香港的商品主要是对虾等海产品和大米等农产品。与此同时，越南也在扩大从香港的进口。香港一度成为越南与美国等西方国家及中国大陆贸易的转口基地。

20 世纪 90 年代初至 21 世纪初是越南对外贸易发展最快的 20 年。统计显示，1990 年越南的对外贸易额仅为 51.5 亿美元，到 2010 年达到了 1570.7 亿美元，增加了 30 倍。

表 12-2　1990—2010 年越南进出口贸易额（亿美元）

年份	进出口总额	出口额	进口额
1990	51.5	24.0	27.5
1995	136.0	54.5	81.5
2000	301.1	144.8	156.3
2005	692.0	324.4	367.6
2010	1570.7	722.3	848.4

资料来源：越南统计总局：《越南统计年鉴（2005）》，越文，河内：越南统计出版社，2006 年版；越南统计总局：《越南统计年鉴（2013）》，越文，河内：越南统计出版社，2014 年版。

261

3. 世界经济危机爆发以后

2008 年世界经济形势发生了急剧变化，爆发了华尔街金融海啸，这对属于外向型经济的越南产生了很大的影响。自此，越南的对外贸易和吸引外资都放缓了脚步。2009 年越南的对外贸易甚至是负增长 11.4%，到了2010 年才恢复增长态势。

表 12-3　2008—2013 年越南进出口贸易额（亿美元）

年份	进出口总额	出口额	进口额	顺差或逆差
2008	1433.9	626.8	807.1	−180.3
2009	1270.4	570.9	699.5	−128.6
2010	1570.7	722.3	848.4	−126.1
2011	2036.5	969.0	1067.5	−98.5
2012	2283.0	1145.2	1137.8	7.4
2013	2635	1322	1313	9

资料来源：越南统计总局：《越南统计年鉴（2013）》，越文，河内：越南统计出版社，2014 年版。

不过，金融危机对越南外贸的影响并不全是消极的。由于国际市场上原材料价格下降，越南的进口贸易成本也有所下降，因而越南的外贸逆差也就逐步减少。2007 年越南的外贸逆差达到顶峰的 180.3 亿美元之后逐年下降，2012 年是越南自 1992 年以来二十年后首次实现贸易顺差 74.8 亿美元。而 2011 年越南贸易逆差还是近 100 亿美元。从逆差到顺差，这是越南对外贸易多年来的一个历史性突破。

二、对外贸易

越南很重视对外贸易的发展，尤其是出口贸易。如果说越南也是出口、投资、消费三驾马车拉动经济增长的话，那么出口就是最重要的一驾马车。越南南北统一 40 年来，其对外贸易的增长远远超过经济的增长速度。

262

表 12-4 1976—2013 年越南经济及进出口贸易发展数据

年份	经济增长（%）	进出口增长（%）	进出口总额（亿美元）	出口额（亿美元）	进口额（亿美元）
1976		19.6	12.4	2.2	10.2
1980	−3.6	−11.7	16.4	3.3	13.1
1990	5.1	14.3	51.5	24.0	27.5
2000	6.8	29.4	301.1	144.8	156.3
2010	6.4	23.6	1570.7	722.3	848.4
2013	5.4	15.7	2635	1322	1313

注：20 世纪 90 年代以前越南的进出口额统计为卢布和美元，20 世纪 90 年代以后则为纯美元。

资料来源：越南统计总局：《1975—2000 年越南经济社会统计数据》，越文，河内：越南统计出版社，2000 年版；越南统计总局：2000、2005、2013 年《越南统计年鉴》，越文，河内：越南统计出版社，2001、2006、2014 年版。

上表可见，越南刚统一后的 1976 年进出口贸易额仅 12 亿多美元，到 2013 年已达到 2635 亿美元，增加了 230 多倍。

（一）商品出口

出口作为拉动越南经济增长最主要的引擎，越南采取了很多的政策措施来促进其发展，使得越南的商品出口多年来一直保持两位数的增长，2013 年越南商品出口额达到了 1322 亿美元。

1. 出口商品结构

与越南的经济结构相关，其出口商品大多为轻纺、农产品、矿产品等。随着越南工业化进程的推进，越南的出口产品结构中，农产品出口比重在下降，工业品比重不断上升。

表 12-5 2013 年越南商品出口情况

序号	商品	数额（万吨）	价值（亿美元）	增幅（%）
1	电话及零配件		212.4	67.1

263

（续表）

序号	商品	数额（万吨）	价值（亿美元）	增幅（%）
2	纺织品		179.5	18.9
3	电子产品		106	35.3
4	鞋类		84.1	15.8
5	原油	840	72	−11.9
6	水产品		67.2	10.3
7	机械设备及零件		60.1	8.6
8	木材及木制品		55.6	19.2
9	大米	659	29.3	−20.4
10	咖啡	132	27.5	3.3
11	橡胶	107.8	25.2	−11.6
12	腰果	26.1	16.5	12
13	木薯及其制品	310	11.1	−18.2
14	蔬菜水果		10	27
15	煤炭	1280	9.2	−26.1
16	胡椒	13.4	9	13

越南2013年矿产品出口的数量和价值都在下降。2012年越南出口原油951万吨，价值约94亿美元，以及煤炭出口1520万吨，价值12.4亿美元。此外，越南在主要的工业制成品出口中，纺织品国产化率已达50%，在世界具有一定竞争力，2012年越南纺织服装行业已连续多年位居越南工业品出口第一位，但在2013年被电话及其零配件一举超过。

尽管2013年全球纺织品销售情况低迷，但越南纺织行业的出口总额仍达204亿美元，较2012年的172亿美元增加18%，并首次突破200亿美元大关。就越南最大服装出口集团Vinatex来说，2013年该集团经营收入达21.7亿美元，同比增加12%。纺织业产品出口额达29亿美元，同比增加12%；进口额达12亿美元，同比增加10%。值得注意的是，美国一直是越南最大的纺织品出口市场，2013年出口额达85亿美元，同比增加10.4%。除美国外，越南纺织品出口其他国际市场的情况为：2013年越南对欧盟的纺织品出口额约达 27 亿美元，同比增加 8.8%；对日本达 24 亿美元，增加 20%；对韩国达 18.7 亿美元，增加近 44%；对印度达 6000 万——7000 万美元；对俄罗斯达 1 亿美元。

2013 年越南的鞋类和手提包出口额达 103.2 亿美元，与 2012 年相比增加了 18%，较原计划高出 3%。2013 年越南的皮箱、包类出口额达 19.2 亿美元，同比增加 26%；鞋类达 84 亿美元，同比增加 15%。目前美国是越南第二大鞋类出口市场，排中国之后。越南鞋类出口最多的市场是美国、英国、德国、比利时、加拿大、智利、中国、波兰、韩国等。2014 年，由于欧盟对包括越南在内的发展中国家实施普惠制新规，其中越南鞋业出口至欧盟国家的税率将从 13%——14% 下调至 10%，使越南鞋类出口额再攀新高。

2013 年越南农林水产出口额达到约 275 亿美元，约占越南当年出口额的四分之一。大米出口量比上年有所减少，2012 年达 810 万吨，仅次于印度（870 万吨）居世界第二，价值 37 亿美元。中国是越南大米的最大进口国，其次是菲律宾 110 万吨、印尼 93 万吨、马来西亚 76.5 万吨、俄罗斯 48 万吨。

2. 越南在国际上有突出优势的出口商品

越南在国际上有突出优势的出口商品可以归纳为两项世界第一（腰果和胡椒）、一项世界第二（大米）和一项世界第三（橡胶），其他木薯、果蔬等也很重要。

世界之最的腰果：据越南腰果协会，越南已连续八年超过印度，保持世界腰果仁出口第一大国地位。2013 年，越南腰果企业腰果仁出口量达 26.4 万吨，创汇 16.6 亿美元。如把腰果壳油等产品出口额合计，2013 年越南腰果出口额则达到约 20 亿美元。美国、中国和荷兰是越南腰果出口的大市场。从 2006 年至 2013 年，越南连续 8 年超过印度和巴西继续保持世界腰果出口第一大国的地位，美国、中国和荷兰仍是越南腰果出口最多的市场。

再一个世界之最——胡椒：2013 年越南胡椒出口量达 13.4 万吨、金额达 8.99 亿美元，数量和金额分别同比增加 15% 和 13%。因此，越南在胡椒出口数量和金额方面仍保持世界第一大国地位，对调节国际市场供需和稳定市场价格发挥重要作用。据越南胡椒协会表示，目前，国内95%的胡椒输往世界80个国家和地区，剩余的5%供内需。美国是越南第一大胡椒出口国，对该市场的出口金额连年大幅增长；其次为德国、阿联酋等国。

世界第二的出口产品——大米：2013年全年大米出口量达661万吨，出口额为29.5亿美元。受国际市场价格波动的影响，2013年越南大米出口量和出口额分别同比下降17.4%和19.7%。2013年前11个月大米出口价格平均为441.2美元/吨，同比下降3.4%。中国是越南最大的大米出口市场。前11个月越南对中国的大米出口量大幅增长，出口量达200万吨，出口金额达8.49亿多美元，占越南大米出口总额的30.93%，2013年出口到中国的大米出口量和出口额分别同比增长6.22%和2.74%。

橡胶是越南继大米之后又一主力出口农产品：橡胶是越南历来的农产品出口拳头产品。越南是仅次于泰国、印尼、马来西亚和印度的世界第五大橡胶生产国，也是继泰国和马来西亚之后的世界第三大天然橡胶出口国。2013年越南橡胶产量约达104.3万吨，较前一年增长20.8%。这是越南天然橡胶产量有史以来首次突破一百万吨大关。2013年橡胶出口107.8万吨。越南橡胶的主要出口市场是中国、美国、印度、韩国、德国等，其中中国是越南最大的出口市场，占总出口的一半以上。

木薯：越南2013年木薯和木薯制品出口量约达310万吨，出口额约达11.1亿美元。受中国国内大部分乙醇生产被停产的影响，木薯和木薯制品出口量与2012年比下降25.9%，同比下降18.2%，可见中国为越南最大的木薯和木薯制品进口国。其次是韩国、菲律宾、中国台湾、马来西亚和日本等国家和地区。2013年，越南成为世界第二大木薯和木薯制品出口国，仅次于泰国。①

产量迅速增加的蔬菜：2013年越南蔬果出口额突破10亿美元大关。据海关总局的统计数据显示，截至12月15日，越南蔬果出口总额正式突破10亿美元大关，同比增加27%。三年来，越南蔬果出口额一直呈快

---

① 本部分参见邓应文：《越南的对外经济》，载古小松主编《越南报告：2013—2014》，北京：世界知识出版社，2014年版。

速可持续增长势头，年均增加30%。具体为，2010年越南蔬果出口总额达4.6亿美元，同比增加4.9%；2011年增至6.22亿美元，同比增加35%；2012年达8.27亿美元，同比增加33%。在其他农产品的出口数量和金额均呈下降之势的背景下，这是较高增幅。目前越南蔬果远销40个国际市场。中国、美国、日本、韩国、欧盟等是越南蔬果进口大国。

3. 出口市场结构

在市场多元化战略下，越南大力开拓新的出口市场。

表12-6　2013年越南出口市场分布情况

	出口市场	价值（亿美元）	增速（%）	占比（%）
一	亚洲	677		51.2
1	其他东盟国家	185	6.3	
	其中：马来西亚	49.8		
	新加坡	30		
2	日本	136.5	4.5	
3	中国	132	2.1	
4	韩国	67	19.9	
5	印度	23	32	
二	欧洲	271	19.4	20.5
	其中：俄罗斯	20	17.7	
三	美洲	290	24	
	其中：美国	239	21.4	
四	大洋洲	39	28	
五	非洲	20	28	

从地区来看，亚洲是越南最大的出口地区；如果从集团来看，欧盟则是越南出口商品最多的经济集体；而如果从国家来看，美国则是越南最大的出口国。

（二）商品进口

对比经济总量，越南可以说是一个大进大出的国家，其进口商品总价值相当于国民生产总值的四分之三左右。

1. 进口商品结构

在结构方面，越南每年主要是进口生产资料和与出口加工产品组装相关的机械设备及配套设备。

表 12-7　2013 年越南商品进口情况

序号	商品	数量（万吨）	价值（亿美元）	增幅（%）
1	机械设备及零件		186.9	16.5
2	电机产品及零件		176.9	34.9
3	纺织鞋类皮革原料		148.1	18.6
4	电话机及零件		80.5	59.6
5	成品油	737	69.8	-22
6	钢铁及制品	946	66.6	11.6
7	塑料	316	57.1	18.9
8	饲料及原料		30.8	25.4
9	化肥	468	17.1	1
10	废钢铁	324	12.5	-11.8
11	原装汽车	3.5 万辆	7.3	18.1

此外，越南每年进口大量的药品和药材，2012 年达 35 亿美元，其中药品进口约为 17 亿美元，同比增长 20.7%。主要进口市场分别是法国、印度、韩国、泰国等。其中法国占越南药品进口总额的 14.1%。

2. 进口市场结构

多年来，亚洲市场一直是越南最大的进口市场，2012 年占其总进口额的 78.8%，其次是欧洲和美洲。

表12-8 2013年越南商品进口来源分布情况

序号	国家、集团	进口商品值（亿美元）	增幅（%）
1	中国	369	28.4
2	东盟	214	2.8
其中	新加坡	107	5.1
	马来西亚	41.3	
3	韩国	207	33.3
4	日本	116	0.7
5	欧盟	94.5	7.5
6	美国	52.3	8.4
7	印度	28.8	33.4
8	巴西	10.8	11.8

从国家看，2013年中国是越南最大的进口市场，韩国、日本、新加坡分别列第二、三、四位。

由于越南南部工商业较北方发达，农产品、水产品丰富，石油、大米、天然橡胶、胡椒、咖啡、腰果等主要出口产品大多集中于南方。南方是越南对外贸易的重镇，尤其是胡志明市，2013年进出口总额达到524亿美元，其中出口265.7亿美元，进口258.7亿美元。

三、引进外资与对外投资

吸引外资是越南重要的经济发展战略。利用外资，对于资源丰富，劳动力过剩，但缺少资金的国家而言，是发展经济的一条捷径，这已为许多国家的经济"奇迹"所证明。"亚洲四小龙"、东盟多国就是走这条路过来的。面对周边国家的成功，越南也在步它们的后尘，以在短期内振兴国内经济。

（一）越南引进外资的有利条件

1. 地理位置优越

越南位于中南半岛的东部，东南临海，往东北不远就是资金比较富裕的国家和地区，如中国香港、中国台湾、韩国、日本，西边有泰国，往南是马来西亚、新加坡、印度尼西亚等。这些国家在接受发达国家投资的同时，也在向国外投资，呈双向投资运动。其中日本、中国台湾是世界外汇储备最多的国家和地区，对外投资的数量也居世界前列。

2. 港口众多，运输便利

越南版图呈长条的S形，从北到南海岸线长达3260千米，自从法国人19世纪下半叶占领印支以来，一直到后来的美国人，先后在越南修建了众多的港口码头、机场、铁路和公路。重要的海港有鸿基、海防、岘港、金兰湾、西贡港等。其中后面4个是美国人或苏联人曾经经营的港口，设备条件比较好，在国际上有一定的知名度。全国有大小机场180个，虽然多数是简易机场，但河内的首都机场和胡志明市的新山一机场是设备完善的国际机场。越南1976年已有铁路3400多千米，密度为每万平方千米104千米（中国1987年为每万平方千米55千米）。公路8万千米（1985年），每万平方千米密度为2411千米（中国1987年为每万平方千米1023千米）。

3. 资源丰富，劳力成本低

越南拥有丰富的人力和矿产资源，劳动力和土地价格便宜。越语是拼音文字，越南人的识字率高，多数人能读会写。随着越南与苏东国家的疏远，有近20万的劳工从这些国家返回越南。这些人经过一定的培训，较受外资企业的欢迎。越南劳动力成本相对较低，全国城镇居民人均月收入350万越盾（约合170美元），相当于我国东部地区的1/3，与中国中西部地区相当。

4. 东盟成员国优势

越南1995年加入东盟。作为东盟成员，投资者可利用自贸区优惠政策，将产品销往东盟其他国家。据东盟的发展进程，东盟10个成员国将在2015年建成经济共同体。

（二）吸引外资的措施

1. 越南新的外资法颇具吸引力

越南在战后统一之初，凭着战场上的一股"勇气"，以为很快就可以把国民经济恢复和发展起来，因而制定了一个雄心勃勃的"二五"计划，计划五年内用于基本建设的投资达75亿美元。当时越南一年的国民生产总值也只不过七八十亿美元，要筹措如此多资金谈何容易。于是越南人就把希望寄托在外资身上，为此于1977年4月18日政府的第115号决议通过了第一个《外国投资条例》。

尽管这个投资法有一定的吸引力，既"欢迎外商以机器设备、运输工具等作为资本进行投资，也欢迎外商兴办新企业或改造现有企业"。但事隔一年后，越军进攻柬埔寨的炮声，使该投资法变成了一纸空文。除苏联、东欧国家外，各国在越南的投资纷纷撤走，原打算到越南投资尚未去的更是望而却步。据统计，在越南出兵柬埔寨以前，外援占越南社会发展基金的80%，而到1980年则下降为10%。

外资裹足不前，除外部原因外，当然也有其内部原因，如投资环境问题，尤其是越南当局在1975年全国统一后，在南方进行极"左"、过火的"社会主义改造"，对城市工商业强行国有化，对农业实行集体化，打击私人资本主义和私营经济。这对外商影响很大。

为了吸引市场经济国家的投资，越共六大阮文灵当选总书记后，提出尽快公布新的投资法，"制定优惠政策，采取有力措施，为外国人和越侨来越南合作经营创造顺利条件。"1987年12月29日越南国会通过、次年1月9日正式公布的酝酿已久的《外国在越南投资法》，取代了1977年公布的《外国在越南投资条例》。

对比旧的外资法，越南新外资法有如下特点：

（1）条件优惠

越南政府对外资企业征收较低的所得税，一般为利润的15%—20%

271

（石油、天然气及稀有贵重资源除外）。外资企业从盈利开始，可以申请免税两年，然后可再申请减半征收两年。在特殊情况下，税率还可以减至10%，或继续延长减免税期限。

新的外资法没有规定向外籍人员征收个人所得税，外商可以把利润汇离越南，越南只对汇出境外的利润征收5%—10%的税金。在特殊情况下，也可以豁免。

在特殊情况下，外资企业可以申请减免进出口关税。

（2）形式灵活多样

新的外资法规定，外国组织和个人可以以合作经营、联营企业①、独资企业三种形式进行投资，对联营企业的投资比重没有规定最高限额，只规定外商投资不能低于总投资的30%。外资企业的经营期限一般为20年，必要时可以延长。外商可以担任企业的第一或第二把手，独资企业则由外商自行管理。

（3）外商可以在很宽的领域投资

越南新的外资法规定："外国组织和个人可以向越南国民经济的各个领域投资。"越南最欢迎的投资领域或项目是：重大经济项目；产品外向型或进口替代型企业，使用高技术的项目；利用越南当地原材料和天然资源的项目；机场、港口等基础设施项目，旅游、修船等能赚取外汇的第三产业项目，等等。越南部长会议主席武文杰说，越南政府特别优惠来越南投资办海产品加工出口、办银行的外国企业家。

在公布新的《外国在越南投资法》之后，越南政府又于当月11日颁发了商品进出口税法。该税法规定的税率较低。同年9月，越南政府又相继颁布了投资法细则。1990年6月，越南政府对外资法进行了修改，使之更符合国际惯例，允许越南私人经济组织单独与外国合作，合资企业可以由多方参加，并放宽了所得税免减征收面。

驻河内的西方外交官们对越南新的外资法评论说："这可能是该地区

---

① 中国叫合资企业。

最开明的投资法之一。"[①]

2. 设立出口加工区

为了方便外商投资，加强集中管理，越南借鉴其他国家兴办经济特区的经验，决定在经济基础较好的胡志明市开设占地面积800公顷的新顺"出口加工区"。据报道，该加工区建于西贡河与同奈河交汇处的市郊守德县青利美乡。该处建港条件优越，可供2万吨级货船进出。加工区建立生产和加工出口商品的工厂，区内设有商业、服务、银行、保险等设施，以及供外商使用的公寓和娱乐中心。加工区鼓励兴办家电、电子、医药、肥料、农产品和水产品加工等企业，每家公司企业的投资额规定在20万美元以上，免予征税20年。加工区于1989年动工，先进行道路、通信、港口等基础设施的建设。越南主要是把台湾出口加工区的整套法规和经验移植到胡志明市的"出口加工区"中来。[②]

除新顺加工出口区外，从1992年到1995年，越南还在海防、岘港、胡志明市再建三个出口加工区，资金来源主要是依靠与外商联营合作。同时越南还在河内市建立新工业区，投资4亿美元。[③]

越南规划的各个加工出口区都已成立相关的职能机构，规定各个加工出口区的面积和界线，开展与外商合作，让外商来加工区内投资建厂。据报道，日本、韩国、中国台湾等国家和地区的商人与越南签订了不少的投资合作协议。

3. 不断调整外资政策

越南政府强调，完善市场经济体制，改善投资环境，为吸引更多并有效使用外资创造便利条件：一是大力转变吸引外资方向，着重选择高技术、环保并符合越南国家和产业经济结构调整的外资项目；二是特别注意吸引规模大、产品竞争力强并能参与全球产业链的外资项目；三是根据越南各行业、各领域、各地区的特点来规划引资工作，以发挥各自的投资效益；四是逐步将主要依靠廉价劳动力吸引外资向依靠高素质人力资源

---

① 德新社曼谷1987年12月30日电。
② 1989年3月29日新加坡《南洋早报》。
③ 据"越南之声"广播电台1992年4月9日报道。

转变。

(三) 越南利用外资的成效与特点

1. 大量利用外资

据越南计划与投资部统计，截至 2013 年 2 月底，越南吸引的外国直接投资项目共有 14550 个，注册资金总额达 2110 亿美元，实际到位资金 1000 亿美元。越南颁布《外国投资法》25 年以来，外国直接投资对越南经济快速增长做出了积极贡献，外资企业已成为越南国民经济的重要组成部分。

从外资投入的产业看，外国在越南的投资主要集中于四个领域：开发加工矿产资源、加工农产品和日用消费品、新兴的 IT 产业和旅游服务项目。

开发石油天然气是重点的领域之一。在越南的自然资源中，最能吸引外国投资的，莫过于石油了。迄今，除俄罗斯的石油公司外，越南已分别与印度、法国、英国、荷兰、比利时、瑞典、加拿大、科威特、澳大利亚的石油公司，签订了大量在沿海勘探开采石油天然气的合同。这些合同的协议投资额一般都比较大，达数千万乃至上亿美元。合同期也较长，约为 25 年。投资越南石油业的外国公司中，有些是有名的大公司，如法国的 Totat、英国的 BP、比利时和荷兰的 Shell。

从投资的布局看，越南南方的工商业比北方发达，尤其是胡志明市。1975 年统一以前，南方一直由美国人经营了 20 年，商品经济已有较大的发展。20 世纪 70 年代初的西贡，作为东南亚的一大名城，在风貌、气派、规模上均胜于当时泰国曼谷，有"东方巴黎"之称。越南南方不仅与美国、法国有密切的关系，而且由于有众多的华人华侨，因此与东南亚各国及香港、台湾地区也有密切的联系。得此"天时、地利、人和"，因而外商在越南的投资大部分在越南南方，其中大多集中于胡志明市。

据外刊报道，胡志明市及周边地区已成为外商在越南的投资热点。台商在越南的投资合作企业，多数集中于胡志明市。台商在越特别是在胡志明市的投资一直呈增长趋势。

头顿是越南的石油基地，也是一座新兴的旅游城市。越南在头顿建国际港口，使头顿成为胡志明市对外开放的大门。头顿较好的投资环境，已日益为外商所看好。

2. 外资成为经济发展的重要动力

近年来，外资对越南国内生产总值（GDP）的贡献率逐年提高，从1992年的2%已提高至2011年的18.97%，并为越南国家财政收入做出了重要贡献，2012年达到了37亿美元。同时，外资也推动越南出口不断增加，2012年外资企业出口额已占越南出口总额的64%。此外，外资企业还帮助越南培养高素质人才并创造了大量就业机会。

2014年越南外资企业出口额达1015.9亿美元（包括原油），同比增长15.2%以上，占出口总额的68%以上。不包括原油的外资企业出口额达944.1多亿美元，同比增长16.7%。与此同时，2014年外资企业进口总额达845.6亿美元，同比增长13.6%，占进口总额的57%。[①]

（四）对外投资

1. 总体情况

越南计划投资部统计，2012年，越共批准对外投资项目75个，协议投资额13亿美元，涉及28个国家和地区。实际到位资金达12亿美元，同比增长28%。截至2012年12月20日，越对外投资有效项目存量累计达712个，协议投资总额达124亿美元，涉及60个国家和地区，累计到位资金达38亿美元。

越南计划投资部外国投资局局长杜壹黄透露，越南企业在外国创造了可观的收益，其中油气、电信和橡胶等行业的贡献率最大。

2. 分布

从1988年到2007年间，越南对外投资额共计13亿美元。其中，2005—2007年3年间对外投资就近12亿美元，投资国家和地区达35个。除一些投资在阿尔及利亚、伊拉克的油气项目外，对老挝投资最多，有86个项目，共计5.83亿美元，占越南对外投资额的42%；其次为柬埔寨

---

① 2014年12月29日南博网源自越南人民报网的报道。

和俄罗斯。

据了解，越南企业到2014年共对59个国家和地区进行了投资。其中，在老挝投资项目227个，金额达42亿美元，占海外投资项目总量的30.6%、海外投资额的27.1%；在柬埔寨投资项目129个，金额27亿美元，占海外投资项目总量的17.4%、海外投资额的17.6%。

3.越南对外投资的重点

结合越南本国的产业发展以及社会市场需求，越南对外投资的重点包括：一是油气开采，主要在东南亚和非洲；二是矿产开采，主要在邻国老挝；三是通信，主要地区是老挝、柬埔寨、中国香港、新加坡、美国；四是交通运输，主要是面向新加坡、中国香港、俄罗斯；五是进出口和商业零售行业，主要在美国、欧盟、日本、新加坡、中国等。

（五）外国援助和侨汇

1.外国援助

多年的战争尤其是越战对越南造成了巨大的伤害，因此越战结束后，世界上很多国家弘扬人道主义精神，伸出援手，给予越南援助。

2013年越南获得外国ODA援助，取得了新纪录，这是至今获得最多金额的一年，ODA的金额达到了70亿美元，与2012年相比增加了19%。其中，日本是越南ODA最大援助国，援助金额达17.5亿美元；其次是世界银行援助金额为10亿美元，亚洲开发银行为7.63亿美元，韩国援助金额为2.15亿美元。[①]另外，2013年，外国非政府组织和国际赞助商已承诺继续在越南展开各人道救助与发展项目。据越南友好组织联合会人民援助协调委员会的初步统计，2013年，外国非政府组织已向越南提供2.5亿美元的援助，主要集中于经济社会、医疗、解决社会问题、教育培训、自然资源与环境等领域。

2013年越南ODA取得了较大幅度的增长，主要是日本作为东南亚经济外交政策的一环，加大了对印支半岛国家尤其是对越南的援助的结果。

---

① 本部分参见邓应文：《越南的对外经济》，载古小松主编《越南报告：2013—2014》，北京：世界知识出版社，2014年版。

2. 侨汇

越南在海外的侨民包括曾经在越南居住后来移居海外的华侨华人大约有300万—400万人。他们大多数居住在美国、加拿大、澳大利亚、法国等欧美国家。经过多年的深耕，他们有的积累了一定资本，有的则在经营管理、专业技术有一技之长。越战结束40年了，即使是当年由于仇恨而离开的前南越体系的人员，随着时间的抚慰，他们的悲怨情结也逐渐远去，慢慢有了返乡寻根的情意。因此，他们这些年来陆续回到越南探亲旅游、做贸易，甚至开始投资。当然最重要还是给在越南的亲人汇回了大笔的款项。

据越南财政机关统计，2013年越南成为侨汇收入最多的9个发展中国家之一。2012年越南外汇收入105亿美元，2013年上升到110亿美元。[①] 越南外汇的增长，也反映了越南侨民对越南经济前景看好。

四、主要对外交流合作伙伴

越南的主要对外经济贸易伙伴包括有国际组织、国家和地区，这里重点评述贸易量排在前列的东盟、欧盟、美国、日本、韩国。鉴于中越经贸关系尤为突出，单独列出一部分来评述。

277

（一）东盟

作为东盟成员国的越南，与其他东盟国家有着地利和组织合作的优势。

1. 贸易

东盟已成为越南的第二大贸易伙伴、仅位居欧盟以及美国之后的第三大商品出口市场。2012年越南对东盟市场的商品出口金额达170.8亿美元，同比增加了34.9亿美元，同比增加了25.7%，占越南商品出口总额的14.9%。

---

① 邓应文：《越南的对外经济》，载古小松主编《越南报告：2013—2014》，北京：世界知识出版社，2014年版。

新加坡继续成为越南在东盟地区中的最大贸易伙伴，据新加坡统计显示，2013年越南与新加坡的双边贸易额达131.1亿美元，同比增加10.7%。越南对新加坡的商品出口额为30亿美元，同比增加36.3%；进口额为107.4亿美元，同比增加5.1%。越南对新加坡出口的主要商品包括机械、设备、工具和附件，出口额达4.77亿美元；手机及零件达4.68亿美元；原油达2.95亿美元。而越南从新加坡进口的主要商品分别是原油制品，进口金额达17.8亿美元；机械、设备、工具及附件的进口金额达7.9亿美元；报刊、工业印刷品的进口额达5.8亿美元。可见，越南与新加坡的贸易在2013年越南对外贸易中也占了重要的份额，由于出口多为手机及零件、电脑以及配件等加工工组装用部件和零件，进口多为附加值高、含技术量较高的产品，所以越南与新加坡的贸易处于逆差状态中。2012年两国双边贸易额达90.3亿美元，占越南—东盟地区双边贸易总额的23.9%。

泰国居第二位，2012年双边贸易额达84.1亿美元，占22.2%。

第三位是马来西亚，2012年双边贸易额达79.1亿美元，占20.9%。

第四位是印尼，2012年双边贸易额达46.1亿美元，占12.2%。

越南历来十分重视与柬埔寨的经贸合作。2013年中，越南柬埔寨的双边贸易达35亿美元。越柬贸易占越南2013年对外贸易的1.3%，而占柬埔寨对外贸易的21.9%，越南是柬埔寨的第三大贸易伙伴。

其余东盟国家与越南的贸易量相对较少。2012年菲律宾与越南的贸易量达28.4亿美元，占7.5%；老挝达8.66亿美元，占2.3%；文莱达6.27亿美元，占1.7%。

2. 投资合作

在投资合作方面，截至2012年，东盟国家对越协议投资总额为465亿美元（占FDI协议投资总额的22.3%），项目存量2046个，东盟国家中，仅缅甸在越没有投资。东盟国家对越投资主要集中在房地产（占39.8%）、加工制造业（占30.6%）、建筑、污水处理、酒店和餐饮业等领域。东盟FDI项目已覆盖越63个省市中的56个。东盟对越投资的FDI单个项目平均协议投资额相当于其他国家的2倍（2670万美元/项目，其他国家为1370万美元/项目）。

新加坡以1080个项目共237亿美元位居榜首，马来西亚以430个项目共113亿美元位居第二位。

越南尤其重视发展对柬埔寨的投资合作，2013年越南对柬投资达30亿美元，居于外国对柬投资的第五位，投资项目多达126个，总投资额和项目数量较2010年分别增加了5倍和3倍。此外，越南重视对柬埔寨旅游业的发展。2013年前10个月为止，赴柬越南游客达71.2万人次，比2012年增加了11.5%，占柬外国游客量的21%，成为柬埔寨最大的游客来源国。

（二）欧盟

2012年双边货物贸易额约291亿美元，同比增长19.8%，占越南对外出口额的12.7%。其中越南出口203亿美元，同比增长22.7%，占越南对外出口总额的17.7%，全年贸易顺差115.1亿美元。主要出口商品为：电话及零配件、皮鞋、纺织品、计算机、电子产品及零部件、咖啡、农林水产品、机械及成套设备。2013年，欧盟仍然是越南的最大出口市场。越南出口欧盟商品金额为242.3亿美元，同比增长19.8%，占越南2013年出口的18%。

在欧盟27个成员国中，越南对23个国家保持贸易顺差。2012年越南自欧盟进口87.9亿美元，同比增长13.5%，占越南进口总额的7.7%，主要进口商品为原装汽车及配件、计算机、电子产品及零部件、机械及成套设备、橡胶产品、药品等。其中机械及成套设备、运输工具及配套设备、药品、计算机、电子产品及零部件占进口总额的50%。

在进口市场结构方面，德国、法国、意大利、荷兰四国是越南在欧盟中最大的进口国，占越南自欧盟进口的65%。德国是越南在欧盟最大的贸易伙伴，2012年出口额约41亿美元，同比增加了21.6%，占越南对欧盟出口的25%。越南对德国出口的主要商品包括鞋类、纺织品、咖啡、木制品、海水产、背包、手提包、手工艺品、电脑、电子设备及零件、手机及零件等。其中四大出口商品为：手机及零件出口额约11.63亿美元；纺织品出口金额约5.58亿美元；咖啡出口4.27亿美元；鞋类约4亿美元。

2013年，欧盟仍然是越南的最大出口市场。越南出口欧盟商品金额为 242.3 亿美元，同比增长 19.8%，占越南 2013 年出口的 18%。其中，出口商品增长较快的有：手机及零件，出口金额为 81.5 亿美元，同比增长 43.9%；鞋类，其出口金额为 29.6 亿美元，同比增长 11.1%；纺织品，出口金额为 27.3 亿美元，同比增长 11.1%。另一方面，越南从欧盟各国进口商品额为 94.5 亿美元，同比增长 7.5%。

在投资方面，欧盟 27 个国家当中现有 20 个国家对越南进行投资，注册资金 180 亿美元。欧盟也是越南第二大 ODA 援助方，1996–2012 年期间欧盟承诺向越南提供 130 亿美元的官方援助。

为进一步增进双边经贸合作关系，2012 年 5 月 31 日，欧盟理事会授权欧盟委员会与越南开始自由贸易协定谈判（FTA）。越南是继新加坡和马来西亚之后第三个与欧盟进行自由贸易协定谈判的东盟国家。2012 年 10 月，双方在河内进行了第一轮谈判，内容包括税收、非关税壁垒、知识产权、贸易便利化等。自贸区谈判结束后，欧盟将于 2019 年之前对来自越南 90 个税目商品关税降至零，从而极大地推进越南对欧盟出口，而欧盟的投资和科技也将有助于越南企业提高产品竞争力、促进经济转型。

（三）美国

2013 年美国为越南第二大贸易合作伙伴国，据越南海关统计，2013 年越美双边贸易额达 291 亿美元，同比增加 18.8%，以及较 2005 年的 67.7 亿美元增加了 3.3 倍。其中，越南对美国的商品出口额约达 239 亿美元，较 2012 年增加了 21.4%；进口额达 52.3 亿美元，增加 8.4%。

近年来越南对美贸易一直处于顺差地位。2010 年越南对美国的贸易顺差达 100 亿美元，同比增加 26.5%；2013 年高达 186 亿美元。

在贸易结构上，越美双边贸易的互补性较强，越南对美国出口商品主要是纺织品、服装、鞋类、木材及木器、水产品等。在进口商品中，主要是机械设备、配套设备、棉花、计算机、电子产品及零件、饲料、废钢。2012 年越南服装和纺织品对美国出口同比增长 8%，至 78 亿美元。美国是越南纺织服装最大出口市场，纺织品对美出口额 2013 年达 86 亿美元，占越南对美商品出口总额的 36% 以及占越南纺织品出口总额的近 48%。值得注意的是，2013 年越南对美国的手机及零件出口额同比增加近 4 倍。

据越南美国商会发布的越美贸易关系评估报告指出，预计到 2015 年越美双边贸易额将达 330 亿美元，越南对美国出口额将达 270 亿美元。其中对 2014 年与 2015 年越南对美纺织服装出口将分别增至 91 亿美元和 97 亿美元，约占越南对美国出口的近 1/3，到 2020 年双方力争将双边贸易额增加到 500 亿美元。

在投资方面，截至 2012 年 6 月底，美国对越南新增投资项目五个，追加投资 4680 万美元，在所有对越南投资的国家居第十位，也是整个东盟国家中吸引美国投资最少的国家。在双边经济合作关系方面，越南除了希望扩大双边贸易外，还希望美国扩大对越南投资、技术出口，包括核技术合作、航天技术合作等。

而最为重要的经贸合作是双边正在谈判跨太平洋经济伙伴关系协定（TPP）。2012 年 9 月，美国贸易代表罗恩科克访越，越美两国就相关经济合作问题进行磋商，讨论谈判 TPP 事宜。越南自 2010 年 11 月起正式参加 TPP 谈判进程，2012 年 9 月结束第十五轮谈判，内容涉及贸易技术壁垒、产地规则、电子贸易、智慧所有权等问题进行了磋商。

281

（四）日本

日本是越南最重要的经济合作伙伴之一，是七国集团中第一个承认越南市场经济地位的国家，是越南最大的政府发展援助提供国，日本还是越南第三大贸易伙伴国。

1. 贸易

2013 年越日双边贸易额达 256.1 亿美元，比 2012 年增加 4%。其中，对日出口金额达 136.5 亿美元，纺织品为越对日出口最大宗商品，达 23.8 亿美元，同比增加 20.7%，占其纺织业出口的 20%；其次为原油，同比下降 17.3%，出口额达 20.8 亿美元；运输机械及零件达 18.5 亿美元，同比增加 9.9%。另一方面，越南从日本进口金额为 116.1 亿美元，比 2012 年增加 0.7%。机械设备、工具及配件、电脑、电子产品及配件、钢铁类产品、塑料制品和布料等，是越南从日本进口的主要商品。其中，机械设备、工具和其他配件出口额最大，达近 29.6 亿美元，占 2013 年越南进口总额的

25.4%；其次是电脑和电子产品及零件，进口额达18亿美元，占15.6%；排名第三的是钢铁类产品，进口额达16亿美元，占14.1%。

自日本—东盟全面经济伙伴协定（AJCP）特别是越南—日本双边经济伙伴协定（VJEPA）生效以来，越日双边经贸合作发展迅速。根据VJEPA协定，到2018年越南对日出口商品平均关税将降至2.8%，86%的农林水产品和97%的工业品将享受这一优惠。越南自日本进口商品平均关税将降至7%。到2020年两国将完成降税进程，建成双边自由贸易区，届时两国贸易额达400亿美元。

2. 投资与援助

截至2012年10月，日本向越南提供了政府发展援助贷款超过120亿美元。同时日本是越南的最大投资国，日本在越南总共有1800个投资项目，投资总额约290亿美元，仅2012年日本就对越投资51.3亿美元。

日本是越南最大的投资国，日本方面，在1989年初越南宣布1989年底从柬撤出全部军队时，日本外相字野马上公开表示，越南撤军后，日将向越提供10亿美元的援助，帮助越南振兴经济。日本政府通过各种形式和途径，细致考察和研究了越南的经济状况、国土资源和基础设施等，做好准备，一旦柬问题解决，就迅速占领越南市场。据称，日本打算分两步走。第一步，日本提供资金和技术援助，改善越南的基础设施，为今后长远的经济合作打基础。第二步，将不等到基础设施完备，日政府就鼓励私人资本向越投资，以解决日本资金的出路。截至2012年，日本对越南合同投资累计金额达290亿美元。日本承诺在2013财年向越提供约26亿美元ODA援款，用于2013年越方将日方ODA援款用于盖梅（Cai Mep）—施漓（Thi Vai）国际港、河内—太原高速公路、海防国际港、岘港—广义高速公路和柄利（Ben Luc）—龙城高速公路等基础设施项目。

2013年1月，日本首相安倍晋三访问越南与越南总理阮晋勇举行会谈时，双方强调未来继续推动越日两国经济合作，日本承诺继续帮助越南实现工业化，继续推进之前由两国领导人同意展开的经济项目，包括南北高速公路项目、胡志明市地铁工程项目、宁顺2号核电站项目、越南中部高原地区稀土开发项目以及越南南北高铁项目的研究与设计等。

（五）韩国

韩国也是越南的重要贸易伙伴。越南海关统计数据显示，2013年越南与韩国的双边贸易额达273亿美元，同比增加29.5%。其中，越南从韩国的商品进口额达207亿美元，同比增加33.3%，占越南商品进口总额的15.7%。2013年电脑、电子产品及零件是越南从韩国进口额最大的商品，达51亿美元，同比增加54.7%，占越南进口总额的24.6%。此外，进口额较高的商品分别是机械、设备、工具及附件、布料、手机及零件等。

2013年越南对韩国的商品出口额达66亿美元，同比增加18.9%，占越南出口总额的24.3%。其中，纺织品出口额达16亿美元，同比增加53.4%；原油达7.24亿美元，同比下降9.3%；水产品达5.12亿美元。

在投资方面，截至2012年5月，韩国在越直接投资项目3186个，合同总额250亿美元，在93个对越投资的国家和地区中排名第二，仅次于日本。韩国对越投资加工制造业占47%，房地产业占28%，建筑行业占9%，其余为酒店、餐饮、储运和娱乐等服务行业。韩国三星、锦湖轮胎、吉爱思润滑油、浦项钢铁公司、LG电子和乐天百货等企业均已在越投资生产。

2012年双方为促进贸易增长开始了双边自由贸易协定谈判，2012年9月3—4日在韩国首尔举行正式谈判，越南工贸部长武辉煌与韩国外交通商部部长朴泰镐开始了越—韩双边自贸区首轮谈判，谈判内容将包括货物和服务贸易、投资、经济合作规则等。韩国预计越韩双边FTA建成后，可望于2015年将双边贸易额提高至200亿美元。[①]

五、中越经贸关系

由于有中越贸易的良好传统，进入20世纪80年代末90年代初，特别是中越两国关系正常化以来，两国经贸关系迅速发展。双方已签订了贸易、经济合作、经贸合委会、航空、海运、铁路、文化、公安、海关、科技、避免双重征税、保证商品质量和相互认证、汽车运输协定等数十项双

---

① 本部分参见蒋玉山：《越南的对外经济》，载古小松主编《越南报告：2012—2013》，北京：世界知识出版社，2013年版。

283

边合作文件。

（一）边境贸易率先发展

"竹外桃花三两枝，春江水暖鸭先知"。虽然中越关系到1991年11月才恢复正常化，但中越边境地区的贸易活动作为两国关系正常化的前奏，早在1988年底、1989年初就已悄然兴起。1989年春节，成千上万的越南边民，携着大米、破铜、废铁等，成群结队，蹚水走过中越界河北仑河，来到当时的广西防城县东兴镇，在关口铁门外面要求开门允许进入东兴城区街道内，换取春节过年的物品。随后又有数万名越南边民涌进东兴镇，整个东兴的大街小巷挤得水泄不通，把商店里的热水瓶、布匹、毛巾、肥皂、电筒、电池等日用商品抢购一空。与此同时，广西的凭祥、宁明、龙州、大新、靖西、那坡等边境县（市）也出现了类似东兴的情况。

其实，中越边贸还在两国对峙、枪炮声不断的时候，就已存在。人们冒着生命危险，在压着边境线的"草皮街"上进行交易。为什么人们如此冒险呢？主要是边贸的超常经济利益使然。当时的边贸交易，人们往往可以获取百分之百甚至百分之几百的利润。这在任何国内市场都是没有的。由于中越两国在产业结构、消费档次存在较大差异，经济上有一定的互补性，所以边境地区还在20世纪80年代初两国关系非常紧张的时候就已形成数量不少的边贸互市点，俗称"草皮街"。当时越南政府是禁止越南人来赶"草皮街"的。随着越南改革开放的深入，越南领导人大幅度调整了外交路线和国内政策。尤其是阮文灵担任越共总书记后，为了缓和北部边境地区的紧张气氛，减轻国内日用消费品紧缺的压力，降低严重的通货膨胀率，1988年底越南一改过去"禁"的政策，全面开放了中越边境地区的市场贸易。琳琅满目的中国商品从各个关口小道越过中越边界，进入越南这个久违多年的传统市场。

由于地理优势的缘故，中越边贸的重点是在广西—越南段，其贸易量占中越边境贸易总量的80%左右。据有关部门统计，1989年桂越边贸额为4.5亿元人民币，1990年达到7.8亿元，2000年增至创纪录的37.4亿元。中国与越南1997年总的边境贸易额为38.45亿元人民币，创下新的历史纪录。2011年，中越边境贸易额为63亿美元。

边贸的内涵包括了互市贸易和小额贸易。边贸对两国都是有利的。它交易起来简单易行，可以是以货易货，也可以是信用证制度；可以使用美元，也可以使用人民币或越盾。越南人不需要外汇，就可以买到中国的机器设备、原材料、零部件等。边贸对双方的经济发展是有益的。

（二）中国是越南的最大贸易伙伴

中越关系恢复初期，两国的贸易是以边贸为主，如今已转为以官方贸易为主。2006年中越贸易额已达到99.51亿美元[①]，中越关系刚正常化的1991年仅为3223万美元。1997年的中越边贸额即使是创历史最高纪录，换算成美元也仅有4.7亿元。

中越两国贸易从1991年两国关系正常化以来越来越活跃，规模也越来越大，贸易额不断创新高，1995年上10亿美元台阶，达10.5亿美元；2006年再上至100亿美元台阶，达104亿美元；2008年比2006年翻一番，达到201亿美元；时隔两年，2010年再增100亿美元，达到300.9亿美元；也是隔两年后，2012年又再增100亿美元，达到410亿美元。

表12-9　1991—2014年中越贸易统计

年份	贸易总额		出口额		进口额	
	数量（亿美元）	增长率（%）	数量（亿美元）	增长率（%）	数量（亿美元）	增长率（%）
1991	0.3	340	0.2	454	0.1	221
1995	10.5	97.4	7.2	110	3.3	73
2000	24.6	87.1	15.3	59.5	9.3	162.3
2005	82.0	21.6	56.4	32.5	25.5	2.8
2010	300.9	43.0	231.1	41.8	69.8	47.0
2011	357.1	35.2	245.9	6.4	111.2	42.0
2012	410.0	14.8	289.0	17.6	121.0	8.8
2013	502	21.9	369	27.6	133	9.9
2014	636.39	27.7	437.36	31.2	199.03	17.8

[①]　古小松：《越南经济起飞?》，载《东南亚纵横》，2007年第2期。

资料来源：本表根据中越两国官方公布的资料整理而成。

　　如今两国都处于改革开放的大发展时期，经济发展水平大大提高，实力大大增强，既使对外贸易有了强大的后盾，而且对外贸易也成了经济发展的重要动力。上表可见，中越关系正常化以来，中越贸易是中国对外贸易中增长较快的双边贸易之一。据海关统计，2014年，中越全年进出口总值为836.96亿美元，较上年同期增长27.7%。其中，出口增长637.36亿美元，同比增长31.2%；进口增长199.03亿美元，同比增长17.8%。即使在两国"同志加兄弟"时期，双边的贸易额也未曾达到这一高度。当然，那时候两国搞的是计划经济，经济发展水平还很低，对外贸易水平则更低。

　　2014年，中国已连续11年成为越南最大的贸易伙伴国。越南已超过新加坡成为中国在东盟的第二大贸易伙伴，位居马来西亚之后。

　　中国还是越南最大的进口来源国，也是越南机械设备、电话及零配件、布匹、钢铁、纺织皮革原辅料、化工产品等商品第一大进口来源地。从中越两国贸易产品种类上来看，中国对越南出口主要是原材料和机械设备。据统计，2013年，越南从中国市场进口的主要产品中，机械设备和零配件占18%，纺织、皮革和制鞋原材料占15%，电话及零配件占15%，电脑及电子产品占12%，钢铁和各类产品占9%。

　　中国是越南仅次于美国的第二大出口市场，是越南计算机及零配件、纺织纱线、木薯及制品、大米、天然橡胶、热带水果、煤炭第一大出口市场。数据则显示，越南出口到中国的产品则主要以农副产品为主，其中农林水产品占向中国出口总额的31.2%，同时也占越南对外总出口额的20.9%。

　　越南生产的火龙果等热带水果和大米、咖啡、鞋类产品已经进入中国的千家万户；中国企业提供的电站、钢铁、化工、水泥等各类设备和电脑、空调、彩电、手机等多种产品，早已为广大越南企业和消费者所熟悉。两国贸易快速发展为促进双方互通有无、共同发展起到了积极作用。

（三）投资合作

中国也是对越投资较多的国家之一。据越南计划投资部外国投资局统计，截至2015年3月20日，中国大陆对越投资有效项目1112个，合同总额近80亿美元，在对越投资的国家和地区排名中，居第9位。[①]

中国在越投资领域覆盖冶金、电力、纺织、机械、农业、建筑、物流、酒店等多个行业，遍及越南大部分省份。尽管从规模上看，中方企业对越投资目前处于起步阶段，但不少在越中资企业已是当地龙头企业，成为当地经营、纳税、用工大户，填补当地技术空白，带动当地社会经济发展。铃中出口加工区、圣力特钢、新海丰等中资企业长期按章纳税，海防亚洲蜡烛厂、长城制衣等企业多年保持良好劳资关系，得到越南各级政府肯定。它们主动捐资助学、造桥修路、募捐赈灾，甚至有的企业在建设经营初期尚无盈利，仍主动履行社会责任，积极融入当地社会。龙江工业园等一批中资企业长期坚持向当地贫困居民送温暖，扶贫助困，捐建"情义屋"，受到当地政府和民众的欢迎和支持。

在工程承包领域，据商务部业务统计，截至2007年底，中国企业在越累计签署承包工程、劳务合作、设计咨询合同总额81.8亿美元，完成营业额34.5亿美元。近年来，中国在越南承包工程取得新的进展，新签大型项目包括：宜山水泥公司日产6000吨水泥生产线项目、SREPOK3水电站机电设备供货项目、太原钢铁厂二期扩建工程钢坯生产线总承包项目、宁平煤头化肥厂总承包项目、锦普火电站二期总承包项目等。双方在电力、水泥、钢铁、化肥等领域的合作潜力较大。[②]

在交通合作方面，1996年2月14日，中越铁路河口—老街段、凭祥—同登段正式恢复通车。1997年4月8日，两国开通昆明—河内铁路客运；北京—南宁—河内、广州—河内—胡志明市的飞机航线也已开通。1999年开通了中国北海—越南下龙湾的海上旅游航线。2000年1月18日开通了广西防城港—越南广宁仙安、广西凭祥—越南谅山同登、广西龙

---

① 2015年4月9日《南方日报》。
② 古小松主编：《2008年越南国情报告》"对外经贸"篇（李振民撰稿），北京：社会科学文献出版社，2008年版。

州—越南高平省高平市的汽车直通客货运输业务。2006年还开通了广西崇左—越南高平、中国河口—越南老街之间的汽车直运业务。南宁—河内有了汽车乘客直运业务。随着中国—东盟自由贸易区建设步伐的加快和中越双边贸易的持续升温，中越之间的货物运输也迎来了快速发展期。据新华社报道，2006年，从凭祥铁路口岸进出境的货物达到68万吨，同比增长45%，是自1996年中越铁路国际联运恢复业务以来货物运输量最高的一年。中越铁路国际联运刚刚恢复业务的时候，由于货物单向流动性强，货物运输增长缓慢，年运输量仅在20万吨左右。自2004年起，中国—东盟博览会落户南宁、中国—东盟自由贸易区"降税计划"全面启动等诸多利好因素推动中越进出口贸易加速增长，中越铁路国际联运也因此日渐红火。凭祥铁路口岸在广西边境城市凭祥市的最南端，是中国通往越南最大的陆运口岸，也是中国湘桂铁路的终点。2006年凭祥火车站与越南每天一般对开三对固定国际货物列车。而从2007年起，铁路部门又决定增开一对固定国际货物列车，为中越货物国际联运畅通增添"新力军"。

288

（四）双向旅游

由于山水相连、文化同根，中国与越南两国居民到对方去旅游都很便利。中国是越南第一大海外客源市场，中国同时也是越南国民出境旅游的重要目的地。中越关系正常化后，起初是以中国游客到越南旅游为主，中国到越南的游客数量一直列越南前10个国际客源市场之首，2012年达142.8万人次[①]。近年，随着生活水平的提高，越南游客赴中国旅游越来越多，成为越南出国旅游的首选目的地。

近年来，越南政府及各级旅游部门一直积极主动加强与中国的旅游合作。中国广西、云南两个与越南有陆地边界的省区也积极加强与越南的旅游合作。

2013年中国继续保持越南最大的国际旅游客源国地位，中国游客到越南旅游游客达191万人次，较上年增长了33.5%，占到了越南国际游客总人数的25.19%。

① 古小松主编：《越南报告：2012—2013》"旅游"篇（熊世平撰稿），北京：世界知识出版社，2013年版。

（五）双边经贸发展仍有很大空间

中国和越南都在改革开放，经济发展水平不断提高，经济总量也不断扩大，两国都在扩大对外合作，拓展国际市场，因而两国的经济合作与交流的潜力很大。

中越有近2000千米的共同边界，中国是越南最大的邻国，也是世界大国之一，中越的发展模式相同，但是两国的经贸关系与之还不相称。2012年，中越双边贸易额虽然创下了当时的历史最高纪录，但这也只约占中国对外贸易总额的1%而已[①]。越南对中国市场开拓不够，中国出口顺差较多，2014年达到600多亿美元。由于越南从中国进口的多为机械、工具与零配件、电脑以及电子产品与零件、原材料等，附加值要比越南出口到中国商品的附加值高，而且数量大，所以越南与中国的贸易长期处在逆差中。随着中越双边贸易的发展，贸易逆差的问题越来越严重。越南从中国进口额大幅增加的主因在于越南国内工业尚未发达，未能满足国内加工生产业的需求，因此，越南要从中国进口机械设备、化肥、农药、饲料和原料、化工品、塑料、电脑及电子产品等商品。其实，中国的市场很大，中越经济有较强的互补性，越南的生产和经营者是大有可为的。

289

中国已经成为越南的第一大贸易伙伴，但是从投资角度来讲，中国在越南所有投资的国家里面只排在第9位，这与两国关系也不太相称。越南所需要投资的领域和项目非常多，如农产品加工、工业品的加工、旅游业和服务业的开发等，尤其是房地产开发，越南发展商品房的空间还很大。还有基础设施，现在像河内这样的大城市很多下水道排水工程需要更新改造，可见投资建设量是非常大的。

2013年，两国总理曾表示，要推动两国贸易便利化，力争中越双边贸易额2017年达到1000亿美元。

① 2012年中国对外贸易额为38667亿美元。

第十三章　中越边境越方七省经济

一、七省经济总括

越南北部边境共有七个省份与中国的广西壮族自治区及云南省交界，自东向西分别为广宁省、谅山省、高平省、河江省、老街省、莱州省以及奠边省。七省所在的区域大部分位于越南北方边境的边远山区，基础设施建设落后、工业基础薄弱、地理环境复杂、交通不便，可用来进行经济发展的优良自然资源较少，社会经济发展的条件相对于越南的平原、沿海地区较为落后。

（一）区域基本概述

越南北方边境七省所在的整个区域位于越南的北部和丘陵地区（广宁省属于红河平原地区），区域总面积为54061.4平方千米，占越南全国总面积的16.34%，与中国有着1347千米的国境线。七省中的广宁省、谅山省、高平省以及河江省与中国广西壮族自治区交界；河江省、老街省、莱州省及奠边省与中国云南省交界；河江省是越南唯一一个同时与中国两个省份交界的省份，奠边省则是北方上述七省当中唯一一个还与老挝交界的省份。七省的行政区划总体情况如表13-1：

表13-1　北方七省面积和行政区划表（截至2012年12月31日）

	面积（km²）	省重点直辖市	县级市	县	乡	镇	村
广宁省	6102.3	4	1	9	61	10	115

(续表)

	面积（km²）	省重点直辖市	县级市	县	乡	镇	村
谅山省	8320.8	1	—	10	5	14	207
高平省	6707.9	1	1	12	8	14	177
河江省	7914.9	—	1	10	13		177
老街省	6383.8	1		8	12	9	143
莱州省	9068.8	—	1	7	5	5	96
奠边省	9562.9	1	1	8	9	7	116

资料来源：根据2013年越南统计总局网站公布数据整理。

    截至2012年底，七省的总人口为475.81万，仅占越南全国总人口的5.4%，平均人口密度为88人/平方千米，是名副其实的地广人稀地区。七省的城镇化进程缓慢，中心城市的规模非常小，绝大多数的人口居住在农村，城市人口仅占总人口的26.43%（广宁省的城镇化比例较高，城镇人口占到了总人口的52.28%，如除去广宁省，其他六省的城镇人口仅占6省总人口的17.80%）。七省人口分布情况见表13-2：

表13-2　2012年越南北方七省人口统计表

	人口（万人）	人口密度（人/km²）	城市人口（万人）	农村人口（万人）	劳动力（万人）
全国	8877.29	268.0	2835.64	6041.65	5258.13
广宁省	117.72	193.0	61.54	56.18	69.50
谅山省	74.41	89.0	14.31	60.10	49.03
高平省	51.52	77.0	10.38	41.14	34.53
河江省	75.80	96.0	11.41	64.39	46.55
老街省	64.68	101.0	14.61	50.07	39.85
莱州省	39.75	44.0	5.72	34.03	23.93
奠边省	51.93	54.0	7.80	44.13	30.77
七省合计	475.81	88.0	125.77	350.04	294.16

资料来源：根据越南统计局网站2012年数据整理。

（二）区域经济发展概况

近年来，虽然越南全国社会经济发展受全球金融风暴的持续影响而经济增速放缓，但北部边境七省的总体经济增长却一直保持较高水平。主要原因在于七省经济总量偏小，容易获得增速的提高；同时七省位于越中边境地区，贸易的主要对象面向中国，经济发展受国际大环境的影响相对较小。

表 13-3　2010—2013 年北部边境七省及越南全国 GDP 增长表（单位：%）

年份	广宁省	谅山省	高平省	河江省	老街省	莱州省	奠边省	越南全国
2013	7.5	8.8	8.2	8.1	14.0	14.1	8.6	5.4
2012	7.4	7.32	9.5	10.8	14.0	13.5	9.12	5.02
2011	12.1	9.18	10.5	13.2	10.9	14.2	10.0	5.89
2010	12.7	9.16	11.6	13.9	13.0	14.5	11.6	6.78

数据来源：根据越南各省电子网站及越南统计局数据整理。

293

七省区域总体的社会经济发展条件并不理想，而其各自的经济发展也极为不平衡。其中，广宁省由于具有沿海延边的优势、丰富的旅游资源和煤炭资源以及国际开放口岸的政策优惠，在七省的社会经济发展中表现特别突出，其国内生产总值、工业产值、社会零售商品总值以及商品进出口总值等重要社会经济发展指标都远远超出其他省份；谅山和老街两省的经济发展水平也相对较好，这两个省份都有连接中国的国际通关口岸，交通相对便利，也是越南对接中国经济合作、边境贸易的重要省份；其他4个省份的经济总量小，工业生产几乎只集中在农产品加工领域，人民的收入较低，购买力小，商品销售市场狭窄，也缺乏国内外投资者的资金投入，经济发展竞争力很差。2013年公布的省级竞争力指标中，老街省在全国63个省级行政区划单位中排名第三，被评级为优等；而广宁省和谅山省分别排在第20和第34位，被评级为良好；河江省和莱州省排在第53和第54位，被评为一般；高平和奠边两省被评为差等，分别排在第61和第63位。这也是对当前北方七省社会经济发展条件的重要反映之一。七省主要经济指标统计如表13-4所示：

表13-4　北方七省主要经济指标统计表（截至2012年12月31日）

	2011年GDP（10亿越盾）	社会商品零售总值（10亿越盾）	工业生产总值（10亿越盾）	国外直接投资（FDI）	
				现存有效项目总数	现存有效投资登记总金额（百万美元）
广宁省	55350.2	37173.8	127810.3	98	4200.3
谅山省	14824.0	12062.0	2983.3	30	192.5
高平省	7039.0	5386.5	3236.3	14	34.6
河江省	7164.5	4012.8	1967.1	8	13.3
老街省	13450.0	8504.2	12995.5	32	837.8
莱州省	3452.9	1739.0	774.3	4	4.0
奠边省	2221.0	5079.5	2124.3	—	—

资料来源：根据《越南统计年鉴概要（2012）》及《越南统计年鉴（2011）》中的数据整理。

（三）重点口岸与经济合作区

1. 中越边境重要口岸

截至2013年，越中边境线上共有5个公路和铁路的国际口岸、17个国家级口岸。其中，国际口岸有：河口—老街国际公路口岸、河口—老街国际铁路口岸、凭祥—谅山国际公路口岸、凭祥—谅山国际铁路口岸以及东兴—芒街国际公路口岸；国家级口岸有：莱州省马路唐国家口岸、河江省清水口岸、高平省茶岭口岸、高平省达龙口岸、奠边省阿巴寨口岸、河江省箐门口岸、河江省上山口岸、高平省朔江口岸、高平省里万口岸、谅山省支麻口岸、广宁省横模口岸、莱州省乌麻都匡口岸、老街省孟康口岸、河江省副榜口岸、高平省博标口岸、高平省下琅口岸以及谅山省平宜口岸。

中越边境线上的3个最重要的国际公路口岸都设有口岸经济区：芒街口岸经济区（广宁省芒街口岸）、谅山—同登口岸经济区（谅山省友谊口岸）和老街口岸经济区（老街省老街口岸）。下面是3个口岸经济区的大概情况：

芒街口岸经济区：越南政府总理于1996年9月18日签发第675/TTg号决定，将芒街口岸区域设为越南边境口岸区域优惠政策的试点区。当时的芒街口岸经济试点区包括广宁省的芒街镇及其周边的11个乡。经过10多年来的发展，原芒街口岸经济试点区已经发展成为中越边境线上最重要的口岸经济区之一。2012年4月10日，越南政府总理签发第19/2012/QD-TTg号决定，批准成立广宁省芒街口岸经济区，该决定于2012年6月1日正式生效。现在的整个芒街口岸经济区范围包括芒街市、海河港口工业区、广河镇以及周边区域的5个乡，总面积约121197公顷。2013年12月31日，越南政府签发第2629QD-TTg号决定，批准了《至2030年，面向2050年广宁省芒街口岸经济区总体建设规划任务》，芒街口岸经济区被规划成为越南北部和丘陵地区、北部湾沿海经济走廊的经济、贸易、旅游、服务和港口中心，同时也成为昆明—河内—海防—芒街—防城港经济走廊的交通枢纽和经济前沿。

谅山—同登口岸经济区：2008年10月底，谅山—同登口岸经济区正式成立。2010年，谅山—同登口岸经济区获越南政府批准调整经济区建设规模，整个口岸经济区规划面积共39400公顷，包括谅山市、高禄镇、同登镇以及隶属于高禄县、文浪县、支棱县和文关县的部分乡镇。谅山—同登口岸经济区是谅山省经济发展的重要增长点，2009—2012年阶段，口岸经济区的年均经济增长率达到了14%，2009年经济区的GDP为38990亿越盾，至2012年已达到57780亿越盾。整个经济区增长最快的是服务行业，年均增长率达到了15.2%，对口岸经济区GDP的贡献率占到了60%；其次为工业和建筑业，年均增长为15.2%；农业年增长为3.8%。到2012年，整个经济区的经济结构已达到相对合理化的程度：服务业占61%，工业和建筑业占28.9%，农业和林业占10.1%。2009年，整个经济区的总产值约占谅山省GDP的40%，2012年经济区的GDP已经占全省GDP的47%。

老街口岸经济区：1998年5月26日，越南政府总理签发第100/1998/QD-TTg号决定，在老街省部分边境口岸区域建立口岸政策试点区，其范围包括老街市各坊、宝胜县的部分村镇和孟康乡，面积约6513.8公顷。到2003年，根据越南政府关于扩大老街口岸经济区的第09/2003/QD-TTg号决定，增加了老街市的金新坊和同选乡，整个口岸经济区的面积扩大到7971.8公顷。2008年，越南政府总理签发第44/2008/QD-TTg号决定，规定了老街口岸经济区的运行机制。

2. 中越跨境经济合作区

中越之间现在主要进行3个跨境经济合作区项目：中国凭祥—越南同登跨境经济合作区、中国东兴—越南芒街跨境经济合作区，以及中国河口—越南老街跨境经济合作区。2013年10月中国政府总理李克强在访问越南期间，中国商务部和越南工商部在河内签署了《关于建设跨境经济合作区的谅解备忘录》，文中明确提出"双方通过交流磋商，选择具备条件的地区建设跨境经济合作区"，这标志着中越跨境经济合作区建设已进入务实推进建设阶段。

越南广宁、谅山与中国广西的跨境经济合作区建设：2005年，广西崇左市与越南谅山省就共同构建中国凭祥—越南同登跨境经济区达成合作意向。2007年1月，广西与越南谅山省签署了共同建立中越凭祥—同登境经济区协议，规划在广西凭祥市的浦寨边贸区与越南谅山省同登的新清口岸区交界处，各划出8.5平方千米的土地，建设总面积为17平方千米的跨界经济合作区。跨境经济合作区项目被联合国开发计划署（UNDP）列入其援助澜沧江—湄公河次区域合作项目，援助150万美元作为启动经费。同年11月初，广西东兴市政府和越南广宁芒街市政府也签署了《中国东兴—越南芒街跨境经济合作区框架协议》。2009年7月，由中国商务部国际贸易经济合作研究院编制的《中国凭祥—越南同登跨境经济合作区可行性研究报告》得到了中越双方代表及专家评审组的通过。2013年11月，由广西商务厅牵头组织，与接壤的越南谅山、广宁省分别举行"推进中越跨境经济合作区建设商讨会"，就共同加快推进中越跨境经济合作区建设的多个方面问题达成共识。

越南老街与中国云南的跨境经济合作区建设：2005年9月，云南省红河州政府与越南老街省人民委员会签署了《中国河口—越南老街跨境经济合作区方案》，提出在双方接壤地区（河口—老街）划出5.35平方千米，即中方2.85平方千米的河口国际口岸北山片区、越方2.5平方千米的老街金城商贸区，共同合作建设跨境经济合作区。2010年6月的昆交会期间，中国云南省与越南老街省政府正式签署了《关于加快中国河口—越南老街跨境经济合作区建设合作的框架协议》，标志着双方在跨境经济合作区建设上迈出了关键性步伐。2012年11月，红河州人民政府委托中国工程咨询总公司正式启动《中国河口—越南老街跨境经济合作区发展规划》的编制工作，并于2013年9月完成了该规划的编制。2013年5月，云南省人民政府召开支持河口跨境合作区建设工作启动会，会上明确：将参照目前全国各省给予边境口岸的最优惠政策，制定出台支持云南省的河口等三个边境口岸的优惠政策，以推动河口跨境经济合作区的建设。

（四）问题与挑战

越南北方边境七省近年来经济发展稳定，经济增速高于全国平均水平，但是由于七省的经济发展基础较差，城镇化水平较低，贫困人口比例高，人民生活水平相对越南其他发达地区落后较大。七省中除广宁省以外，其他六个省份都是被越南政府定义为经济发展特别困难的边区省份。虽然七省与中国接壤，有着发展边境贸易和口岸经济的优势，但是长期以来，交通基础设施建设跟不上经济发展的脚步。七省中缺乏各自的优势产业：广宁省有着优质的旅游资源和较为雄厚的工业基础，还有陆路边境口岸经济和海洋港口贸易优势；谅山省与中国广西陆路交通便利，口岸经济区建设发展迅速；老街省是越南连接中国西南地区最大的边境口岸，但是离越南中心城市和经济发达区域较远，边远山区交通多有限制；而其他四个省份自然资源条件差，口岸经济贸易规模小，山区少数民族人口居住分散，几乎没有什么工业基础，扶贫工作的任务重，经济发展面临极大的挑战。七个省份虽然已被纳入整体区域来规划发展，但是各自地理分布较为分散，经济发展不平衡，很难达成共同发展的举措。广宁、谅山、高平三省与中国广西进行经济合作频繁，而广西边境的崇左、钦州、防城港等城市经济发展程度也较高，成效也较为明显；河江、老街、莱州、奠边四省与中国云南进行经济合作较多，但云南与越南接壤的县市也是中国的边远山区，自身经济发展水平不高，目前为止只有老街的边贸发展较为成功。边境七省的经济发展问题最主要还是自身地理资源条件的限制，商品消费市场狭小，经济发展缺乏动力和资金。越南政府对边境地区、少数民族地区经济发展的政策也较为优惠，但是资金投入有限。从 2012 年统计的国外直接对七省的投资（FDI）就能看出，资金主要流向了投资环境好、投资回报率高的广宁省和老街省，其他省份得到的投资很少。本区域要想获得持续稳定的发展，必须要进一步依托口岸经济区，发展与中国的边境贸易，建立地区特色经济产业，争取国内和国外的资金投入，切实地抓好基础设施建设，优化市场投资环境。

（五）规划与前瞻

2007 年 8 月 30 日，越南政府颁布了第 1151/QD-TTg 号决定，提出《至 2020 年越中边境地区建设规划的决定》，对越中边境线上的七个省、共 512.6 万公顷的土地面积提出了总体经济发展规划。《决定》指出，越中边境七省是一个经济综合区，其中口岸经济、采矿工业是该区域的主导经济产业。边境七省所在区域是越南北部重点经济区的门户，与中国南部及东南部省份有着密切的经济关系。越中边境地区有巨大的文化、历史和生态旅游发展潜力，对越南全国的国防安全有着重要的战略意义。《决定》还对整个区域到 2020 年的人口发展和城镇化进程进行了预报：至 2010 年，整个区域人口达到 482.97 万人；至 2020 年，整个区域人口将达 571.00 万人。至 2010 年，区域中的城镇化程度要达到 30%—35%；至 2020 年，城镇化程度要达 40%—45%。

越南北方越中边境各省市总体上被分为 2 大类经济区域：以发展都市、工业、贸易、服务为主导的经济发展区和以单纯产业作为发展动力的次级经济发展区。

1. 以发展都市、工业、贸易、服务为主导的经济发展区

西部经济区：包括位于海防—河内—老街经济走廊上的老街省老街市、宝胜县和保安县。

东部经济区：包括位于海防—河内—谅山经济走廊上的谅山省谅山市

及其他属于谅山省的各县。

沿海经济区：包括位于北部湾经济圈中的广宁省下龙市至芒街市通道上的广宁省各县市。

2. 次级经济发展区

Ⅰ号经济区：沿2号国道周边的河江省河江市、广平县、北光县、渭川县、北濂县。该区以发展加工工业、机械、建筑材料生产、服务业、农业为主。

Ⅱ号经济区：沿12号国道连接4D号国道、32号国道周边的莱州省莱州市、封土县、三塘县、申渊县。该区以发展加工制造、建筑材料生产、服务业、农林业为主。

Ⅲ号经济区：位于山罗水电发展走廊上的莱州省孟得县、辛霍县和奠边省的孟来市、孟茶县、巡教县。该区以发展水电工业、加工制造、采矿、都市服务和农林产业为主。

《决定》还提出要对区域中的交通基础设施进行升级和改造：对区域中重要的国道、省道公路进行升级和改造，新建设河内—越池—安沛—老街高速公路；新建河内—广宁、河内—老街高速铁路，新建连接谅山至广宁海港的铁路；改善红河流经老街—河内、沱江流经山罗—和平—河内、卢江流经河江—宣光—富寿的水上航道；新建广宁云屯国际机场以及高平、老街、河江和莱州各省的国内航空港。

299

二、广宁省

（一）基本概况

广宁省是越南北部边境省份中唯一的沿海省份，位于越南的东北部，北面与中国广西的防城港及东兴交界，东临北部湾，西面与越南的谅山省及北江省相接，西南面与越南的海阳省及海防市相邻。广宁省属于越南红河平原省份，全省面积为6102.3平方千米，其中80%的面积为山地和丘陵，集中在北部中越边境地区，20%的面积属于红河平原。广宁省现下设有4个省直辖重点市、1个县级市和9个县：省直辖重点市有下龙市（广宁省省会城市）、芒街市、汪秘市和锦普市；县级市有广安市；9个县分别是东潮县、先安县、平辽县、巴节县、姑苏县（岛屿）、潭河县、海河县、横蒲县和云屯县。根据最新的人口调查数据，广宁省现有 117.72 万人，其中城镇人口 61.54 万人，使广宁省成为越南城镇人口比例排第三的省级行政区划（排在胡志明市和岘港市之后）。

广宁省发展经济社会有着众多优越的条件：突出的中越边境贸易条件和海陆交通；全国第一的煤炭储量（占越南全国的 90%）；丰富的建筑原料和生产原料；独特的旅游资源——世界自然遗产——下龙湾；等等。广宁省的自然地理条件较好，资源丰富，农业、工业和服务业都比较发达，是越南北方边境省份中经济最为发达的省份。

（二）经济发展情况

工业：2013 年，广宁省工业生产总值为 318537 亿越盾，主要的工业产品生产情况：净煤全年产量约达 3922.4 万吨；消费用煤全年产量为 3815.3 万吨。电力生产全年为 106.7 亿千瓦。全年新造船舶 27.08 万载重吨。全年累计生产水泥达 227.6 万吨。煤渣产量全年为 473 万吨。炼砖生产 8924.22 亿块。食用油生产 17.84 万吨。各类啤酒生产 2271.7 万升。棉纱生产全年约达 4240 万吨。

农业：2013 年广宁全省播种各类粮食作物 68916 公顷。粮食总产量达 23.4 万吨。全省水牛存栏 46515 头，黄牛 17481 头，猪 374192 头，家禽 279 万只。全省集中新植林地 11720 公顷，森林覆盖率达到 52.8%。全省水产总量达 8.8 万吨，其中：水产养殖产量为 3.21 万吨，水产捕捞约达 5.59 万吨。全年水产出口总值约达 1116 万美元。

服务业：2013 年全省零售商品总值达 437084 亿越盾。全年共接待游客达 751.2 万人次，其中国际游客为 260 万人次。旅游总收入全年达 52100 亿越盾。全年运输货物达 3394.6 万吨；运输旅客 501.9 万人次。运输行业总收入全年约达 84820 亿越盾。全年本省货物出口总金额达 18.47 亿美元，其中：中央国有企业出口总值 10.4 亿美元；地方企业出口 3.85 亿美元；外资投资企业出口 4.22 亿越盾。全年进口贸易总金额达 30.55 亿美元。以转口、暂入、暂存等形式通过本省海上和陆上口岸进口的货物总值约达 30 亿美元。

　　社会投资：全社会总投资金额全年约为418500亿越盾。其中：国家财政和政府债券达51561.6亿越盾，占总投资的12.3%；国家贷款约为2000亿越盾，占0.48%；国有企业投资约达178110亿越盾，占总投资金额的42.56%；非国有企业投资约达46240亿越盾，占11.05%；居民投资约为37470亿越盾，占8.95%；外商直接投资（FDI）达95636亿越盾，占22.85%。其他领域投资7420亿越盾，占1.77%。

　　外商直接投资：2013年，广宁省新批准8个投资项目，登记总投资金额达3亿7174.5万美元（包括：下龙贸易中心和Big C超市项目，1682.7万美元；北仑桥二期引桥项目，4472万美元；下龙市至海防市道路连接项目，26556.3万美元；广宁省Megastar传媒TNHH公司分支—Cineplex Marine Plaza项目，129.5万美元；越南KFC TNHH联营企业在广宁的子公司项目，31万美元；DMC和Silicone油生产厂，450万美元；汽车设备和导线系统生产企业，3500万美元）；调整7项投资生产证书，其中2项增加投资，将2013年吸引的FDI投资增加到39463万美元。截至2013年，广宁全省还在有效期的FDI投资项目共有96项，注册总投资金额达45.4亿美元。

301

　　企业发展：2013年，广宁省共新增登记企业915家，总注册金额55000亿越盾，为社会创造1万个工作岗位。暂停经营的企业数为186家，停止经营、被收回经营登记证明的企业有126家，123家企业主动登记解体。

　　财政收支：2013年，广宁省国家财政总收入达341840亿越盾。其中，进出口税收约182770亿越盾；本地财政收入（相当于地方税收）约155930亿越盾，截留国家财政管理款项3130亿越盾。全年财政总支出为126291.6亿越盾。其中，投资发展支出51561.59亿越盾；财政日常支出79503亿越盾。

三、谅山省

（一）基本概况

　　谅山省是越南北部边境线上重要的边贸中心，省内有2个国际口岸：

同登铁路口岸和友谊陆路口岸。有2个国家级口岸：支麻和平宜。谅山省东北面与中国广西的崇左市交界，北部与越南高平省相接，南部与北江省相邻，东面是广宁省，西面是北件省。广宁省属于越南北部和丘陵地区省份，全省面积为8320.8平方千米，其中80%的面积是山地。谅山省下设有1个省直辖重点市以及10个县：谅山市（省会城市）、长定县、文浪县、文关县、平嘉县、北山县、右陇县、支棱县、高禄县、禄平县和亭立县。最新的人口调查显示，谅山省总人口为74.41万人，共有7个世居民族：侬族（占42.97%）、岱族（占35.92%）、京族（占16.5%），另外还有瑶族、华族、山泽族和赫蒙（苗）族等。

（二）经济发展情况

2013年，谅山省的工业生产总值达33468亿越盾，水泥总产量达到47.2万吨，熔渣达63.5万吨。全年全省商品进出口总值达23.58亿美元，其中出口13.06亿美元，进口10.52亿美元，谅山本地商品的出口总值达到了6800万美元。谅山2013年财政总收入超过36000亿越盾，较2012年同期增长24.2%。财政收入的增加一方面是全省的努力，另一方面也是经济发展形势转好所带来的福利。2013年，谅山省内共登记有1530家各类企业，总注册资金为82500亿越盾，90%的企业为中小规模企业。2013年，全省有184477户居民，总人口为767119人。其中，贫困户为33215户，贫困人口为142187人，贫困户比例为18%。接近贫困指标的户数为20522户，占总户数的11.12%。

四、高平省

（一）基本概况

高平省位于越南的东北部，北面和东面与中国广西的百色及崇左接壤，国境线长332千米，双方陆地边界上有多个贸易通关口岸，其中最重要的是水口口岸；西面与宣光省及河江省相邻，南边与北件省及谅山省相交。高平省全省面积为6707.9平方千米，平均海拔高200米，边境地区则有600—1300米海拔高。山地面积占全省面积的90%，全省年平均温度为

19—20° C，年均降雨量在 1500 毫米左右。根据最新的人口统计，高平省总人口为 51.52 万人，主要世居的有岱依、侬、瑶、赫蒙、京、华和山泽等民族。高平省下设 1 个省直辖重点市——高平市（高平省会城市），以及 12 个县——保乐县、保林县、下琅县、河广县、和安县、原平县、服和县、广渊县、石安县、通农县、茶岭县和重庆县。

（二）经济发展情况

高平省近年来的经济发展相当迅速，2006 年至 2010 年阶段的年均 GDP 增长达到了 11%，全省人均年收入从 2005 年的 300 美元增加到了 2009 年的 505 美元。2013 年，高平省工业生产总值约达 18000 亿越盾。农、林和水产业生产总值达 33088.2 亿越盾。全年种植各类农作物86377.93 公顷，其中粮食作物的种植面积为 69291.32 公顷。粮食总产量为 257743.52 吨。各种作物的具体种植面积为：水稻 30390.60 公顷，玉米38900.72 公顷，烟草 3343.40 公顷，大豆 4829.65 公顷，甘蔗 4450.32 公顷，花生 1562.60 公顷。全年实现植林面积 1200 公顷。截至目前，全省有 93 个乡村获批总体规划，43 个乡村获批新农村建设项目。经检查，全省现有 4 个乡村达到新农村建设的 10—13 个指标，38 个乡村达到 5—9 个指标，135 个乡村达到 1—4 个指标，4 个乡村未达到任何指标。全年高平省省商品进出口总值约达 3.255 亿美元。其中，本省口岸的商品出口总值为 2.02 亿美元，商品进口总值为 1.235 亿美元。截至 2013 年 10 月 15 日，全省共拨付财政投资预算 8672.99 亿越盾。全年本省新批准成立企业 100家，总登记金额 11400 亿越盾。2013 年，高平省实现本地财政总收入约达10150 亿越盾。本省财政总支出约为 60523.45 亿越盾。

五、河江省

（一）基本概况

河江省是越南最北端的边境高原地区。河江北面与中国云南的文山及广西的百色交界，边境线长 274 千米；南面与宣光相接；东边与高平省相邻；西面与安沛及老街相连。全省总面积为 7914.9 平方千米，行政区

303

划共下设1个县级市和10个县：河江市（省会）、北糜县、北光县、同文县、黄树皮县、苗旺县、官坝县、光平县、渭川县、箐门县、安明县。总人口为724537人。在河江地界上共有22个民族，其中人数较多的民族有：赫蒙族，占30.6%；岱依族，占24.9%；瑶族，占15.2%；京族，占12%；另外还有苗、侬、华人等少数民族。

（二）经济发展情况

2013年河江省的经济增长速度为8.05%。经济结构调整转变缓慢；各行业、经济领域都有所增长，但是实现指标的程度未能达到2011—2015年阶段提出的增长目标。全省多个行业、部门保持了稳定发展，相关水利、矿产、口岸经济、旅游等领域的发展潜力逐步得到有效开发。本省财政收入超出计划0.1%；工业生产总值根据现行价格超出计划21.8%；人均收入超出计划21.3%；农业得到较快增长。旅游业在同文高原石林世界地质公园项目的带动下有新的转变。

六、老街省

（一）基本概况

老街省是越南北部重要的边陲省份，是越南东北部和西北部的结合部。老街北面与中国云南接壤，边境线长203千米；东面紧靠河江省；南边与安沛省相邻；西面与莱州省相接。全省总面积为6383.8平方千米，其中海拔300—1000米的地区占全省面积的大部分，最高点位于黄连山脉的潘士朋（也是越南最高峰，海拔高3143米）。老街省冬季多有雾雨天气，沙巴地区经常还会下雪。全省分为1个市、8个县以及164个乡、镇、坊，其中138个乡是位于边远、边境地区。省会城市为老街市，其余的县份为：保胜、保安、八色（音译）、北河、芒姜、沙巴、丝麻街（音译）、文盘。老街省主要的民族有京族、赫蒙、岱依、瑶族、热依、侬族、夫拉、山泽、哈尼、拉基族等等。据最新的人口调查显示，老街全省总人口为64.68万人。

（二）经济发展情况

2013年，老街省社会经济维持了稳定和高速的发展：GDP增长14%，其中农、林和水产业增长5%；工业、建筑业增长20%；服务业增长12%。

农业：2013年，老街省全年粮食总产量超过26.9万吨，稻米产量达到146957吨，玉米种植面积34658公顷，玉米全年产量达122223吨。经济作物方面，全年烟草种植面积达266公顷，茶叶集中种植面积4395公顷，总共收获鲜茶16921吨。林业：2013年，全省完成了年初的造林计划。一般造林7860公顷，实现承包防护林119482公顷，实现3年以上树龄的林地退耕还林面积350公顷，橡胶林种植面积858.6公顷。2013年，老街全省各县、市积极开展新农村建设，在40个村扩大推广"宣—运"模式新农村，累计在76个村建成"宣—运"模式新农村。全年共募集投资资金15440亿越盾，占全省拨付新农村建设款项的50%，其中仅5个重点建设项目就投资了13020亿越盾。全年集中实施安置居民累计164户，完成预定计划。在农村扶贫工作方面，经调查，老街省2013年总共有家庭148694户，贫困户为33025户，占家庭总数的22.21%，较2012年减少5.48%。

工业：2013年，老街省工业生产维持稳定，工业生产指数全年累计较2012年增长23.8%，全年工业生产总值累计达39420亿越盾。老街省出台措施敦促投资者加快进行一些省级重点工程的建设进度：老街钢铁厂（一期工程产能50万吨/年），DAP工厂二期（产能33万吨/年），提高炼铜厂产能至3万吨/年；明良金矿项目，500千克/年；4个水电工程投入使用（劳斋、达汤、中湖、楠塔），全省目前累计有31个水电工程，总装机发电功率456.1兆瓦。为农村建设电网的工作得到重视，截至2013年，87.6%的乡村配套了国家电力网络，较同期增长3.1%；89.9%的家庭能够使用上国家电网的供电，较同期增长2.3%，其中包括86.7%的农村地区。老街省重视各工业园区、工业小区的规划和基础设施建设，吸引了各种企业来老街投资：2013年，共有52个工业园项目运行稳定，30个项目正在抓紧施工，28个项目正处于准备施工建设阶段。展开13个小工业园区的建设，总面积达 161.81 公顷。然而，各工业园区的基础设施建设还没能取得配套，当龙工业区存在环境污染问题，各县的工业小区的基础建设还落后。正常投入使用的工程项目比例不高。

服务业：2013 年，老街省本地商品贸易活动发展迅速。全年累计实现社会商品零售和服务经营总值达 110590 亿越盾。全省组织了多项大型的文化、旅游和商贸活动：纪念沙巴旅游 110 周年活动，"越—中国际贸易展销会"，老街市、县商贸会展活动，等等。2013 年老街省全年累计接待约 126 万人次的游客到当地旅游。其中，接待国际游客 55.3 万人次，国内游客 70.8 万人次。全省旅游总收入 2013 年达 25485.44 亿越盾。然而，老街省的旅游产品相对单调；旅游线路、旅游景点缺少吸引力；具备质量的旅游人才还少；旅游区、旅游景点还存在游客增多的节假日贩卖劣质商品、欺诈游客、随意加价、减少旅游服务等不良行为，旅游景区卫生条件差，等等。

财政、金融和物价：全省 2013 年共计完成国家财政收入 47000 亿越盾，全年实现地方财政总收入 96770 亿越盾。全省财政总支出共 84700 亿越盾，保留财政管理收入 2700 亿越盾。

吸引投资，发展各种经济成分：2013 年，老街省累计吸引 37 个投资项目，总投资金额达 85270 亿越盾。截至目前，全省范围内共有国内投资项目 433 项，总注册金额约 527700 亿越盾；共有 30 个外商直接投资项目（FDI），总登记投资金额为 5.15 亿美元。

各经济成分的发展：2013 年全年累计有 311 家各类新注册企业，总注册金额为 16880 亿越盾。现在，全省有 2371 家已登记注册的企业，总注册金额达 154660 亿越盾。各企业为本省创造了 46200 个就业岗位，贡献国家财政收入超过 20000 亿越盾。2013 年，共有 72 家企业解体，94 家企业申请暂停经营活动，收回 11 个国内投资项目，收回投资金额约 21880 亿越盾，主要收回的投资项目为没有开工或是暂缓开工建设的贸易、旅游、工业企业，以及被排除在计划外的水电工程项目。

七、莱州省

（一）基本概况

莱州省是越南西北部的一个边境省份，距首都河内 450 千米。莱州北部与中国交界，边境线长 273 千米，有马路唐国家口岸相连；西面和西南面与奠边省相邻；东面与老街相接；东南面与安沛省相交；南面与山罗省相邻。莱州省与奠边省 2004 年 1 月 1 日从旧莱州省分离出来，现全省总面积为 9068.8 平方千米，行政区划包括 1 个县级市和 7 个县：莱州市（省会）、孟得县、封土县、辛霍县、三塘县、申渊县（之前属于老街省）、新渊县和楠润县；全省总人口为 370135 人，是全国第二少人口的省份，只比北件省多；世居的民族主要有傣、苗、京、瑶、赫蒙等民族。莱州属于回归线上的季风气候区，年平均气温为 21—23 摄氏度，分为 2 季，雨季和旱季。

（二）经济发展情况

2013 年，莱州省经济增长速度为 14.1%，国内生产总值（GDP）达 44725 亿越盾。经济结构比例为：农、林和水产业占 27.9%；工业和建筑业占 39.14%；服务业占 32.96%。全省人均收入约达 1450 万越盾。

农业：2013 年，莱州省粮食作物种植总面积达 52358 公顷，粮食总产量达 18.2 万吨。新植茶树 122 公顷，鲜茶产量达 19973 吨。新植橡胶林 1870.3 公顷，截至 2013 年，莱州全省橡胶林面积已达 11138 公顷。莱州全省现养殖各类家畜 28.84 万头，水产养殖面积达 690 公顷，水产品总产量达 1590 吨。全年承包种植再生林 8.79 万公顷，防护林 34.65 万公顷，植林支出约为 1890440 亿越盾；集中新植林地 1472 公顷，养护林地 1862 公顷。全省的森林覆盖率达到 43.6%。莱州完成全省 96 个行政村的新农村规划，开设 45 个干部培训班，培训干部加入到新农村建设事业当中；出台、批准 7 个农业集中生产区规划；在"国家和人民共建新农村"的原则下为农村交通道路建设工作出台政策进行扶持，共完成 15 个新农村项目，建成 25.5 千米的农村交通道路。全省已共有 5 个行政村达到了 11—19 个新农村指标，25 个乡村达到 8—10 个指标，42 个乡村达到 5—7 个指标。截至 2013 年年底，莱州省的贫困户比例已经从 31.82% 减少到 27.82%。

工业：2013 年，莱州全省工业生产总值达 11922 亿越盾，其中，国有工业企业产值达 7454 亿越盾，非国有工业企业产值达 4449 亿越盾，外资投资企业产值约达 19 亿越盾。主要的工业产品生产：各类干茶 3180 吨，发电量 7.6 亿千瓦时，工业生产水量 365 万立方米，炼砖生产 7.38 亿块，黑石生产 27 万块，各类矿产开采 300 吨，水泥生产 4000 吨。

服务业：2013 年，莱州省社会零售商品总值和服务性收入达 29600 亿越盾，物价指数（CPI）较上年年底增长 3.4%—3.5%。经过莱州省各口岸的商品进出口总值达 1780 万美元。全省运输行业总收入达 1196 亿越盾，全省全年共接待 14.59 万人次的游客，旅游总收入达 1390 亿越盾。全省现共建成 567 个移动通信基站收发台（BTS），共拥有将近 274266 个移动通信用户。全省 8 个县市和 44 个乡村接通了互联网网络。

财政、投资和金融：2013 年莱州全省实现财政总收入 73940 亿越盾，财政总支出约为 73940 亿越盾。国家财政投资方面：截至 2013 年 11 月 31 日，全省共获得国家财政投资配套资金 30990 亿越盾，已完成投资 17752 亿越盾，共拨付投资款 20205 亿越盾。2013 年莱州省共有新登记成立企业 106 家，总登记金额 5040 亿越盾。全省共登记有 894 家企业，其中 759 家为纳税企业，总纳税金额达 1704 亿越盾。全年新成立 11 个合作社，全省合作社总数升至 175 个。

八、奠边省

（一）基本概况

奠边省是越南西北边陲省份，2004 年 1 月与旧莱州省分离后独立建省。北边与莱州省相邻，东面和东北面与山罗省相接，西北部与中国云南省交界，西面和西南面与老挝接壤。奠边省距首都河内 500 千米，是越南唯一一个与中国及老挝同时接壤的省份，其中与老挝的边境线长 360 千米，与中国的边境线长 40.861 千米。奠边省总面积为 9562.9 平方千米，行政区划分为 1 个省直辖重点市、一个县级市和 8 个县：奠边府市（省会）、孟来市（原来的莱州市）、奠边县（已经申请更名为孟清县）、奠边东县、孟昂县、孟荼县、孟涅县、朵佐县、巡教县和楠博县。2010年，奠边省总人口为501400人，平均人口密度为52人/平方千米，是全国人口密度最小的省份之一。在奠边省的土地上，生活着21个不同的民族，其中傣族人占比重最高，为42.2%，赫蒙族占27.2%，京族占19%，克木族占3.9%，其余的还有瑶、哈尼、华、抗等民族。

（二）经济发展情况

2013年，奠边省总体经济增长为8.55%，其中，农业和林业增长4.95%，工业和建筑业增长5.56%，服务业增长11.04%。全省人均GDP达2041万越盾，较2012年增长16.2%。经济结构比例：农、林和水产业在经济结构中的比例为25.76%，工业和建筑业占29.52%，服务业占44.72%。

2013年，奠边省工业生产总值达7800亿越盾，全省商品进出口商品和服务总值达2800万美元，社会商品零售总值为59000亿越盾。奠边全省改造、提升和投资建设新的110千伏高压电网5千米，中压电网300千米，变压分配站97个。变压站总容量增长5500伏安，全省95%的城市、乡镇和乡村得以通电，能够使用电力的居民比例达到80%。2013年，奠边全省共接待国内外游客37万人次，其中，国际游客近65000人。全省旅游总收入达4000盾。投资领域得到较高的重视，奠边省为解决企业资金困难，出台了一系列贷款优惠的应对措施，2013年奠边省社会总投资金额达69770亿越盾。2013年，奠边全省物价指数（CPI）较上年总体增长7%，价格主要上涨的商品集中在食品、纺织品、住房、水电、建筑材料等方面。山罗水电站移民安置工程得到全省各级、各部门的积极实现，2013年已实现为4459户移民安置居民提供住房、建设住房的土地。但是实施的效果还有限制，大多数移民安置户只能得到少量的耕地，移民安置户的生活还很困难。2013年，奠边全省境内总共存款资金额为48010亿越盾，总银行贷款78640亿越盾，银行坏账比例仅占总贷款额的0.29%。全省116个行政村已完成65个新农村规划，6个行政村已经获批新农村建设项目。2013年新农村建设共批准92亿越盾的直接投资资金，至10月份已交付56亿越盾的新农村工程建设款项，开工21项新农村建设工程，完善农村的基础设施建设。2013年，全省各行业共提供8500个新的就业岗位。贫困户比例已从2012年的38.24%下降至2013年的35.06%。

第十四章 结语：2030年的越南经济

一、越南：2030年

对一个国家或地区来说，可以做短期、中期、长期的预测研究。如果做三几年的太短时间的研究预测，则很快就会过去；而如果做太长时间的预测研究，则未来不可知的因素太多，而不容易把握。所以做一个中期的预测研究，则是比较实在的。

越南做计划通常有5年一届的党代会，会上一般会做一个5年计划，在遇到缝十的党代会，也会做一个10年计划。这里从中期考虑，那么到2030年则比较合适。自此到2030年大约有15年左右的时间。

这里提出研究越南2030年经济发展前景的命题，还有一个因素就是，越南是一个共产党一党执政的国家。越共是1930年建立的，到2030年越共建党一百年了。从目前的情况看，越共不仅是越南最大的政党，也是唯一的政党。从短期内看，越南国内还很难有别的政治势力能与越共相抗衡。只要越共继续执政，越南就会继续按照越共提出的方针路线走。因此，预测一下越共领导下的越南再过15年左右的发展情况也是比较现实的。

从国家的发展历程看，越南1975年北南统一，到2030年越南作为一个统一的国家也就有大约半个世纪了。在这半个世纪里，越南经济会发展到一个什么样的程度，也是人们所关注的。

二、影响越南经济发展的因素

今后一段时间内，影响越南发展的因素很多，分析起来起作用比较大的主要有经济改革、基础设施建设、政治体制改革进程、对外关系等。

（一）经济改革

早在20世纪80年代，为了拯救其濒临崩溃的经济，越南就采取了一些浅层次的改革措施，而真正大刀阔斧的改革是从1986年的越共六大以后进行的，至今已近30年了，容易改革的大体上都已进行了。越南的改革成效是比较明显的，确实使越南走出了困境，摆脱了危机，经济进入了中低发展程度。

越南经济改革还剩下一些硬骨头，如国有企业的改革等。由于国有企业改革进程十分缓慢，所以管理混乱，部分大企业、经济集团的领导层作为既得者消极应对甚至阻碍改革进程；大部分国企运营状况不透明，有的国企负债累累。据统计，2012年，越南国有企业集团、总公司的总营业额为1621万亿越盾（约合778亿美元），完成年计划的92%，同比仅增长2%；税前总利润127.51万亿越盾，同比减少5%；上缴国家财政294万亿越盾（约合141亿美元），同比减少12%；亏损总额22530亿越盾，其中的10个国有集团、总公司累计亏损额达17.73万亿越盾；国有集团、总公司的母公司共持有外国债务158.865万亿越盾，占总债务的21.5%，同比增长11%。

在日益开放的背景下，越南下一步重点是推动企业股份化，尤其是国企股份化，目标是在2014和2015两年内对400家企业进行股份制改造。2014年，越南一批大型国有企业进行了首次公开募股，不少企业已上市。上半年共有58家企业被列入股份化名单，其中实际完成的有38家。这体现了越南政府推动国企股份化进程的决心。

为加快股份化进程，政府指导各部门、行业采取一系列突破性措施。越南政府总理阮晋勇在2014年初举行的国企结构重组工作部署会议上说，"无论如何我们也要对432家国有企业进行股份制改造。要将这视为政府的重点政治任务。"①

越南有关部门、行业以及国有企业采取配套性措施，加大国企结构重组提案实施，降低股改企业中的国家持股比例，对4类国企的债务进行重组。

越南交通运输部、建设部、工贸部、农业与农村发展部等多个部门积极采取配套措施，进行国有企业股份制改造，其中交通运输部是在国企股份化进程中的领先部门之一。越南交通运输部大力推动非国有企业股份化进程，集中实施了铁路运输企业股份化。越南交通运输部部长丁罗升表示："在三年来取得的企业股份化和结构重组成果的基础上，我们将进一步有效落实政府和政府总理关于企业结构重组和股份制改造的指导。我们决心在2014年和2015年内完成余下企业的股份化任务。可以说，对于交通运输部的国有企业，国家无需持股的就肯定要转为股份公司。"②

与此同时，为了克服国有企业管理不善所带来的困难，越南改革开放以来，发展多种经济成分，民营经济加快发展，成为经济增长的重要动力。最近这些年，越南尽管对国有企业的投入有所增加，但民营经济投入的量增加更快，所以其占的比例则有所上升，见下表。

表14-1 越南1997—2011年国有经济与民营经济投入所占比例情况

年份	国有经济投入占比（%）	民营经济投入占比（%）
1997	49.4	22.6
1998	55.5	23.7
1999	58.7	24.0
2000	57.5	23.8
2001	59.1	22.9
2002	59.8	22.6
2003	57.3	31.1
2004	48.1	37.7
2005	47.1	38.0

① 据越南之声电台网站2014年7月22日报道。
② 据越南之声电台网站2014年7月22日报道。

313

（续表）

年份	国有经济投入占比（%）	民营经济投入占比（%）
2006	45.7	38.1
2007	37.2	38.5
2008	33.9	35.2
2009	40.5	33.9
2010	38.1	36.1
2011	38.9	35.2

资料来源：越南统计总局历年编写、越南统计出版社出版的《越南统计年鉴》，以及近年越南统计总局公布的数据。

（二）基础设施

基础设施对一个国家的经济发展至关重要，包括交通、通信、能源、市政建设等。

相对于经济发展，近年来越南的通信设施发展比较快，航空业发展也比较好，而公路、铁路等基础设施建设滞后，功能薄弱，事故灾难频繁。到目前为止，越南标准化的高速公路还很少。铁路也是窄轨的，速度慢，运量小。越南处于中国与东盟陆路大通道中间，东北连接中国南方和沿海地区，西南直通新马泰，如果发挥好这一地缘优势，修建便捷的高速公路和铁路将两地连通起来，不仅可以促使自身的交通设施现代化，更可以利用外部的丰富资源和广阔市场，加速发展，提升地位。目前，似乎尚未看到越南进入这方面的发展战略角色。

由于越南的基础设施还比较薄弱，科学技术有待提高，组织管理有待提升，物质装备有待加强，环境卫生条件有待改善，处理突发事件的应急机制也有待完善，所以，近年越南的天灾人祸频发。2006年5月中旬，12级台风"珍珠"从南海正面袭击越南中部沿海，有22艘渔船正在海上作业，未能及时接到官方的预报而迅速上岸，致使50多人死亡和失踪[①]，财产也遭受严重损失。

---

① 陈文进：《6号台风给我们的教训》（越南命名为《"珍珠"的台风为6号台风》），越文，载越南河内《共产主义》杂志，2006年第21期，第60页。

在经济的快速发展过程中，越南已经开始重视基础设施的建设，提出了建设北南高铁等一些重大的基础设施项目，胡志明市、河内市也开始建设轨道交通，等等，但由于资金到位等方面的原因而进展缓慢，南北高铁项目已遭到国会的否决。

（三）政治体制改革

经济改革取得了一定的成效之后，越南也开始了政治体制的改革，民主发展进程在谨慎推进。

这些年越南在党内民主、民主选举、法制建设等方面采取了一系列的改革措施，并取得了举世瞩目的成效。同时，也要看到在越南改革开放进程中，始终存在着国内国外对民主政治建设的不同声音。一些观察家指出，越南的政治改革将是和平演变还是民主政治的良性发展？越南自身也非常警惕西方对其的和平演变。还在改革开放之初，时任越共总书记阮文灵就明确指出："必须不惜一切代价来防止出现为了达到在政治上与党抗衡的目的，和破坏党的领导或者使党的领导丧失作用的一切企图，越共决不允许一些人利用国家实行民主和开放的机会来向党的领导发动进攻。"[①]

确实，近年来对于越南的政治发展，一方面西方民主思潮的干扰从未停止，包括一些海外越侨，不断呼吁效仿颜色革命，企图推翻越共政府；另一方面，越南国内也出现了一批由律师、记者、宗教人士、博客作者等反对派，以及一些人参与未被登记的越南改革党、民主党等党派活动，利用一切机会兜售西方多党制民主。

所幸的是，这些年越南的政治改革虽然受到西方多元民主的干扰，也面对国内很多不同的甚至反对的声音，越南一方面大力反对西方的和平演变，同时政治改革事业也在循序渐进，不断地向前发展。

处于变革转型中的越南，既有受中国影响的一面，同时也应看到越南国情有其独特的一些方面，如曾被法国殖民侵略和统治约一个世纪，后来美国人在南方也管控了约20年，可见西方对越南的物质文化都是有相当深刻的影响的，连使用了两千多年的方块字也都变成了拼音文字。越共掌

315

---

① Dang Cong San Viet Nam: *Van kien hoi nghi lan thu 6 ban chap hanh trung uong khoa VI*, Ha Noi, NXB Su That, nam 1989.

权执政以来，其政治运动的发展一般都比较温和，没有出现过像苏联那样的肃反扩大化和对同志的残酷斗争；在当今的世界格局中，越南安全战略上愈来愈倚重美国来平衡中国，美国就往往借此对越南摆出人权祖师爷的面孔。越南1995年加入了东盟，东盟大多数国家的政治体制是与越南不同的，东盟的目标之一就是要建成政治安全共同体。东盟多数国家对越南的影响肯定会大于越南对它们的影响。

当今的越南无论政治改革如何演变，一个重要的事实是，越南的现状只有一个党，而且是非常强大的党，有300多万党员，约占总人口的4%。这么一个现实不会在一两天，也不会在一两年改变。其实，越南与新加坡的国情很接近。在历史文化背景方面，都有华人血统，相同的祖先崇拜与儒释道信仰，也都有过西方的殖民地经历；在当今的国际背景中，两国都是东盟成员国，对中美都奉行大国平衡战略；越南在改革开放中日益强调建设法治国家，甚至提出把越共的活动置于法律框架之内；越南有西学经历的人逐步登上政治舞台。从上述情况看，越南与新加坡有如此多的相同点，不得不让人联想到，越南政治改革的终极目标会不会成为另一个新加坡？这么一个猜想是为时过早，或是天方夜谭？不妨拭目以待。

（四）外部环境：对外政策与国际关系

越南的战略位置突出，其发展与其对外政策、国际局势及其他国的关系紧密相关。

20世纪80年代中期以来，国际经济和政治关系发生了深刻的变化。越南已意识到，在当前的形势下，机遇和挑战同在，越南既面临"维护和平，迅速发展经济的新机遇"，同时也存在"在经济各方面被各邻国远远甩在后面的巨大危机"。为了摆脱国际社会的孤立，争取西方的资金、技术和市场，越南自越共六大以来，逐步调整了外交政策，由过去的向苏联"一边倒"转向"多元化"外交。

越南的外交政策经过多年不断的调整和实践，说得通俗一些就是，越南已经形成一个推进以周边和东盟为依托，以大国平衡为核心，以服务经济发展为目的的全方位、多样化的外交战略。其内容和特点有如下几个方面值得关注：

首先，总的来说，越南已从冷战时期的"一边倒"，调整为实行独立自主、全方位、多元化的外交政策，不再与其他国家结盟，灵活应对各种复杂多变的国际局势，进可攻，退可守，这既是对外交流合作和本国发展的需要，也符合国际格局以及地区的实际情况和发展变化。

其次，作为对外政策支撑的双边外交重点包括：一是大国平衡，尤其是搞好与在当今世界有重要影响的中国、美国的交往；二是重视邻国外交，搞好与自己有陆地边界的中国、老挝、柬埔寨的睦邻友好关系。

再次，充分利用多边外交的舞台：把东盟作为重要的依托，努力扮演新东盟成员的代言人的角色。同时，争取各种机会举办重要的大型国际会议，如2006年成功举办了亚太领导人峰会。搞好多边外交，中小国家可以起到四两拨千斤的作用。通过参与多边外交，也可以加快自身融入经济全球化和区域一体化进程中。

最后，就是大搞经济外交，获取实惠利益。作为一个发展中的中等规模国家，越南很需要外部的投资、援助、市场和游客。因此，越南也大力加强与日本等一些有经济实力的国家和地区的交流与合作，通过发展与它们的经贸关系，来促进国内的经济发展。

越南是一个发展外向型经济的国家，在2007年加入世界贸易组织之后，很重视推进与其他国家的自由贸易，积极参加各种类型的自由贸易区，包括东盟自由贸易区、中国—东盟自由贸易区、正在谈判的东亚自由贸易区，以及与其他国家的双边东盟自由贸易协定，还有《跨太平洋伙伴关系协定》等。

在一系列的对外问题中，中越关系是一个关键，无论是对外贸易、投资、旅游，还是南海问题、自由贸易合作等，越南在很多方面都离不开要与中国打交道。1991年中越关系正常化后，越南有了一个稳定的国际环境，取得了开放发展的巨大成就。而到了2014年5月，越南突然爆发大规模的暴力反华事件，这给越南经济发展造成了很大的损失。

上述可见，对外政策与国际关系也是影响越南发展的重要因素之一。

317

三、越南经济发展前瞻

（一）与泰国、印尼、菲律宾之比较

有经济学家认为，以下5个条件是判断哪些国家属于有潜力的新兴国家的重要依据：丰富的自然资源；年轻劳动力呈增长的趋势；积极引进外资；政治稳定；具有购买力的中产阶级在崛起。其中最重要的是中产阶级的崛起。如果具备以上条件的4个，就可以被认为是未来高增长经济体（VISTA）。他们已把越南、印尼、南非、土耳其和阿根廷列为VISTA（展望）5国[①]。

其实，对比上述所列的5个条件，越南都基本具备：

——丰富的自然资源：土地、农业资源、水资源、矿产资源，包括景观与人文的旅游资源等非常丰富。越南是世界上公认少有的发展经济条件最好的国家之一。

——年轻劳动力呈增长的趋势：越南相当部分的人口是1975年越战结束以后出生的，年龄在30来岁，受过教育而且年轻的劳动力供应非常充足。

——积极引进外资：随着投资环境的改善，外资越来越看好越南。最近联合国贸易与发展会议的考察结果认为，越南是继中国、印度、美国、俄罗斯、巴西之后排世界第六位吸引外资前景最好的国家[②]。除外资外，越南每年还有大量的外国援助和侨汇涌入。2008年国际组织和有关国家已经承诺给越南援助达54亿美元[③]。

——政治稳定：1991年越南从柬埔寨撤军，柬埔寨问题实现政治解决以来，越南一直是一个政治稳定的国家。经过多年的战乱和纷争，越南人已经意识到和平的珍贵。加上先后实现中越关系正常化、与美国建立外交

---

① 门仓贵史：《VISITA五国为何能成为有潜力的国家》，载日本《经济学人》周刊，2007年7月24日。

② Tran Binh An：《越南经济2007—2008年发展与展望》，载越南《商业》杂志，2008年1、2期合刊，第9页。

③ Tran Binh An：《越南经济2007—2008年发展与展望》，载越南《商业》杂志，2008年1、2期合刊，第9页。

关系，并加入东盟，越南正日益巩固这么一个和平与发展的内外环境。越南既是东南亚，也是世界政局最稳定的国家之一。

——具有购买力的中产阶级在崛起：随着改革开放后经济的发展，越南的中产阶级也在迅速崛起，不少家庭在已拥有多辆摩托车的基础上，开始购买汽车，建造自己的楼房。很多人已不满足国内的旅游，开始走出国门到国外去旅游。

表 14-2 越南人 2000—2007 年在国内和出国旅游情况

年份	国内旅游人数（万人次）	出国旅游人数（万人次）
2000	93.9	9.9
2001	157.7	9.7
2002	262.4	9.8
2003	240.01❶	15.1
2004	291.4	59.6
2005	328.7	37.0
2006	1750	—
2007	1920（增 9.7%）	

注：❶ 2003 年为非典之年，人们出门旅游减少。
资料来源：越南统计总局历年编写、越南统计出版社出版的《越南统计年鉴》，以及近期越南统计总局公布的数据。

上述情况可见，把越南列为"展望 5 国"之一是够条件的。此外，如下几个方面的情况也值得人们关注：

——积累率：越南最高，2004 年为 35.46%，远远高于泰菲印 3 国分别的 27.13%、17.04 和 22.77%，可见越南全社会对经济社会发展投资资金的比重要大大高于其他 3 个国家。据国际金融公司最近一份调查显示，越南公司重视对创新的投入，将销售收入的 1.42% 用于研究和发展，相比之下，泰国的 IT 公司只有 0.15%，而该地区的平均水平也仅为 1.24%。

——办事效率：越南要高于其他国家。同样据上述的调查，越南公司给新设备装电源平均需等 17.57 个工作日，而泰国则为 23.64 个工作日；在越南装一部固定电话需 8.83 个工作日，而泰国则为 15.52 个工作日，该地区的平均水平为9.32个；越南目前已有1370万人使用因特网，占人口的16.5%，而泰国仅有708万人，占人口的8.75%①。

从上述判断有潜力成为新兴国家的5个条件，以及越南所拥有的优势来看，越南要比其他许多东南亚国家都好，甚至优于发展程度稍高于越南的泰印菲3国。据此，前些年曾有预测说："按目前的发展态势，如果没有重大变故，越南的人均GDP越来越有可能在2020年左右赶上甚至超过菲律宾②、印尼和泰国。"③国际上也有相似的研究分析，并有一些看法支持这一预测。2007年初，韩国的重要经济研究机构LGERI在对越南进行考察和研究分析后认为："越南经济2020年有可能超过泰国和印尼。"④2007年末，笔者在与来访的新加坡东南亚研究所越南问题研究专家David Koh交流时，他就认为2020年前，越南要赶上菲律宾、印尼和泰国是没有问题的。

在东南亚金融危机爆发之前，越南经济的发展不仅水平低于新加坡、马来西亚、泰国、印尼、菲律宾等东南亚国家，而且其发展速度有很多年也慢于这些国家。东南亚金融危机后，越南的发展速度已多年位于东南亚前列，甚至一度一枝独秀，大大快于其他东南亚国家。在世界上，其速度也是最快的国家之一，常常是仅次于中国，排世界第二位。过去人们习惯把越南与一些最落后国家相提并论，但经过20多年的改革开放，越南已从中脱颖而出，可以说越南已脱离东南亚国家最落后行列，达到该地区中等偏下水平。

如果按照当时的发展趋势，越南是很有可能赶上，甚至超过泰印菲3国。但是，后来的国际形势和越南自身情况也出乎人们的意料之外。在国际上，2008年美国爆发了华尔街金融危机，这使尚处于外向型发展模式的越南受到了很大的影响，其影响甚至要比1997年的东南亚金融危机严重得多；越南国内2014年突然爆发了大规模的反华暴力事件，大大影响

① *Vietnam's high-speed IT rise*, by David Fullbrook, *Asia Times Online*, Nov.29, 2006. www.atimes.com.

② 2007年越南的外贸进出口额首次超过菲律宾。据报道，菲2007年外贸进出口额为1055亿美元，同比增长仅为7%，而越南则分别为1092亿美元和30%。

③ 古小松主编：《2007年越南国情报告》，北京：社会科学文献出版社，2007年版。

④ 据越南《Viet Bao》2007年2月6日报道。

了越南吸引外资、外国赴越旅游等。

近年来，越南出现的情况确实出乎人们的意料之外。通过对东南亚金融危机与华尔街金融海啸对越南经济的影响进行比较可见，虽然2008年世界金融危机对当年的越南经济影响不大，但是后来的持续危机对越南经济发展的影响才逐步显现出来，尤其是对比上一次的东南亚金融危机，越南经济发展存在的问题日益暴露出来。

表14-3　越南1997—2002、2008—2013年经济统计数据

年份	经济增长（%）	通胀率（%）	进出口（亿美元）/增长（%）	引进外资（亿美元）
1997	9.0	3.6	207.7/13.6	46.4
1998	6.0	9.2	208.5/0.1	38.9
1999	4.8	0.1	232.8/11.6	15.6
2000	6.7	−0.6	301.1/30.8	20.1
2001	6.8	0.8	312.4/3.3	25.3
2002	7.0	4.0	364.3/15.1	15.5
2008	6.23	19.9	1433.9/28.2	717
2009	5.3	6.5	1270.4/−11.3	231
2010	6.7	11.8	1570.7/29.7	197
2011	5.8	18.1	2036.5/29.8	147
2012	5.0	9.2	2289/13.1	127
2013	5.4	6.0	2640/15.3	216

资料来源：根据越南官方公布的数据整理而成。

由上表可见，对比两次金融危机后越南经济的表现，前一次越南恢复发展得比较好，危机后的5年大体经济增长保持在5%—7%，而后一次危机后的5年大体为5%—6%，低约1个百分点。对经济、生活影响最严重的是通货膨胀，前一次越南的通胀率在危机后的5年都保持在个位数以下，其中3年不足百分之一，甚至有一年是负数，而后一次危机后的5年都非常之高，甚至高达两位数以上。

世界经济危机之前，越南经济增长速度一直都快于本地区的印度尼西亚和菲律宾，但从 2011 年以来已连续多年低于印度尼西亚和菲律宾的增长速度。[①] 按照目前的发展趋势，到 2020 年越南要赶上泰印菲困难比较大了。

（二）2030 年越南达到东南亚平均发展水平的可能性

1. 越南经济增长的三种预测

根据越南北南统一近半个世纪以来的发展情况看，越南有发展得比较快的时期，速度达到 7% 以上，甚至达到 9%；比较多的年份是 5%—7% 左右；也有一些很慢的，在 5% 以下，甚至是负增长，这主要是处于一个比较特殊的国内外背景之下。

表 14-4　越南 1981—2015 年主要经济指标

	单位	1981—1990	1991—2000	2001—2010	2011	2012	2013	2014	2015（预测）
GDP	亿美元		312（2000 年）	1046（2010 年）		1290		1840	
人均 GDP	美元	200（1986 年）	402（2000 年）	1273（2010 年）	1517	1749	1890	2028	2150
GDP 增长率	%	4.1	7.9	7.2	5.89	5.03	5.4	5.98	6.2
第一产业占比	%				4.0	2.72	2.67	3.49	
第二产业占比	%				5.5	4.52	5.43	7.14	
第三产业占比	%				7.0	6.42	6.56	5.96	
粮食产量	万吨	1989（1990 年）	3570（2000 年）	4460（2010 年）	4700	4847			
进出口总额	亿美元			1570（2010 年）	2021	2289	2635	2989	

---

① 2011 年、2012 年印度尼西亚经济增长速度分别为 6.5% 和 6.1%。

（续表）

	单位	1981—1990	1991—2000	2001—2010	2011	2012	2013	2014	2015（预测）
出口额	亿美元	24（1990年）	143（2000年）	722（2010年）	963	1146	1322	1504	
进口额	亿美元			848（2010年）	1058	1143	1313	1485	
国际游客	万人		214（2000年）	505（2010年）	601	685	757	787	
财政收入	万亿越盾		104（2000年）	559（2010年）	674.5	740.5	822.5	848	
社会投资相当于GDP比例	%		34.0（2000年）	41.9（2010年）	34.6				
消费价格上涨率	%		0.8			9.21		7	

资料来源：本表为笔者根据越南官方公布的数据和相关资料整理而成。

323

从当前的情况看，越南经济要达到以前的高速度，将很不容易，因为越南经济的基数愈来愈大，发展瓶颈愈来愈突出；而慢至持续5%以下的可能性也不大，因为越南作为一个发展中国家，潜力很大，还有很大的增长空间；从实际出发，越南往后经济增长维持在年均增长5%—7%左右的可能性是比较大的。

2. 重要的困难与挑战

越南20世纪80年代初开始改革的探索，真正大刀阔斧改革是在1986年越共六大之后。90年代是越南经济发展的黄金时期，一直延续至华尔街金融海啸之前，前后有20来年。即使亚洲金融危机时期，周边东南亚国家一片哀号，越南依然一枝独秀。只是到了2008年的全球性金融危机，越南确实难以为继了。2012年，越南经济增长率降至13年来的最低点，仅有5.03%。尤其是发展一马当先的工业增速在放缓，2012年工业产值与2011年相比增长4.8%，低于2011年6.8%的增长，也低于整个经济的增长速度。越南经济增长速度甚至已低于本地区的印尼和菲律宾。早些时候有学者根据当时的增速，曾预言越南有可能很快就会赶上印尼和菲律宾，现在看来还有很长的路要走。

慢下来的越南经济还有可能恢复昔日的雄风吗？首先，我们要分析当下越南经济慢下来的主要原因。应该说越南经济增长缓慢既有国际大环境的变化，也有国内经济政策的失当，以及基础设施滞后等。

首先，越南外向型战略遭遇国际大环境变化的挑战。近年，越南一直在实施出口导向的工业化战略，至今外经仍然是经济增长的主要拉动力。据越南统计总局统计，2012 年全年越南出口总额约为 1146 亿美元，同比增长 18.3%；同时进口额约为 1143 亿美元，同比增长 7.1%。不过，华尔街金融海啸确实给越南的发展造成了很大的负面影响。改革开放以来，越南年均出口增长持续达到 20% 以上。而到了 2009 年，越南的外贸进出口遭到了致命的打击，外贸进出口 180 度转变，比上年负增长 12.52%，其中出口降了 9.5%，进口降了 14.9%。

改革开放初期，越南就颁布了外国投资法，大力吸引外商前来投资。近年来，外资对越南国内生产总值（GDP）的贡献率逐年提高，从 1992 年的 2% 已提高至 2011 年的 18.97%。同时，外资也推动越南出口不断增加，2012 年外资企业出口额已占越南出口总额的 64%。此外，外资企业还帮助越南培养高素质人才并创造了大量就业机会。据越南计划与投资部统计，截至 2013 年 2 月底，越南吸引的外国直接投资项目共有 14550 个，注册资金总额达 2110 亿美元，实际到位资金 1000 亿美元。越南颁布《外国投资法》25 年以来，外国直接投资对越南经济快速增长做出了积极贡献，外资企业已成为越南国民经济的重要组成部分。

在经济全球化的进程中，越南是一个受益者。外向型发展战略尽管这几年受到了一定的负面影响，但无论是贸易，还是外资，都对越南的经济发展做出了巨大的贡献。检讨起来，外向型经济发展战略对越南来说，至少到目前为止仍然是利大于弊。往后如何处理外部市场与国内需求的关系，是越南下一步经济发展面临的新课题。而且，越南吸引外资在 2008 年达到顶峰之后，已呈逐年下降的趋势：2008 年为 717 亿美元，2009 年为 231 亿美元，2010 年为 197 亿美元，2011 年为 147 亿美元，2012 年为 127 亿美元。

其次，越盾贬值难以持续。为了促进出口，通过扩大出口来促进经济的增长，越南从20世纪80年代以来就采取越盾不断贬值的办法，以降低出口成本，扩张本国产品在外部市场的占有率。应该说，该战略确实取得了显著的成效，使国产产品的出口增长率达到年均20%以上。

货币贬值是一把双刃剑，由于降低成本，促进了商品出口，同时也应看到，由于产品的成本愈来愈低，就会造成消耗大量的自然资源和人力资源。而资源尤其是自然资源是有限的，这样就会造成资源枯竭，以及环境的破坏。也由于货币的贬值，生产对自然环境的污染成本往往很少计算在内。随着工业化进程的推进，越南红河三角洲和湄公河三角洲环境污染已愈来愈严重。可见，越盾贬值是否可持续是值得存疑的。

3. 发展前景

虽然由于外部环境的变化，可能还加上经济发展的周期因素，越南经济增速确实这几年已经慢了下来，但应该看到"金山银海"、沃土千里的越南，发展潜力依然很大。往后一段时间内，越南经济发展的快慢主要取决于其推行的政策与管理措施、基础设施的改善、军费开支的多少等因素。

2008年越南人均国民生产总值实现历史性的突破，达到1024美元，上到一个新的台阶。经过6年，2014年达到了2028美元，接近翻一番。2008年爆发全球性的经济危机，受此影响越南经济这些年增长速度大为下降，但其人均国民生产总值仍达到一定增长速度。以此类推，越南到2020年人均国民生产总值将有可能达到4000美元左右，到2030年将有可能增至1万美元左右。

越南既有好的自然条件，又有一个稳定的社会和政治局面，加上国际社会仍然看好越南，国际援助、越侨汇款、外国游客仍然源源不断。如果越南能够克服当前的经济困难，越南经济在今后一个较长的时间内还将会保持一个较快的增长速度，到2030年，越南赶上东南亚地区的平均发展水平是有可能的，其前提是有一个稳定的国内外环境，没有发生大的动乱。

主要参考文献和资料来源

一、中文文献

[1] 任美锷：《东南亚地理》，北京：中国青年出版社，1954年版。

[2] 广西东南亚研究会：《中国东盟年鉴》（2004—2011年），北京：线装书局，2004—2011年出版。

[3] 梁志明主编：《殖民主义史：东南亚卷》，北京：北京大学出版社，1999年版。

[4] 赵和曼主编：《东南亚手册》，南宁：广西人民出版社，2000年版。

[5] 谷源洋：《东南亚各国农业》，北京：农业出版社，1984年版。

[6] 贺圣达等：《走向21世纪的东南亚与中国》，昆明：云南大学出版社，1997年版。

[7] 刘连银：《当代东南亚经济析论》，武汉：武汉出版社，2004年版。

[8] 张锡镇等：《多视角下的东亚发展研究》，香港：香港社会科学出版社有限公司，2010年版。

[9] 吴辉：《政党制度与政治稳定——东南亚经验的研究》，北京：世界知识出版社，2005年版。

[10] 唐建新、杨军：《基础设施与经济发展——理论与政策》，武汉：武汉大学出版社，2003年版。

[11]［美］约翰卡·F.迪：《战后东南亚史》，姚楠等译，上海：上海译文出版社，1984年版。

[12]［新西兰］尼古拉斯·塔林主编：《剑桥东南亚史》（第1卷），贺圣达等译，昆明：云南人民出版社，2003年版。

[13]［日］北原淳等：《东南亚的经济》，刘晓民译，厦门：厦门大学出版社，2004年版。

[14] 黄国安等：《中越关系史简编》，南宁：广西人民出版社，1986年版。

[15] 黄国安等编：《近代中越关系史资料选编》，南宁：广西人民出版社，1988年版。

[16] 戴可来、于向东主编：《越南》，南宁：广西人民出版社，1998年版。

[17] 戴可来、杨保筠校点：《岭南摭怪等史料三种》，郑州：中州古籍出版社，1991年版。

[18] 赵和曼：《越南的经济发展》，北京：中国华侨出版社，1995年版。

[19] 刘稚等：《当代越南经济》，昆明：云南大学出版社，2000年版。

[20] 郭振铎、张笑梅主编：《越南通史》，北京：中国人民大学出版社，2001年版。

[21] 黄铮：《胡志明与中国》，北京：解放军出版社，1987年版。

[22] 凌其翰：《在河内接受日本投降内幕》，北京：世界知识出版社，1984年版。

[23]《中国近代史丛书》编写组：《中法战争》，上海：上海人民出版社，1972年版。

[24] 郭明主编：《中越关系演变四十年》，南宁：广西人民出版社，1992年版。

[25] 李白茵：《越南华侨与华人》，桂林：广西师范大学出版社，1990年版。

[26] 中国军事顾问团历史编写组：《中国军事顾问团援越抗法斗争

史实》，北京：解放军出版社，1990年版。

［27］钱江：《在神秘的战争中——中国军事顾问团赴越南征战记》，郑州：河南人民出版社，1992年版。

［28］李谷：《从恩恩怨怨到平等互利——世纪之交的中越关系研究》，香港：红蓝出版公司，2001年版。

［29］杨黔云：《冷战时期日越关系发展研究》，昆明：云南大学出版社，2010年版。

［30］范宏贵：《越南民族和民族问题》，南宁：广西民族出版社，1999年版。

［31］刘咸岳、黄铮主编：2000、2001年《越南国情报告》，南宁：广西人民出版社，2000、2001年版。

［32］王士录主编：《当代越南》，成都：四川人民出版社，1992年版。

［33］古小松：《越南的经济改革》，南宁：广西人民出版社，1992年版。

［34］古小松：《越南的社会主义》，北京：人民出版社，1995年版。

［35］古小松：《越南国情与中越关系》，北京：世界知识出版社，2007年第一版，2008年第二版，2009年第三版。

［36］古小松主编：2005—2010年《越南国情报告》，北京：社会科学文献出版社，2005—2010年版。

［37］古小松主编：《越南报告：2012—2013》，北京：世界知识出版社，2013年版。

［38］古小松主编：《中国—东盟知识读本》，桂林：广西师范大学出版社，2004年版。

［39］徐绍丽、利国、张训常编著：《越南》，北京：社会科学文献出版社，2009年版。

［40］余富兆编著：《越南经济社会地理》，广州：世界图书出版广东公司，2010年版。

［41］兰强、徐方宇、李华杰：《越南概论》，广州：世界图书出版广东公司，2012年版。

329

［42］丛国胜：《越南因特网的发展现状》，载《解放军外国语学院学报》，1999年第2期。

［43］黄建红、祁广谋：《越南互联网发展状况分析》，载《东南亚纵横》，2011年第6期。

［44］王贤根：《援越抗美实录》，北京：国际文化出版公司，1990年版。

［45］何霞：《越南电信发展与政府管制》，载《海外传播》，2002年第3期。

［46］彭禾怡《越南邮电通信发展概况》，载《世界电信》，1997年第6期。

［47］何霞：《越南电信业的现状与发展》，载《通信世界》，2001年第1期。

［48］熊晓鸽：《越南政府九十年代信息产业发展大纲》，载《电子产品世界》，1994年第4期。

［49］覃丽芳：《八月革命后越南的农村土地政策》，广西民族大学硕士学位论文，2009年。

［50］牛何兰：《越南革新开放以来农业发展研究》，云南师范大学硕士学位论文，2006年。

［51］［越］褚文林：《四十五年来的越南农业》，黄理云、李岳洪译，载《东南亚研究》，1991年第2期。

［52］沈静芳：《越南林业的现状与未来》，载《东南亚》，1999年第2期。

［53］李文伟、白燕冰、周华：《越南天然橡胶、咖啡产业考察报告》，载《热带农业科技》，2007年第1期。

［54］林肖玲：《越南养殖渔业快速发展》，载《世界热带农业信息》，2007年第11期。

［55］刘长新、侯微：《越南农村土地政策革新浅析与借鉴》，载《农业经济》，2013年第5期。

［56］曹云华：《越南的经济发展现状与前景》，载《珠江经济》，2008年第8期。

［57］黄静云：《越南革新开放与区域平衡发展》，载《社会主义研究》，2011年第4期。

［58］武氏玄绒：《越南河内现代物流规划研究》，北京交通大学硕士学位论文，2011年。

［59］白石昌也编：《越南政治、经济制度研究》，毕世鸿译，昆明：云南大学出版社，2006年版。

［60］胡志明：《为了独立自由 为了社会主义》，中文，河内：越南外文出版社，1971年版。

［61］陈重金：《越南通史》，中文，戴可来译，北京：商务印书馆，1992年版。

［62］陶维英：《越南古代史》（上册），中文版，北京：商务印书馆，1976年版。

［63］陈辉燎：《越南人民抗法八十年史》（第一卷），北京：生活·读书·新知三联书店，1973年版。

［64］黄高启：《越史要》，越中文，荣市：越南义安出版社，2007年版（Hoang Cao Khai: VIET SU YEU, nha xuat ban Nghe An, nam 2007）。

［65］越南社会科学院编著：《越南历史》（第一集，1971年版），北京大学东语系译，北京：北京人民出版社，1977年版。

［66］陶文集主编：《越南经济45年（1945—1990）》，许文生等译，南宁：广西人民出版社，1992年版。

二、越文文献

［1］*Ho Chi Minh tuyen Tap*, Ha Noi, nha xuat ban Su That nam 1980 xuat ban.（《胡志明选集》，河内：越南真理出版社，1980年版。）

［2］Dang Cong San Viet Nam: *Van kien dai bieu toan quoc lan thu IX*, Ha Noi, nha xuat ban chinh tri quoc gia Viet Nam xuat ban nam 2001.（越南共产党：《第九次全国代表大会文件》，越文，河内：越南国家政治出版社，2001年版。）

［3］*Dang Cong San Viet Nam: Van kien dai bieu toan quoc lan thu X*, Ha

Noi, nha xuat ban chinh tri quoc gia Viet Nam xuat ban nam 2006. (越南共产党:《第十次全国代表大会文件》, 越文, 河内: 越南国家政治出版社, 2006年版。)

[4] *Dieu le Dang Cong San Viet Nam*, Ha Noi, nha xuat ban chinh tri quoc gia Viet Nam xuat ban nam 2006. (《越南共产党党章》, 河内: 越南国家政治出版社, 2006年版。)

[5] *Hien Phap Nuoc Cong Hoa Xa Hoi Chu Nghia Viet Nam nam 1992*, Ha Noi, nha xuat ban chinh tri quoc gia Viet Nam nam 1992. (《1992年越南社会主义共和国宪法》, 河内: 越南国家政治出版社, 1992年版。)

[6] Nguyen Phuong: *Hoi-dap ve Hien Phap Nuoc Cong Hoa Xa Hoi Chu Nghia Viet Nam nam 1992 da duoc sua doi, bo sung nam 2001*, Ha Noi, nha xuat ban chinh tri quoc gia Viet Nam nam 2005. (阮凤:《2001年修改补充的1992年越南社会主义共和国宪法问答》, 河内: 越南国家政治出版社, 2005年版。)

[7] Tong cuc tong ke Viet Nam: *Nian Giam Tong Ke nam 2005*, Ha Noi, Nha xuat ban tong ke Viet Nam xuat ban nam 2006. (越南国家统计总局:《越南统计年鉴（2005）》, 河内: 越南统计出版社, 2006年版。)

[8] Mai Ly Quang chu bien: *Que huoang Viet Nam*, Ha Noi, Nha xuat ban The gioi, nam 2003. (梅李广主编:《故乡越南》, 河内: 越南世界出版社, 2003年版。)

[9] Tran Trong Kim: *Viet Nam Su Luoc*, nha xuat ban van hoa thong tin Viet Nam xuat ban nạm 2006 tai Ha Noi. (陈重金:《越南史略》, 河内: 越南文化通讯出版社, 2006年版。)

[10] Truong Huu Quyinh, Phan Dai Doan, Nguyen Canh Minh chu bien: Tap I *Dai Cuong Lich Su Viet Nam*, Ha Noi, nha xuat ban giao duc Viet Nam xuat ban nam 2000. (张友炯等主编:《越南历史大纲》（第1集）, 河内: 越南教育出版社, 2000年版。)

[11] Tao Van Tap chu bien: *45 NAM KINH TE VIET NAM (1945–1990)*, Ha Noi, nha xuat ban khoa hoc xa hoi Viet Nam, xuat ban nam 1990. [陶文集主编:《越南经济45年（1945—1990）》, 越文, 河内: 社会科学出版社,

1990 年版。〕

〔12〕*Cuon luan van hoi thao khoa hoc 50 nam ngoai giao Viet Nam duoi su lanh dao cua dang cong san Viet Nam*, tieng Viet, Ha Noi, ngay 22 thang 8 nam 1995, hoc vien quan he quoc te Viet Nam.（越南国际关系学院：《越南共产党领导下越南外交 50 年学术研讨会论文集》，河内，1995 年 8 月 22 日。）

〔13〕Nguyễn Văn Khánh: *Cơ cấu kinh tế – xã hội Việt Nam thời thuộc địa 1858–1945*, Hà Nội: Nhà xuất bản Đại học Quốc gia Hà Nội, 2004.

〔14〕Văn Thái: *Địa lý kinh tế Việt Nam*, Hà Nội: Nhà xuất bản Thống Kê, 1997.

三、英文文献

〔1〕Brantly Womack, *China and Vietnam: The Politics of Asymmetry*, New York: Cambridge University Press, first published 2006.（Brantly Womack：《中国与越南：政治不对称》（第一版），纽约：剑桥大学出版社，2006 年版。）

〔2〕*Vietnamese Foreign Policy in Transition*, edited by Carlyle A.Thayer and Ramses Amer, published by Institute of Southeast Asian Studies, Singapore, in 1999.（Carlyle A. Thayer 和 Ramses Amer 编：《越南外交政策的变化》，新加坡东南亚研究所，1999 年版。）

〔3〕Gu Xiaosong, "Sino-Vietnamese Relationship in the Early of 21st Century", published in *Asianizing Asia: Reflexivity, History and Identity, First Annual Conference of Asia Fellows Program*, May 27–29, 2001, Bangkok, Thailand.（古小松：《21 世纪初的中越关系》，2001 年 5 月参加在泰国曼谷召开的"亚洲学者计划第一次学术会议"的学术论文。）

四、网络文献

〔1〕《2013 年越南木制品出口增长势头迅猛》，中国驻越南大使馆经济参赞处网站，2013 年 10 月 22 日，http://vn.mofcom.gov.cn/article/

ztdy/201310/20131000361057.shtml。

[2]《越南畜牧业保持稳定发展》，中华人民共和国商务部网站，2011年2月23日，http://www.mofcom.gov.cn/aarticle/i/jyjl/j/201102/20110207415271.html。

[3]《越媒称越南畜牧业必须降低成本》，中国驻胡志明市总领事馆经济商务室网站，2014年2月10日，http://hochiminh.mofcom.gov.cn/article/jmxw/201402/20140200482781.shtml。

[4]《越南加入世贸组织五年：机遇与挑战》，越南对外通信局网站，2013年4月17日，http://cn.vietnam.vn/content/f0ebbc15c9b74a5eabf8b9fdc395f6e0.html。

[5]《越南林业概况》，中国林业网，http://www.cqpanda.com/portal/main/map/sjly/yuename/vietnam02.html。

[6] "Tạo sức mạnh chung để ngành Thủy sản Việt Nam phát triển"，越南新报网站，2013年6月12日，http://www.baomoi.com/Tao-suc-manh-chung-de-nganh-Thuy-san-Viet-Nam-phat-trien/45/11233688.epi。

[7] 越南土地管理局：《关于〈至2020年土地使用规划及2011—2015年土地使用计划〉》。

[8] 越南农业与农村发展部：《2013年越南农业与农村发展部发展计划及2013—2015年越南国家财政预算投资计划报告》。

[9]《越南农业改革和发展有关情况》，中国驻越南使馆经商处网站，2007年3月20日，http://vn.mofcom.gov.cn/article/ztdy/200703/20070304454310.shtml。

[10] "Ngân hàng kiến thức trồng lúa"，水稻知识银行网站，http://www.vaas.org.vn/images/caylua/01/index.htm。

[11] 越南农业与农村发展部网站，http://www.mard.gov.vn/。

[12] 中国驻越南大使馆经济参赞处网站，http://vn.mofcom.gov.cn/。

[13] 中国驻胡志明市总领事馆经济商务室网站，http://hochiminh.mofcom.gov.cn/。

[14] 越南经济时报网站，http://vneconomy.vn/。

[15]《越南农业全国发展总体规划（至2020年及2030年前瞻）》，越

南农业与农村发展部网站资料。

［16］越南国家统计局网站，http://www.gso.gov.vn/。

［17］越南水产总局网站，2013 年 10 月 2 日，http://www.fistenet.gov.vn/a-gioi-thieu/tong-quan/5-qua-trinh-phat-trien。

［18］中华人民共和国驻胡志明市总领事馆经济商务室网站，http://hochiminh.mofcom.gov.cn/article/jmxw/200712/20071205285686.shtml。

［19］越南国家统计局官方网站，http://www.gso.gov.vn/default.aspx?tabid=383&idmid=2&ItemID。

［20］越南社会主义共和国中央政府门户网站，2011 年 7 月 16 日，http://cn.news.chinhphu.vn/。

［21］河内市人民政府门户网站，http://vanban.hanoi.gov.vn/web/guest/ktxh?p_p_id=vcmsviewcontent_INSTANCE_ET18&p_p_lifecycle=0&p_p_s&sswe7aaad09。

［22］海防市人民政府门户网站，2013 年 9 月 19 日，http://haiphong.gov.vn/Portal/Default.aspx。

［23］中华人民共和国驻胡志明市总领事馆经济商务室网站，http://hochiminh.mofcom.gov.cn/。

［24］海防市人民政府门户网站，http://haiphong.gov.vn/Portal/Default.aspx。

［25］广宁省人民政府门户网站，http://www.quangninh.gov.vn/vi-VN/Trang/defaultHome.aspx。

［26］胡志明市人民政府门户网站，http://www.vpub.hochiminhcity.gov.vn/TintứcSựkiện/Thôngtinvănphòng/tabid/63/Default.aspx。

［27］巴地—头顿省人民政府门户网站，http://www.baria-vungtau.gov.vn/web/guest。

［28］芹苴市人民政府门户网站，http://cantho.gov.vn/wps/portal/。